Ensayo teatral, actuación y puesta en escena

Notas introductorias sobre psicoanálisis y praxis teatral
en Stanislavski

Gustavo Geirola

Ensayo teatral, actuación y puesta en escena
Notas introductorias sobre psicoanálisis y praxis teatral en Stanislavski

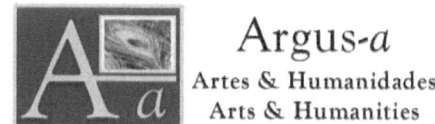

Argus-*a*
Artes & Humanidades
Arts & Humanities

Buenos Aires, Argentina - Los Ángeles, USA
2021

Ensayo teatral, actuación y puesta en escena
Notas introductorias sobre psicoanálisis y praxis teatral en Stanislavski

ISBN 978-0-615-81814-6

Primera Edición: Febrero 2013
Segunda Edición.

Diseño de tapa: Argus-*a*.

Editorial Argus-*a*
16944 Colchester Way,
Hacienda Heights, California 91745
U.S.A.

Calle 77 No. 1976 – Dto. C
1650 San Martín – Buenos Aires
ARGENTINA
argus.a.org@gmail.com

A los teatristas de América Latina

¿Qué es una praxis?
Me parece dudoso que este término pueda ser considerado impropio
en lo que al psicoanálisis respecta. Es el término más amplio para designar
una acción concertada por el hombre, sea cual fuere,
que le da la posibilidad de tratar lo real mediante lo simbólico.
Que se tope con algo más o algo menos de imaginario
no tiene aquí más que un valor secundario.

Jacques Lacan, *Seminario 11* 14.

I want not only to discover the fundamental principles
of the creative process, I want not only to formulate its theory,
I want to put it into practice.

Konstantin Stanislavski, "Carta al directorio del TAM",
fechada en Moscú, el 19 de enero de 1910 (Benedetti 1991 279)

If my book influences future generations
and attracts some attention,
it will be subject to rigorous criticism
both scientific and non-scientific…
I will be proud and happy
to have been the cause of such debates and studies…

Konstantin Stanislavski, *An Actor's Work*,
Original Draft Preface, xxiv

INDICE

INTRODUCCION

De la pertinencia y limitaciones de nuestra investigación

L a pregunta que trataré de responder a lo largo de este libro es simple y me ha sido formulada en muchos talleres y presentaciones a congresos; en cierto modo mis talleres, seminarios y ponencias gradualmente fueron oficiando como ejercicios preparatorios para que yo finalmente aceptara este reto peligroso de reunir en un libro algunos ensayos en los que he tratado de acercar 'teatro' y psicoanálisis. La pregunta que habitualmente se me formula es: ¿qué sentido tiene acercar estas dos disciplinas? Si en el *Seminario 11* Lacan se toma el trabajo de explicar el sentido de preguntarse por la consistencia del psicoanálisis y de situar, de alguna manera, el campo de su praxis, no es menos necesario—incluso es hasta más complicado—para mí situar, no solo mi relación con el psicoanálisis, sino también con lo que he entrecomillado antes, es decir, el 'teatro'.

Sin embargo, desde un principio quisiera advertir al lector que no hallará en este libro glosas sino 'notas', como lo indica su título, al menos en uno de los sentidos que le da el *Diccionario de la Real Academia Española*, a saber, "Apunte de algunas cosas o materias para extenderlas después o acordarse de ellas". Es mi propósito dar a conocer estas notas—más allá de la posibilidad de que yo mismo las continúe en trabajos más detallados y hasta más sistemáticos—para que otros teatristas puedan partir de ellas a fin de construir sus propios itinerarios de investigación o bien para disentir y enriquecer de ese modo el debate.

No es nuevo afirmar que muchos investigadores han utilizado términos freudianos para acercarse a los textos dramáticos e intentar una interpretación. Hay una extensa bibliografía sobre el impacto e interrelación de Stanislavski y del psicoanálisis freudiano en Estados Unidos, con diferencia de matices y hasta niveles de horror teórico, si los evaluamos hoy desde la perspectiva lacaniana, cuyo ingreso es además bastante tardío en la cultura y la academia estadounidenses. Esta práctica de lectura tanto de Stanislavski como de Freud, muchas veces descarriada por el abuso de términos y conceptos (subconsciente, superobjetivo, memoria emotiva, desde el lado teatral; inconsciente, inconsciente colectivo, identidad, yo, Edipo, arquetipos, desde el lado psicoanalítico), no ha estado ausente tampoco de la práctica de ciertos directores y hasta de actores que intentan (como si eso fuera posible) psicoanalizar a los personajes o realizar verdaderos abusos sobre los actores. Ya es muy conocida la actitud de Strasberg en el trabajo con sus actores, especialmente con sus actrices, pero el éxito de la Psicología del yo en Estados Unidos podría hacernos aumentar esa lista con violencias sorprendentes.

Me siento en obligación de aclararle al lector desde un principio que, en este libro, en cuanto a lo teatral, voy a centrarme en Stanislavski, dejando de lado, en cuanto sea posible, la exploración de la extensa progenie de discípulos: V. Meyerhold, en primer lugar, y luego Richard Boleslavsky, Lee Strasberg, Michael Chekhov, Jerzy Grotowski, Seki Sano, Hedy Crilla, Raúl Serrano, Anatoly Vasiliev, entre otros. Respecto al psicoanálisis me atendré a Freud y sobre todo a la enseñanza lacaniana. Dejo de lado, por razones obvias, los planteos en el campo teatral influenciados por la Ego Psychology y esos otros acercamientos 'hermenéuticos', cualquiera sea la corriente psicoanalítica en que crean basarse (cuando lo hacen exponiendo sus cartas y sus reglas de juego, lo cual no es lo usual). Voy a intentar en todo momento referirme a 'teatro' como una praxis, de acuerdo a la definición lacaniana que me ha parecido justificado colocar al principio, como epígrafe a esta introducción—para emular así lo que hacía el maestro Torstov en *Preparación del actor* con los objetivos del día colgados del pórtico de su escuela.

La influencia del método o sistema de Stanislavski en el teatro del siglo XX—occidental y de más allá—hasta hoy es indiscutible, sin importar hasta donde llegue nuestro acuerdo con sus postulaciones. Sin embargo, en lo que a mí respecta, la lectura de sus textos me ha resultado siempre enormemente problemática y a veces hasta curiosa. He pasado por varias etapas en mi lectura de su obra intentando siempre mantenerme alerta a los detalles y sobre todo a sus postulados implícitos. Al principio, con cierta ironía, luego con asombro y finalmente con admiración, aunque no comulgue con todos los aspectos del Sistema. ¿Por qué habría que elaborar una técnica o psicotécnica que intentara reproducir la vida en el escenario? ¿Dónde apoyar la tesis de que es en el subconsciente donde reside la fuente de la creatividad? ¿Hasta qué punto estos axiomas no son curiosos y hasta contradictorios? ¿Por qué no concebir una preparación del actor que nos aleje de la vida tal como la vivimos con todas sus alienaciones? Estas preguntas que me surgieron en la total inocencia de mis primeras lecturas y acercamientos a Stanislavski y al teatro, trato de mantenerlas en su impertinencia para que sostengan mi lectura respetuosa.

Sabemos que lo que se conoce como Sistema—que en este libro mantendremos con mayúscula, a pesar de las advertencias de Jean Benedetti en *Stanislavski and the Actor*,[1] y siempre alejado de lo que en la escuela de Strasberg se ha denominado Método—corresponde a la divulgación que muchos de sus discípulos hicieron en distintas partes del mundo y en las que cada uno de ellos basó sus ejercicios partiendo de etapas diferentes de la enseñanza del maestro ruso. El hecho de que Stanislavski escribiera casi paralelamente a Freud, pero sin acusar recibo del descubrimiento freudiano del

---

[1] Benedetti prefiere mantener 'sistema' con minúscula, para evitar dar la impresión de que se trata de una 'teoría' cerrada y rígida (*Stanislavski and the Actor* x). Convendría mantener la designación de método, en la medida en que un Sistema, tal como lo entendemos hoy después de la fonología y antropología estructural, se sostiene en relaciones diferenciales mutuas que la psicotécnica del maestro ruso parece carecer, al menos hasta que una investigación más profunda sobre su base teórica implícita, indique lo contrario. El problema con la designación de Método es que apunta a la aproximación de Strasberg, y no es conveniente confundir la aproximación a la actuación tal como la formula Stanislavski con la del Actor's Studio. Mi posición será, no obstante, mantener Sistema con mayúscula y en lo posible cuestionar hasta qué punto dicho Sistema puede ser admitido como teoría. En todo caso, prefiero pensar que si hay 'teoría', hay que desbrozarla, desandarla, leerla al sesgo. Ya conocemos cómo Stanislavski mismo reniega de la dimensión teórica en varios momentos de su enseñanza, pero hay que imaginar que por 'teoría' él está pensando en construcciones abstractas, casi filosóficas, que no corresponden a lo que hoy entendemos por dicho término.

inconsciente, siempre me ha parecido un desajuste entre la formación actoral stanislavskiana (casi aceptada a nivel institucional en todas partes) y la dramaturgia del siglo XX, postfreudiana, al menos desde el dadaísmo y el surrealismo en adelante. Al menos a primera vista el subconsciente stanislavskiano nada tiene que ver con el inconsciente freudiano y menos aún con el lacaniano. Sin embargo, tal vez por el contexto epistemológico e histórico que les es común, es evidente que Stanislavski hace a veces apuntes sorprendentes, hasta precisos, desde el punto de vista psicoanalítico, tal como lo concebimos hoy. Los teatristas no hemos reflexionado lo suficiente sobre este desajuste y estas convergencias. ¿Cómo formar a un actor que tiene que enfrentarse a textos dramáticos escritos a partir del descubrimiento del inconsciente, con una técnica pre-freudiana y en ciertos momentos—con la influencia de Ribot, Pavlov, del Fordismo y el Taylorismo—hasta anti-freudiana?

Sea cual sea la respuesta a esta pregunta, lo cierto es que la lectura de Stanislavski, tan amena, como la de Freud, puede muchas veces velar su entramado más sutil. Basta pensar en la forma en cómo Lacan retorna a Freud, cómo presta atención a detalles a veces nimios que ponen en tela de juicio aspectos fundamentales de la técnica y la teoría psicoanalítica, para imaginar una aproximación similar que debería guiarnos en nuestro retorno a Stanislavski para desbrozar mejor una técnica y teoría del trabajo actoral. A diferencia de Freud, Stanislavski—con cierto gesto anti-intelectual que marcó y todavía marca la formación actoral—no se preocupa por dar basamento conceptual a las nociones que sustentan su psicotécnica. Casi todos los términos técnicos del Sistema permanecen en un nivel nocional. Además del hecho de que se pueden reconocer distintas etapas en la enseñanza de Stanislavski, como en la de Freud, la cuestión más álgida se relaciona con la falta de una teorización más acotada de lo que fundamenta su propuesta formativa. Como se pregunta Lacan al comienzo del *Seminario 11 Los cuatro conceptos fundamentales del psicoanálisis* a propósito de su disciplina y de Freud: "¿Hay conceptos analíticos formados de una vez? [...] ¿[D]ónde anclar nuestra práctica? ¿Podemos

decir siquiera que se trata propiamente de conceptos? ¿Son conceptos en formación? ¿Son conceptos en evolución, en movimiento, por
revisar? (18), nosotros también podríamos hacernos esas preguntas a
propósito del Sistema. No olvidemos que la teorización freudiana
está siempre sincopada con la dirección de la cura, es decir, con los
pormenores de la técnica analítica. En el caso de la formación actoral
no debería ser diferente. Por tal motivo, plantear un retorno a Stanislavski para interrogar algunos aspectos de su Sistema no me parece
descaminado. También con Stanislavski, asistimos a ese "manteni-
miento casi religioso de los términos empleados" (*Seminario 11* 18)
del que se quejaba Lacan respecto al corpus textual freudiano.

Me parece que al acercar el psicoanálisis freudo-lacaniano a
Stanislavski se gana más de lo que se pierde. Si el proyecto no resulta
en una técnica diferente, al menos dicha aproximación da paso a la
esperanza de abrir un debate conceptual capaz de permitirnos despejar algunas vertientes nuevas, siempre bienvenidas para dinamizar un
campo disciplinario. Es posible que algunas cuestiones nos lleven a
extremar la consistencia de un concepto y, por esa vía, ampliarlo o
descubrir una importancia insospechada en beneficio de la nueva dramaturgia de actor que muchos artistas están emprendiendo, después
y paralelamente a la dramaturgia de autor y a la creación colectiva.

Sobre la praxis teatral

No debe apresurarse el lector a pasar por nuestro epígrafe a
la ligera. Si la palabra 'acción' puede ser familiar a los teatristas, aunque no siempre sepan de lo que hablan, lo cierto es que el epígrafe
nos alerta respecto a los tres registros lacanianos. Si vamos a concebir
nuestra aproximación al ensayo desde esta definición de la praxis, si
vamos a pensar nuestra perspectiva teatral como una praxis que se
despliega en esa dimensión aún no teorizada que conocemos como
el ensayo teatral, no debemos confundir aquello que el psicoanálisis
discierne como lo "real", lo "simbólico" y lo "imaginario", que deben
ser leídos en estricta dimensión lacaniana. Y no me parece que se

pueda hacer eso apresuradamente. Para empezar, me atengo a situar la palabra "teatro" en la praxis de los teatristas, es decir, en el trabajo durante los ensayos. No estoy interesado en plantearme acercamientos para el estudio, investigación e interpretación de textos dramáticos o textos espectaculares. Si alguna eficacia (como ocurre siempre con el gesto utilitarista típico de las aproximaciones académicas al teatro o cualquier otra disciplina "humanística", especialmente cuando hablan de "aplicar" un modelo teórico a un corpus textual), si algún impacto encuentran estos ensayos en los abordajes interpretativos a la dramaturgia, especialmente la latinoamericana, si algún cambio o alteración se produce de rebote en la interrogación al texto dramático o espectacular a partir de estos ensayos que aquí presentamos al lector, pues bienvenidos sean. Pero dejo claro que lo que convoca mi interés es la praxis del teatrista.

Me interesa situarme en el campo del *ensayo teatral*, ese momento preciso en el que múltiples operaciones y factores toman lugar, ese momento propiamente teatral en el que la autoridad del texto dramático queda sometida a otras aproximaciones, no necesariamente marcadas por la literatura y la tradición literaria. Como se comprobará a lo largo de este libro, el campo del actor, el campo del director, de los técnicos, incluso el campo del espectador son los que me interesan. Y ese campo ha estado, en su mayor parte, desprovisto de un acercamiento teórico-práctico preciso (a diferencia de los "aplicacionismos" de turno a la literatura teatral, sean lingüísticos, semióticos, sociológicos, históricos, queer, etc., que incluso los estudios sobre la performance no han logrado tampoco situar propiamente, tan ocupados como están por responder a otras agendas académicas no precisamente interesadas en teorizar sobre lo específico del "teatro"). Gran parte de la bibliografía sobre la actuación, el ensayo teatral y la improvisación se desarrolla a nivel técnico, pero uno debería interrogarse cuál es la teoría que subyace a dicho nivel o le brinda su fundamento. A falta de base teórica, el eclecticismo en la formación actoral hace su agosto.

No me interesa entrar aquí en polémica y me disculpo por las generalizaciones. No es mi propósito en este libro revisar y debatir con trabajos teóricos sobre la performance, tal como Lacan se vio obligado a hacer, a cada paso, con la *Ego Psychology*, con la psicología en general y con ciertas tendencias "psicoanalíticas" a su entender desviadas del descubrimiento freudiano. Sin embargo, no se me escapa que este libro pueda entrar en similar polémica con muchos estudios sobre la performance, especialmente los que provienen de la academia estadounidense y que, sin duda, reproducen en su propio campo y estilo muchas de las categorías que Lacan combatía en su propio dominio.

No me exigiré en esta Introducción mayor trabajo que parafrasear al Lacan del capítulo I "La Excomunión" de su *Seminario 11*. Y no me exigiré demasiado en ejercer mi ilusión de originalidad, no tanto por pereza, sino por no haber sido—que lo sepa yo hasta el momento—excomulgado de los estudios teatrales, como Lacan y su enseñanza lo fueron por las instituciones psicoanalíticas en aquel momento. Por otra parte, si he trabajado en el teatro desde la perspectiva psicoanalítica desde hace mucho, no he contado—como era el caso de Lacan—ni con espacios institucionales fijos ni con ningún tipo de seguidores, sean discípulos o estudiantes. No he tenido, pues, nada que perder ni que recuperar. Sin embargo, me veo en la tarea de parafrasear ese capítulo por varias razones que se irán desbrozando a continuación.

Dicho seminario, correspondiente al año 1964, va a significar para Lacan un momento necesario para retomar muchos aspectos de su enseñanza anterior desde una perspectiva más... ¿Cómo decirlo? Las palabras que vienen a mi escritura son todas tan cuestionables desde la perspectiva lacaniana que no sé cómo utilizarlas sin provocar la ira de los lacanianos. ¿Desde una perspectiva más completa, totalizante, sistemática, estabilizada...? Ninguna realmente caracteriza ese momento de producción teórica de Lacan. De alguna manera, frente a un nuevo público y en una nueva sede, Lacan retoma sucintamente en ese seminario los principales puntos de su enseñanza anterior.

Dicho *Seminario 11* ocurre un tiempo después del seminario sobre La Angustia, que es efectivamente un parteaguas en la enseñanza lacaniana e inmediatamente después a un seminario interrumpido sobre el Nombre-del-Padre. Hay un antes y un después del *Seminario 10*. Entre el *Seminario 10* y el *11*, debía haber estado el seminario sobre el Nombre-del-Padre, del que Lacan solo dio una lección antes de ser suspendido y expulsado del Hospital Saint-Anne, en el que había dictado sus seminarios anteriores durante diez años, dos veces por semana. Referencias a este seminario interrumpido, nunca enseñado, se encuentran en otros escritos lacanianos, pero nunca bajo el tono de discurso oral y menos aún con las siempre estupendas derivaciones que dicho discurso tomaba en cada uno de sus seminarios, para felicidad de algunos y para desesperación de otros.

De mi autorización

Si imito, si sigo, si me someto al capítulo 1 del *Seminario 11*, tengo que empezar por responderle al lector de este libro por una pregunta fundamental: ¿qué me autoriza a plantear el acercamiento de los estudios teatrales, específicamente el que hemos convenido antes en designar como praxis teatral (ensayo, actuación, puesta en escena), al psicoanálisis freudo-lacaniano? Mi biografía teatral, a pesar de su brevedad, de algún modo sirve para autorizarme en este campo teatral. No tengo formación actoral, pero he trabajado con actores y bailarines-actores (estudiantes, amateurs, profesionales) en diversos lugares de Argentina, Ecuador, Brasil, Perú, Alemania y Estados Unidos; y en cuanto al sistema de Stanislavski lo he visto practicar por varios maestros y hasta yo mismo he recurrido a muchos de sus ejercicios durante mi trabajo de formación de actores y en mi trabajo como director.

Pero lo cierto es que, a pesar de mi trabajo teatral, no soy actor ni tampoco soy psicoanalista. Respecto a mis antecedentes psicoanalíticos, debo certificar que solamente he sido analizante. No podría considerarme analista, al menos, en el sentido de haber tenido una práctica como tal en la clínica. Vengo leyendo a Lacan desde

1976, cuando fui introducido a su enseñanza, de una manera urgente y desesperada, por Josefina Ludmer en una clase que ella diera en aquellos turbulentos tiempos de 1973-74 en la Facultad de Filosofía y Letras de la Universidad de Buenos Aires, cuya sede era (valgan aquí los avatares del destino) el viejo Hospital de Clínicas de Buenos Aires, prontamente demolido en su casi totalidad, puesto que la capilla—como era de esperarse—permaneció en pie. Por alguna razón aquella clase de Ludmer atrajo mi curiosidad y entonces me apresuré—en aquella época donde sospechábamos que ese esplendor universitario y cultural iba a durar muy poco—a correr a la Librería Fausto de Buenos Aires[2] a comprar ese libro ilegible titulado *Escritos*, que era una colección de algunos escritos lacanianos, aunque no todos. Comencé a leerlo por donde pude. Comencé por donde sentí que había cierta comunidad terminológica con lo que yo, hasta ese entonces, podía precariamente ostentar: cierto conocimiento de la lingüística.

El resultado de ese primer acercamiento autodidacta fue un ensayo hoy perdido que leí en el Primer Congreso de Lingüística, organizado en Tucumán en 1977, en el momento más atroz de la dictadura militar. Ese trabajo, titulado "El sujeto y su habla en la dialectología", me deparó muchos amigos, muchos enemigos y, en parte, fue lo que me permitió sobrevivir al horror de los años que se avecinaban. Dejado de lado, casi diría expulsado, al momento de la publicación de las Actas de ese congreso —¿debería usar aquí la palabra excomunión?— ese ensayo me dejó fuera de todo circuito universitario por muchos años. Sólo con el retorno a la democracia fui capaz de ganar un concurso en la Escuela de Teatro de la Universidad de Tucumán, pero jamás me permitieron—ya que al regreso de la democracia estaban en ejercicio los mismos profesores que habían estado durante la dictadura—ingresar a Filosofía y Letras, a cuyos concursos me presenté varias veces sin éxito y hasta creo que con alguna incursión de mi parte en el endeble campo judicial.

---

[2] Me refiero a la que estaba cerca de Corrientes y Suipacha; a sus empleados les agradezco desde siempre haberme reservado los ejemplares que eran de mi interés.

"El sujeto y su habla en la dialectología", al menos por lo que recuerdo, fue recibido con entusiasmo mucho más tarde, por otro de mis admirados maestros: Nicolás Rosa, lo cual no dejó de ser un guiño optimista para invitarme a seguir por ese camino. Lamentablemente, la lingüística no estaba entre mis proyectos. Ese ensayo atacaba, a partir de mi lectura insegura y solitaria de algunos "escritos" lacanianos, los aspectos más aceptados por las investigaciones de entonces en dicha disciplina, especialmente en el área dialectológica. Plantear la lógica del significante en una época en que apenas se balbuceaba—y a veces hasta mal—sobre el signo saussuriano, era un acto imperdonable para el *establishment*, ¿debería usar aquí, no sin cierto humor y paradoja, el término *intelligentsia*? Tal vez quienes me excomulgaron pensaban lo mismo que algunos colegas que escucharon la lectura de ese trabajo en el congreso, pero que tuvieron, sin embargo, la valentía de pronunciar: "No entendimos casi nada, pero no nos cabe duda de que la cosa va por ahí". Me lo dijeron al subir al ómnibus que me traía de regreso a Buenos Aires y no lo pude olvidar. Fueron ellos los que luego me acompañaron, como pudieron, en mi largo "exilio" en el Noroeste argentino. Para ellos, todo mi reconocimiento y mi agradecimiento.

De vuelta en Buenos Aires al finalizar aquel congreso y antes de regresar a Tucumán en 1981 en lo que iba a convertirse en una larga estadía de casi diez años, trabajé en la oficina de alumnos de la Facultad de Humanidades de la Universidad de Belgrano. Esa fue una oportunidad intelectual para mí que sobrepasaba, obviamente, la importancia del tipo de trabajo y del salario ofrecido. Tuve allí la dicha de conocer al Profesor Roberto Yáñez Cortés y al Profesor Gregorio Klimovsky, que me permitieron asistir a sus clases, y gracias a ellos fui capaz de organizar con cierta rigurosidad epistemológica una enorme cantidad de datos y lecturas dispersas y desordenadas. Allí, además de ajustar mis conocimientos sobre Marx, Freud y Lacan, agregué varios autores cruciales a mi lista, como Jean Piaget, Claude Levi-Strauss, Louis Althusser, Paul Ricoeur, Edmund Husserl, Jean Paul Sartre y Karl Popper, entre otros. Fue con ese bagaje—más lo que yo sabía de lingüística, teoría literaria y formalismo ruso—que me fui a Tucumán, donde transmití lo aprendido a muchas personas de disciplinas diversas (abogados, arquitectos, profesores de letras, psicólogos, etc.) en varias ciudades de Tucumán, y más tarde de Santiago del Estero y de Salta.

En Tucumán tuve la oportunidad de ponerme en contacto con la psicoanalista Marta Geréz Ambertín, que volvía de su exilio en México. Asistí a algunos de sus seminarios y también a otros organizados por su grupo, como los de Jacques-Alain Miller y algunos lacanianos franceses que se llegaron hasta el Jardín de la República. Fue también el momento de realizar un largo y penoso psicoanálisis que, sin duda, debe haberme dado algunas pautas un poco más precisas para leer a Lacan. Siempre a tientas, siempre desajustada, siempre incompleta, siempre circunstancial, siempre en la incertidumbre, mi lectura de Freud y de Lacan continuó, junto a la lectura de Julia Kristeva, Michel Foucault, Roland Barthes, Jacques Derrida, Jean Baudrillard, Noam Chomsky y muchos otros. Sólo se interrumpió por algunos años mientras hacía mi doctorado en Arizona State University y por una elección deliberada de mi parte de "desporteñizarme", de "desargentinizarme", de "deslacanizarme". En efecto, durante esa estadía en Tempe mucho más tarde, ya en la década del 90, me interesó más ponerme al tanto de las corrientes que se debatían en la academia estadounidense: los estudios chicanos, los estudios gays y lésbicos, los estudios judíos, los estudios afro-americanos, los estudios subalternos y postcoloniales y sobre todo el feminismo, en la base de todos ellos.

Desde mis primeros años en Tucumán (me instalé en San Miguel el 2 de enero de 1981) y mis incursiones por todo el Noroeste, hasta mi trabajo en la Universidad de Salta, Sede Regional Orán, un poco más tarde, me fui ligando cada vez más al teatro, entendido como "hacer teatro", como montaje, como actuación, como dirección. Mi única experiencia hasta ese momento había sido un par de años en la danza contemporánea que realizaba en Buenos Aires para compensar mi aversión a los deportes y lograr cierto beneficio de trabajo físico. No contaba con otra "experiencia" corporal más que esa también precaria formación en la danza, que jamás tuvo veleidades profesionales. Así, con un grupo de jóvenes actores de Nuestro Teatro, liderados por Carlos Alsina, hoy un dramaturgo varias veces premiado, fundamos Teatro de Hoy en una ciudad donde solo Nuestro Teatro, liderado por Oscar Quiroga y Rosa Ávila, continuaba con vida. Alsina se acercó a mi "taller de semiótica" (realizado, en aquellos tiempos de dictadura, bajo estricta privacidad), solicitándome un "taller de semiótica teatral". A pesar de mi negativa—era imposible negarse a la perseverancia de Alsina—logré reunir algunas notas y comenzamos el trabajo. De ello resultó un entusiasmo contagioso que nos hizo fundar el grupo, reunir a algunos artistas locales (como Beatriz Labatte en danza, Oscar Németh en iluminación, el arquitecto Carlos Malcún en escenografía) y salir a la taquilla con dos obras, una de Alsina, *Contrapunto*, y la otra de mi autoría, *El paraíso de las hormigas*, ambas bajo mi dirección. Alsina quería salirse un poco del realismo psicologista de Nuestro Teatro, así que los dos fuimos a nutrirnos en otras fuentes. Alsina se fascinó con Brecht y yo con Beckett. Como es de imaginarse, a pesar de estar haciendo funciones en el centro mismo de San Miguel de Tucumán, en una salita del Hotel Metropol, con el clima cultural de aquellos tiempos, la recepción de nuestras obritas fue decepcionante. Pero nada era decepcionante para Alsina y a pesar de nuestras diferencias personales nunca pude dejar de admirar su avasallante, insistente, relación con su deseo.

Nos planteamos revertir la situación y fue allí, exactamente en ese momento, cuando yo articulé por primera vez en mi trabajo teatral la enseñanza de Lacan: me planteé, le planteé al grupo (formado también por la actriz, hoy psicoanalista reconocida, Gabriela Abad y otra actriz toda pasión, Cuca Navajas) pensar nuestro "fracaso" desde la demanda y el deseo. ¿Cuál era la demanda del público? ¿Cuál era el deseo del público? Como puede verse, todavía estaba lejos de articular la cuestión del goce. En términos gruesos, entendíamos que para Lacan la demanda era siempre de amor y que del deseo nadie quería saber absolutamente nada. Eso fue la base de múltiples discusiones y elucubraciones que hicimos antes de proponernos escribir una nueva obra, que recientemente acabo de recuperar y que estuvo como seis meses en cartel a sala llena. Se trataba de *Un brindis bajo el reloj*, que escribimos Alsina y yo y que nos dio muchas satisfacciones. Para escribir la obra hicimos una especie de mapa narrativo que luego fragmentamos. Cuatro actores harían múltiples personajes. Nos propusimos perfilar cuatro personajes básicos que representaran, sin demasiados matices, las tendencias políticas del momento. Estaba presente—creo que por primera vez en el teatro argentino—la figura del desaparecido y la primera madre de desaparecido; también el peronista ortodoxo, el exiliado, el militante de izquierda, el empleado del "no te metás". Me pregunto—aunque tengo casi la certeza—si *Un brindis* fue la primera obra que en el teatro argentino, al menos en Tucumán—escenario de tantas desapariciones—ponía en escena por primera vez ese personaje del desaparecido que, como la hora quevedesca, regresaba para convocar a todos bajo el reloj.

Después vinieron otras obras, pero lo importante de esta experiencia es que lentamente me fui viendo en el campo de la dirección y—con mayor atrevimiento de mi parte—hasta de la actuación, careciendo de formación para ello. Aprendía de todos, de Labatte, de Malcún, de Németh, de Alsina y, sobre todo, del público. Con *Un brindis* hacíamos debates al final de la obra y eso era una verdadera escuela de espectadores. Comenzaba a darme cuenta de los problemas teatrales que aparecen en el ensayo y en la producción de un espectáculo, de los que jamás hubiera tenido noticia en mis clases de la universidad, las cuales estaban basadas exclusivamente en el análisis literario del texto dramático. Dicho sea de paso, hoy puedo afirmar sin reprocharme nada que esas clases en la Facultad de Filosofía y Letras de la Universidad de Buenos Aires, donde me gradué, eran decididamente disparatadas; recuerdo una clase en el que se discutía *Yerma*, de Lorca, y el punto más atrayente para la profesora y los alumnos—y para mi sorpresa, porque aunque en ese entonces, pre-73, yo estaba disconforme con todo, aunque no sabía cómo reemplazar esa verdadera estupidez académica—era "¿qué hubiera pasado si

Yerma hubiera adoptado un bebé?" Como se ve, solo se podía salir disparando de esa universidad, como lo hice por bastante tiempo. Y no me quedaba, en aquel entonces, más que refugiarme en la lectura de Lacan, de Freud, de Marx y de Nietzsche, y sacar de allí lo que pudiera.

Mi trabajo en el teatro se fue haciendo cada vez más intenso. Tuve el placer de dirigir todavía como integrante de Teatro de Hoy el estreno mundial—aunque la autora me desconoce el mérito[3]—*El despojamiento*, de Griselda Gambaro, manuscrito que ésta había entregado a Rubén Di Pietro, un director joven tucumano que vivía en Europa y que intentaba, ya en democracia, reinstalarse en su provincia, montar la obra de Gambaro con una actriz maravillosa que, por razones políticas, había sido marginada: me refiero a Elba Naigeboren. A las dos semanas de su llegada a Tucumán, Rubén no soportó la chatura y burocracia provincial, y le dejó al texto a Elba, que me buscó para que la dirigiera, bajo expreso mandato de Di Pietro. En el Noroeste trabajé con adultos y niños. En Orán, con mi entrañable amiga Graciela Medina, realizamos espectáculos estupendos con adolescentes. Con ella hicimos una investigación sobre el carnaval oranense, cuyos descubrimientos todavía hoy que escribo estas líneas me siguen asombrando. La ponencia que leímos con Medina en algún congreso de semiótica, por razones político-culturales que hoy creo entender, nunca fue aceptada para publicación. Fue en esa investigación que entendí lo que Lacan designaba como 'la mirada' y desde entonces eso cambió mi relación con el teatro.

Ya instalado en la Escuela de Teatro de la Universidad de Tucumán, después de mi primer viaje a Estados Unidos—gracias a la generosa invitación de mi hoy amigo Dr. Mario A. Rojas—y donde

---

[3] En un encuentro que tuvimos, ya no recuerdo dónde, Griselda Gambaro me dijo que estaba enojadísima con mi puesta de *El despojamiento*. Pero por todos los datos que me dio, me di cuenta que no había visto mi puesta, que solamente se había ofrecido en la sala del Hotel Metropol de Tucumán. Siempre estaba yo a la entrada, acomodando al público, y jamás vi a Griselda Gambaro entrar a la sala. Elba Naigeboren ofreció en el Teatro del Pueblo de Buenos Aires, unos años más tarde, *El despojamiento*, con la dirección de otra persona. Gambaro, sin embargo, en sus *Obras Completas*, prefiere dar crédito de estreno mundial a una puesta parisina de 1985.

había tenido la oportunidad de ver cómo se programaba en las escuelas de teatro universitarias de aquel país un espectáculo desde el inicio del proyecto, me aboqué a realizar lo que consideré siempre uno de mis mayores riesgos artísticos: la puesta en escena de *Yo también hablo de la rosa*, del mexicanísimo Emilio Carballido. Volvía de tres meses en Washington D.C. con ansias de dar a conocer autores latinoamericanos y de experimentar con algunas ideas que me había provocado la lectura de los textos de Richard Schechner. La puesta de la obra de Carballido estuvo precedida de una extensa investigación realizada con estudiantes bajo mi supervisión y la de Carlos Malcún. Para seleccionar el texto dramático procedimos a una investigación previa como nunca se había realizado en el teatro tucumano. Comenzamos investigando todas las salas de San Miguel de Tucumán, sus planos, sus determinaciones; investigamos el sistema de transportes para conocer, en relación con esas salas, las posibilidades de acceso del público; hicimos encuestas a espectadores para detectar sus gustos y sus géneros preferidos; investigamos la distribución de kioskos de venta de periódicos y revistas y la cantidad y calidad de esas publicaciones adquiridas por los diversos sectores sociales de la ciudad, etc. Fue con esas y otras variables, y no por gustos personales, que llegamos a resolvernos por el montaje de *Yo también hablo de la rosa*, que involucró a muchos estudiantes de la recién fundada Escuela de Teatro en la UNT. La puesta en escena demandó discusiones de todo tipo, pero la fundamental y axiomática fue la que surgía del núcleo significante del texto: la obra de Carballido es una secuencia de versiones realizadas por diversos agentes sociales sobre un evento, un descarrilamiento de un tren producido accidentalmente por un par de niños. El desafío del montaje fue entonces cómo mantener la potencia de la 'versión', cómo proceder de modo tal que no hubiera 'una' puesta definitiva, ni primera ni última, que no hubiera sino versiones; que el espectador, aunque asistiera a todas las funciones, no pudiera ver la obra en su totalidad. Resolvimos la cuestión con varias estrategias: la primera fue destruir el formato a la italiana y obstruir parcialmente la visión del público. Cada espectador, se sentara donde se sentase, tenía acceso visual a algunas escenas y otras solo podía alcanzarlas auditivamente, lo cual lo obligaba a *imaginar lo que no vio*, a formar su versión de los hechos. Se lograron aislar unas cuatro o cinco posiciones posibles, y eso dejaba todavía la posibilidad de que un espectador viniera varias veces para completar su visión total del espectáculo, por eso hubo que imaginar otra alternativa para sostener la idea de impedir una puesta total y definitiva. La segunda estrategia fue repartir la obra en cuatro directores de actores que ensayaban las escenas a su propio gusto, convocando los géneros que quisieran, dándoles a los personajes la identidad nacional que les fueran más afines. Cada actor tenía un personaje "principal" y otros secundarios en su haber, ensayados con cierto director, pero no con otros. Algunos ensayaron ciertas escenas apelando al sainete, la gauchesca, el melodrama, el realismo ruso y hasta la ópera. Cada noche, como director general, yo iba a camarines y anunciaba qué actor hacía qué personaje y entonces los géneros se mezclaban, se confrontaban por primera vez frente al espectador y con gran riesgo para todos—aunque conocían el texto, no conocían la forma en que la escena se había resuelto—en el maravilloso disparate general que resultaba; cada función era una versión más o menos fallida de ese acontecimiento que era el texto dramático de Carballido.[4]

Sin embargo, no fue hasta mi llegada a Estados Unidos que afronté más profesionalmente la dirección. Llegué a Washington D.C. primero y luego a Arizona con un paquete de obras montadas y, para los demás, eso me autorizaba como director. David W. Foster,

---

[4] Muchos años después, al conocer personalmente a Emilio Carballido en Kansas, le conté la puesta y se sorprendió muchísimo con este montaje. Con la apertura mental que lo caracterizaba, me dijo que le hubiera encantado verlo y que de todas las puestas que había visto de *Yo también hablo de la rosa*, en México y fuera de México, nadie había realizado algo similar. Al día siguiente en Kansas, se anunciaba un espectáculo y Carballido pensó que yo lo dirigía. Nos encontramos los dos en una de las primeras filas. Carballido me dijo que vino porque sabiendo que yo dirigía el espectáculo, no quería perdérselo. Le agradecí el elogio, pero le aclaré que no tenía nada que ver con lo que íbamos a ver. Se desilusionó. Ambos nos quedamos en la sala, pero a los 15 minutos de comenzada la función, nos dimos una mirada cómplice y nos fuimos a tomar café y conversar.

en Arizona, me solicitó remozar el grupo de teatro del Departamento de Lenguas Romances, y allí monté algunas obras de dramaturgas latinoamericanas y españolas. Eso me valió ser invitado a dirigir más profesionalmente en el Instituto de Arte de la Universidad que, en su pequeño espacio, usualmente presentaba exhibiciones, obras teatrales, instalaciones y performances de índole experimental. Fungí primero como asistente de dirección y luego como director en las dos puestas en español a las que se animaron las autoridades en aquel entonces. La primera fue una versión que me encargara el director sobre *Woyzeck* de Büchner, para dos actores y una actriz, que se tituló *Luna roja*. Buscamos volver al circo latinoamericano y por eso el protagonista, sobre todo, evocaba el payaso. Poca gente vino a ver esa obra. Con esta experiencia aprendí que me era casi imposible trabajar con actores—Latinos o no—formados en la academia estadounidense. Por eso, cuando se me confió la dirección de una nueva obra, a pesar de las audiciones, terminé eligiendo—para pánico de los productores que invertían mucho dinero en ese proyecto—una actriz y un actor que carecían de todo tipo de formación actoral, pero que resultaron ser estupendos, viscerales al momento de trabajar. Fue un gran éxito mi puesta de *La llamada de Lauren...,* de la española Paloma Pedrero, a tal punto que estrenamos teniendo ya totalmente vendidas todas las funciones subsiguientes, gracias a una fortuita foto en el periódico de Phoenix. El público, acostumbrado a conseguir entradas a último momento en una sala de tipo experimental, llegaba cinco minutos antes de la función y se frustraba y gritaba en las puertas del teatro. En Arizona—como me había ocurrido antes con la comunidad negra dominicana en Washington D.C.—trabajé también con comunidades de mexicanos indocumentados, a quienes ayudé a montar *La miseria*, de Emilio Carballido, una obra elegida por ellos y que nunca me hubiera interesado a mí, personalmente, entre las muchas del dramaturgo mexicano. Fue en ese momento en que me planteé seriamente la cuestión de la dirección, del director y de su poder. Venía de Argentina con desilusiones políticas muy grandes causadas por el "peronismo" menemista o por las agendas neoliberales; me preocupaba el fracaso de la izquierda 'lúcida' latinoamericana y muchas otras cosas, al punto que cuando empecé el trabajo con los mexicanos indocumentados me negué a liderarlo; me atuve a coordinar sus ideas, algunas de un nacionalismo elemental, irracional, casi fascista. De alguna manera, creo, jugué el muerto, como aprendí más tarde en los textos de Lacan respecto al lugar del analista.

Ya en Los Ángeles, tomé la decisión de promover el teatro en castellano (o en Spanish, como dicen en inglés, para designar una lengua imposible, que es la que está en formación en muchas regiones de Estados Unidos). No siempre pude atenerme a purismos lingüísticos y poco a poco me fui involucrando con la comunidad hispana, pero no con el teatro US Latino de ese momento, que me enfurecía por su falta de experimentalismo y su afán doctrinario patente. Mi relación con la escena en los últimos años, ligados a mi trabajo en Whittier College y en Pasadena City College (gracias a la generosa invitación de mi amiga y colega Lola Proaño-Gómez) ha consistido fundamentalmente en poner a prueba ciertas cuestiones que provenían de la teoría o de la práctica, pero no como aplicación de un saber, sino justamente como lo contrario, como partiendo del no-saber, de eso que aparece como sorpresa, como sin sentido, es decir, como lo que Freud denomina síntoma, sueño, lapsus, chiste, equivocación, olvido. No se puede aplicar el no-saber. Cada puesta en escena que he tratado de llevar a cabo es un acontecimiento singular, me deja un saldo de preguntas urticantes. Dejé de preocuparme por los niveles de profesionalismo (carecía de actores entrenados, la mayor parte de las veces no contaba ni con sala ni con equipos adecuados, y menos aún con adecuados presupuestos); mis prioridades comenzaron a centrarse en cuestionamientos a nivel de la actuación, la dirección y la puesta en escena. Desde entonces, mis espectáculos valieron más por su propuesta que por su realización.

Fue así que, lentamente, comencé a re-leer, cuando no a leer—al menos en el sentido de pasar mis ojos por los renglones—a Lacan. Pero esta vez ya tenía preguntas precisas. Había leído a Stanislavski, a Grotowski, a Boal, a Barba, había visto a otros artistas, había incluso asistido a talleres de formación actoral. Había viajado a muchos festivales de teatro. Conocía ya bastante bien la formación del actor en la academia estadounidense y hacía esfuerzos enormes por entenderla. Escribí algunas cosas para darle alguna forma posible a la disconformidad que sentía. En consecuencia, comencé a entrevistar directores latinoamericanos y lentamente a profundizar mis propias preguntas sobre el ensayo teatral, sobre el hacer del actor y del director, o del teatrista en general. Volví a leer a Stanislavski, a Grotowski, a Moreno, a Pavlovsly y a Bartís, desde Lacan. Ahora también contaba con otros materiales imprescindibles para construirle al menos un corpus adecuado a mis hipótesis. El resultado de esta empresa son algunos ensayos que, sin pretensión de totalidad, se reúnen en este libro. Otros textos preliminares se fueron publicando en revistas a medida que avanzaba en mi investigación.

En fin, espero que este resumen autobiográfico—más que personal, como discierne inteligentemente Ricardo Bartís—a pesar de sus saltos, haya brindado al lector los datos mínimos de los momentos más sobresalientes de mi relación con el teatro y con el psicoanálisis en el contexto histórico y cultural de los últimos treinta años. Como se puede fácilmente comprobar, no es mucho lo que me autoriza. Tanto desde el teatro como desde el psicoanálisis, el lector entenderá que no presento las credenciales profesionales, en el sentido en que habitualmente entendemos lo profesional, como proviniendo de una formación especializada, institucionalmente calculada y garantizada. En ambas disciplinas, siempre me he sentido como un aficionado, lo cual me ha precavido de pensar que en el teatro como en el psicoanálisis pueda imaginar siquiera haber adquirido ciertas certezas.

Por esto mismo, el lector no debe tomar aquí como válido todo lo que se dice. No estoy seguro de haber captado convenientemente la enseñanza lacaniana, de modo que el lector no debe ahorrarse el trabajo de leer a Lacan por su cuenta. Tampoco creo haber podido desbrozar los textos de Stanislavski como me hubiera gustado, sobre todo por mi falta de competencia en la lengua rusa que, creo, fue mi mayor obstáculo en el abordaje del Sistema. Los ensayos publicados en este libro deben tomarse como lo que son: ensayos, momentos de transformación, de pasaje, de descubrimiento. Los que integren el próximo volumen ajustarán los conceptos y ahondarán en cuestiones puntuales.

El intento que me entusiasma es el de poder abrir el debate a cuestiones que, me parecen, están demasiado obsesionadas, cuando no atascadas, con la técnica de la formación actoral, perdiendo el horizonte teórico más amplio de la praxis teatral. No puedo ocultar mi entusiasmo sobre lo que conocemos como la "dramaturgia de actor"[5] o mejor, en términos de Eduardo Pavlovsky, el teatro de intensidades o de la multiplicidad, e incluso el tan sugerente de Ricardo Bartís como "poéticas actorales". No necesariamente me preocupa el actor sino esa figura más compleja que se ha dado en denominar el 'teatrista'. Si bien cito en estos ensayos a Pavlovsky y Bartís, eso no significa que no se pueda mencionar teatristas de otras regiones de nuestro continente. Si me detengo en dos figuras del panorama teatral argentino no es por afán nacionalista, sino porque de ellos cuento con materiales publicados, algunos escritos por Pavlovsky y otros producto de sendas entrevistas realizadas por Jorge Dubatti al mismo Pavlovsky y a Ricardo Bartís, incluso la que yo le hiciera a este último incluida en el volumen 2 de *Arte y oficio del director teatral en América Latina*. Resulta muy difícil encontrar materiales de ese tipo, con esa riqueza de propuestas, en otros países de América Latina. Después de Enrique Buenaventura, de Santiago García y de Augusto Boal, no es fácil hallar teatristas que hagan de la escritura una práctica cotidiana de trabajo teórico.

---

[5] Más adelante en este libro, haremos algunas breves referencias a las poéticas actorales y el teatro de la intensidad, como formas de la dramaturgia de actor—que viene de muy antiguo—y como diferentes a la creación colectiva clásica de los años sesenta y setenta en América Latina; sin embargo, tratamos el tema con mayor profundidad en "Aproximación lacaniana a la dramaturgia de actor: De la creación colectiva al teatro de la intensidad".

¿Cuáles son los fundamentos de nuestra disciplina?

En el capítulo sobre "La Excomunión", Lacan se plantea que en lo tocante a los fundamentos del psicoanálisis, su seminario "estaba implicado en ellos" (*Seminario 11* 10). No me parece descaminado admitir que, en tanto praxis, el psicoanálisis, como lo que intento articular en este libro para la praxis teatral, está dirigido a la formación de analistas; es decir, mi preocupación por revisar las más confortables certezas y convicciones en el campo teatral, va dirigida también a la formación del teatrista. ¿Cómo designar a nuestra disciplina? ¿Estudios teatrales? No me parece adecuado, ya que se confundiría con los habituales acercamientos académicos: históricos, sociológicos, hermenéuticos. Como más que de estudio se trata del trabajo del teatrista, me he decidido por Praxis Teatral, en la medida en que no sólo incluye la formación actoral y directorial, sino también la dramatúrgica.

Si Lacan enfrentaba en su época a la *International Psychological Association*, que proscribía su enseñanza y expulsaba a cuanto analista diera cuenta de haber estado en contacto con ella, no creo correr ese riesgo con ninguna asociación de teatreros. Eso no quiere decir que no aspire a que, con el tiempo, algunas de las cuestiones que me preocupan sobre los fundamentos en la formación del teatrista (nuestras actuales Escuelas, universitarias o no, sólo parecen estar interesadas en la formación de actores o intérpretes dramáticos o en licenciados en teatro) puedan generar un malestar de tipo institucional. Después de todo, este tipo de reacción religiosa es siempre esperable de cualquier institución, ya que ésta—lo quiera o no—termina siempre teniendo efectos de iglesia. El campo de formación actoral, por ejemplo, en Buenos Aires, aun siendo tan ecléctico y variado, no deja de promover ese tipo de efectos religiosos ligados a la figura de un maestro que oficia como garantía. Ni hablar de los colectivos tan propios de la década del setenta organizados alrededor de un gurú y que aún hoy, los pocos que permanecen, involucran su práctica teatral con cierto vuelo místico y total fidelidad a ese maestro. Las mismas figuras de Stanislavski, Grotowski, Artaud o Brecht suelen a veces ser evocadas desde un discurso religioso que apuntaría a cierta pureza doctrinaria, lo que origina no pocas discusiones acaloradas. Obviamente, demás está decir que todo esto no tiene nada que ver con el nivel artístico alcanzado, ya que la creación no encuentra garantías en ninguna parte y aún menos en el psicoanálisis o en el Sistema.

Los comentarios eclesiásticos vienen al caso porque Lacan, que se interroga sobre el lugar del psicoanálisis en relación a la ciencia, a la religión e incluso a la magia, nos pone también en situación de pensar el estatus de nuestra disciplina, ya que también él nos advierte que esa praxis o etapa de la praxis que le interesa concierne al psicoanálisis didáctico, al que espera "aportar luces respecto a sus metas, sus límites, sus efectos" (*Seminario 11* 14). ¿Qué esperar, pues, de una conversación entre psicoanálisis y praxis teatral? ¿Cuáles son los fundamentos de una praxis teatral que tenga en su horizonte un campo de interrogación basado en el psicoanálisis?

Es interesante que desde el inicio de este *Seminario 11* que comentamos, Lacan ya nos saque, a los teatristas, de nuestros cabales, al afirmar que él no hace investigación. Prefiere, en cambio, adherir al "no busco, encuentro" de Picasso. Es muy común escuchar a los teatristas y teatreros, en charlas informales o en festivales, hablar de investigación. Todos hacen investigación, sin embargo, es muy difícil hacerles decir qué investigan; no digo que no lo sepan, sin embargo, nunca queda claro y además, como no escriben y, en consecuencia, no teorizan, la investigación queda en el silencio o supuestamente—para ellos—evidente en lo que ponen sobre el escenario. Cuando se los apura un poco, logran apenas describir algunos ejercicios que suelen hacer y que culminaron en un espectáculo determinado, pero queda sin decírsenos por qué se puso a investigar eso y no otra cosa, que había antes y que espera para después de dicha 'investigación'. Como lo plantea Lacan en el capítulo que comentamos, si la hija está muda, el análisis "consiste justamente en hacerla hablar", pero eso "no nos dice nada por qué se puso a hablar" (*Seminario 11* 19, 20). Desde esta perspectiva, la investigación teatral de los teatristas y teatreros—no me refiero a la investigación académica—pareciera realizarse fuera de toda pretensión científica en la que al menos es exigible un cierto nivel de comunicación. Como el psicoanálisis tiene que ver con la sorpresa, con lo no realizado, donde lo encontrado ya está además "marcado por algo que es del orden del olvido" (*Seminario 11* 15), toda ilusión de investigación colapsa, ya que no se puede investigar lo que todavía no se ha realizado. La investigación teatral a nivel académico, como ya insinuamos antes, se desarrolla sobre otras bases: su investigar tiene como meta interpretar, es decir, proceder a la *"reivindicación hermenéutica"* (*Seminario 11* 15, el subrayado es de Lacan); esa investigación busca—apelando a cualquier tipo de doctrina o disciplina—una significación supuestamente ocultada, profunda, inagotable. La interpretación psicoanalítica no se desenvuelve en la misma dirección y todo el esfuerzo de Lacan estará allí para justificarlo. Si la interpretación psicoanalítica no opera como las hermenéuticas—tan obsesionadas por desvelar el sentido oculto—éstas últimas sin embargo no se avergüenzan de apelar a la primera.

Lacan va a plantearse si el psicoanálisis es una ciencia. Si lo es, tendrá características especiales. Más allá de la respuesta que dé Lacan a esta pregunta, a los teatristas nos interesa la discusión a fin de dilucidar también el lugar epistemológico en el que deberíamos inscribir nuestra praxis. Si Lacan puede quejarse de la reacción negativa de los analistas al trabajo teórico, podemos imaginar la de los actores. No se trata de imaginar que vamos a constituir a nuestra praxis teatral en un campo científico a la manera de las llamadas ciencias duras, como lo intentaron algunos discípulos de Stanislavski, empezando por Meyerhold. Lacan va a intentar "la ciencia conjetural del sujeto" (*Seminario 11* 51). El sujeto es el del inconsciente, obviamente, y veremos lo que esto significa, pero desde ya la palabra *conjetural*—no las palabras "demostración", "laboratorio" o "contrastación"—se acerca más y mejor a nuestra praxis teatral.

No todos los teatristas descartan la idea de cierta base científica para sus propuestas. Sin embargo, casi como una paradoja, los teatreros investigan fuera de toda preocupación por la cientificidad y por comunicar por escrito sus resultados; en ese sentido, podemos afirmar que la idea de una formación científica a nivel actoral y directorial ha estado siempre, sin embargo, en la expectativa de muchos maestros. Si la religión no es para nosotros una preocupación, aun cuando algunos quieren reapropiarse del último Grotowski en ese sentido,[6] lo es sin embargo la disyuntiva entre arte y ciencia. Stanislavski mismo no deja de tener, en algunos momentos, cierta veleidad por dar una base científica a su Sistema. Bajo la insistencia de muchos maestros por basar su enseñanza en la experiencia, se deja escuchar ese deseo de cientificidad para su práctica. Pero, como nos recuerda Lacan, la experiencia "no basta para definir una ciencia" (*Seminario 11* 17). ¿Quién—se pregunta Lacan—podría dar una explicación científica de la experiencia mística o basar esa experiencia para constituir una ciencia? Lo místico, no necesito afirmarlo, ha tenido siempre una dimensión ineludible en el trabajo de un artista. Siempre hay ese "no se qué que quedan balbuciendo", ese inefable artístico que—según los teatreros y teatristas—no logra ser explicado por la ciencia. Lo cual significa que, para ellos, no hay ciencia posible sobre aquello que viene de la intuición, del talento, de la visión artística. Este parece ser siempre el límite de toda discusión sobre la dimensión del arte cuando se intenta parangonarlo con la ciencia. En este sentido, a pesar de la renuencia de los teatristas a involucrarse con el psicoanálisis, no deja de ser curiosa la fe que han depositado—Stanislavski incluido—en el inconsciente: de él esperan la sorpresa, la verdad, la novedad; hagan los ejercicios que hagan, incluso a nivel de la improvisación, tienen confianza en que *eso* hablará.

Una ciencia, dice Lacan, requiere un objeto, que obviamente puede cambiar a lo largo de su historia, como ocurre en la física. Si esta cuestión es urticante para el psicoanálisis, no lo es menos para nosotros los teatristas. Desde esta perspectiva, no podríamos responder muy rápidamente a la posibilidad de que cierta disciplina teatral pudiera tener un objeto. ¿Cuál sería? ¿Acaso los historiadores del

---

[6] Ver algunos ensayos en *Jerzy Grotowski. Miradas desde Latinoamérica*, editado por Antonio Prieto Stambaugh y Domingo Adame.

teatro—como los historiadores de la física—podrían darnos alguna clave aquí, alguna serie?

Otro aspecto que Lacan enumera, y que era sin duda importante por los años en que dictaba su *Seminario 11*, es la formalización. ¿Es la formalización lo que otorga carácter científico a una disciplina? Lacan responde que no; "[s]e puede formalizar una falsa ciencia, igual que una ciencia de verdad" (*Seminario 11* 18). En este plano, ni debemos preocuparnos. Jamás, que yo sepa, nadie intentó formalizar nada en nuestro campo teatral, salvo que tomemos como formalización los signos, esos personales jeroglíficos, que Stanislavski intentó utilizar en su puesta de *Un mes en el campo*, según lo detalla Nick Worrall en su libro *The Moscow Art Theatre*. En muchos libros tenemos mapas, diagramas, planos, incluso modelos provistos, en general, por otras disciplinas, pero difícilmente se puede encontrar formalización alguna para la praxis teatral, por ejemplo, del tipo matemático o topológico. Nos encontramos, sin duda, con nociones teatrales, algunas que se han discutido por siglos, como la de catarsis; otras que ni siquiera se cuestionan, como la diferencia entre lugar y espacio; algunas están sostenidas y defendidas religiosamente, como el "como si" o "si mágico" stanislavskiano. En última instancia, queda todavía una tarea muy grande por realizar. ¿Cuáles de estas nociones podrían ser elevadas a nivel de concepto fundamental? ¿Cómo podríamos aislar nuestros conceptos fundamentales en la praxis teatral, así como Lacan se preocupa en este *Seminario 11* de los que él denomina "los cuatro conceptos fundamentales del psicoanálisis", a saber, el inconsciente, la repetición, la transferencia y la pulsión?[7] ¿Cuáles, de nuestro enorme vocabulario teatral—bastaría repasar el *Diccionario del teatro* de Patrice Pavis—podrían admitir el estatus de "concepto fundamental"? Otra analogía aquí entre el psicoanálisis y el teatro estaría dada por el hecho de que muchos conceptos freudianos—como es el ejemplo de la apropiación de Stanislavski por distintos maestros—se

---

[7] En alguna parte, Miller cuenta que "los cuatro conceptos fundamentales del psicoanálisis" es la forma en que los asistentes al seminario lo habían bautizado y se referían a él, pero que no fue un título dado por Lacan.

hallan "falseados, adulterados, quebrados" (*Seminario 11* 19) o simplemente abandonados, tal como ocurre en la literatura psicoanalítica y en la teatral.

Al comparar con la física, Lacan rápidamente nos lleva a un punto crucial. La ciencia moderna, como la física o la química, puede desarrollarse sin que importe demasiado el deseo del físico o del químico. Temprano en el siglo XX se nos alertó sobre la forma en que la presencia del investigador modifica el fenómeno observado. Sin duda, eso no quiere decir que el deseo del científico no exista—ya sabemos lo terrible que en muchos casos puede llegar a ser—sino que, de alguna manera, no parece intervenir en la consistencia interna de la disciplina. De alguna manera uno puede estudiar física sin preocuparse por el deseo del científico. En el psicoanálisis, en su praxis, en cambio, el deseo del analista juega un rol fundamental. Todo análisis didáctico apunta justamente al deseo del analista, razón por la cual esta cuestión no puede excluirse al momento de pensar la posible cientificidad del psicoanálisis. ¿Qué pensaríamos del deseo en nuestra disciplina? ¿El deseo del dramaturgo, del actor, del director, del productor, incluso el deseo del público? No creo haber leído nada sobre estas cuestiones—salvo el voluminoso libro *The Audience*, de Herbert Blau (con quien tuve el gusto de estudiar) sobre el público—especialmente si se las pone, como lo hace Lacan para el análisis, en conversación con la demanda, con la necesidad, con el goce. Varios de los ensayos incluidos en este libro tienden a situar estas cuestiones preliminares del deseo del teatrista en su práctica.

Finalmente, podríamos, siguiendo a Lacan, interrogarnos sobre qué realmente se entiende por teorizar en psicoanálisis o en el campo teatral. Ya sabemos la aversión que los teatreros le tienen no sólo a la teoría, a la práctica teórica, sino hasta la palabra 'teoría', con todo lo que ese término tiene en común con la palabra 'teatro'. No ocurre lo mismo con los teatristas como Rafael Spregelburd, que se interesa hasta por la teoría de los fractales, o como Eduardo Pavlovsky, él mismo médico y psicoanalista. Tampoco ocurría esto en los años setenta con maestros como Enrique Buenaventura o Santiago García que, en el boom de la lingüística y la semiótica, trataron de acercar esos modelos a la praxis teatral, tal como yo ahora lo intento con el psicoanálisis. Incluso Buenaventura—como se verá en este libro—se preocupó por la relación entre el análisis del sueño en Freud y la puesta en escena. Buenaventura y García, además, escribían sus exploraciones, pero nada de esto prosperó con los teatreros que les siguieron. Sea como sea, salvo en el caso de Pavlovsky, las diversas disciplinas que convergen en la praxis teatral no necesariamente conforman un corpus teórico propio para la disciplina, sino que operan como disparadores de la imaginación de los teatristas en la construcción de sus propias dramaturgias.

La idea generalizada de que una teoría es un edificio abstracto de conceptos, o lo que es peor, una lista de conceptos formales, separados de la práctica, vivida como algo separado sobre la que se aplicarían los conceptos, está muy lejos de ser la perspectiva de Lacan y, obviamente, de la mía. Ni se trata de un edificio ni de una lista de nociones y/o conceptos. En psicoanálisis, la teoría, el teorizar, es constituyente de su praxis, especialmente a nivel de la técnica. Desde la perspectiva lacaniana, no se aplica el análisis a cada caso, como si se tratara de la psicología con sus recetas, sus tests y sus mediciones, sus índices, todos ellos elaborados sobre un sujeto universal ilusorio, sujeto promedio según nos dicen, que obviamente nada tiene que ver con el sujeto del deseo deseo. Entre muchas otras dimensiones que la teoría puede tomar en psicoanálisis, se trata de que cada caso provoque la teoría, la ponga en emergencia, la cuestione, como le ocurrió a Freud con muchos de sus casos que, por ser fallidos, lo llevaron a revisar sus coordenadas teóricas. En la psicología, por el contrario, la batería de experimentación está para constatar, no para desestabilizar.

La técnica es inconcebible sin la teoría, y por eso nos hemos sentido interesados en visitar los textos de Stanislavski, no para tomar partido por ellos, sino para indagarlos sobre la teoría que los fundamenta, habida cuenta del impacto que tuvieron desde su enseñanza. Si Lacan se preocupa por los cuatro conceptos fundamentales del psicoanálisis, lo hace justamente para "interrogar la experiencia" (*Se-*

minario 11 20), para cuestionar la técnica. Lo importante, al menos desde la perspectiva de la praxis teatral, es que el psicoanálisis nos puede orientar en cuanto a interrogar *nuestra* experiencia; si el psicoanálisis, tan imbuido él mismo de terminología teatral, trabaja con el deseo y con el lenguaje, puede sin duda ayudarnos a cuestionar nuestro trabajo con el deseo y el lenguaje, lo cual—como espero vislumbre el lector en este libro—no es poco ni está desentendido de lo artístico.

Aclaración al lector

Muchos de los ensayos incluidos en este libro fueron escritos en distintos momentos y respondieron a diversas solicitaciones. No se escribieron en forma gradual ni desde la perspectiva de un libro, razón por la cual hay repeticiones ineludibles. Algunos de ellos, como expresé antes, fueron previamente publicados en revistas y libros. Al agruparlos, me he visto en la obligación, toda vez que fue posible, de evitarle al lector pasar por los mismos lugares. A medida que iba escribiendo esos ensayos, vislumbraba nuevas posibilidades para un mismo problema, o corregía algún concepto no totalmente bien acotado. He revisado esos ensayos a los efectos de armar esta colección, pero no dudo que todavía quedan para el lector momentos de indecisión, de ambigüedad, de vacilación que, en tal caso, desde una posición optimista, pueden servir de puertas para que el lector inicie, según sus propios interrogantes y su propio trabajo con el psicoanálisis, su lectura de Lacan.

Otros capítulos han sido escritos especialmente para el libro. En ellos se notará que me dirijo más directamente a los teatristas (lo que no fue posible hacer en los ensayos publicados en revistas académicas); he tratado de explicar los conceptos más difíciles y sus múltiples interconexiones en la arquitectura de la teoría. Cuando pude, he dado algunas traducciones de los textos citados; al escribir desde Los Angeles, teniendo mi acceso limitado a referencias bibliográficas en inglés, no he podido cotejar sino versiones en esa lengua. La publicación de los seminarios y *Escritos* lacanianos en español, me solucionaron mucho la tarea al momento de citar, aunque he cotejado además la reciente versión inglesa y, en algunos casos muy puntuales, la versión original en francés. En cuanto a los textos de Freud, he citado—con mis traducciones al español—la Standard Edition de sus *Complete Works* y, en otros momentos, la edición de sus *Obras* por la Editorial Amorrortu, mucho más ajustada.[8] Sobre Stanislavski me he basado en ediciones al español que circulan en las academias y que están en librerías. He cotejado las versiones al inglés de Elizabeth Hapgood—muy desparejas y ya muy cuestionadas—cuando me ha sido necesario; sin embargo, he cotejado con provecho las ediciones españolas de *Preparación del actor* y *El trabajo del actor sobre sí mismo* con la estupenda versión al inglés, *An Actor's Work*, que contiene *An Actor Prepares* y *Building a Character* juntos, realizada por Jean Benedetti y publicada recientemente.[9] Jean Benedetti, tanto en *Stanislavski A Biography* como en su selección de cartas *The Moscow Art Theatre Letters*, nos ha relatado los avatares de la escritura stanislavskiana, y los pormenores de sus ediciones, traducciones y publicaciones. Lo importante es que las ediciones españolas no se atuvieron a la manipulada versión de Elizabeth Hapgood, sino a las ediciones rusas, realizadas mucho después. Benedetti nos dice:

> Thanks to the copyright stranglehold, Mrs Hapgood's errors, both conceptual and linguistic, have been carried over into the translations made from her editions. Those fortunate enough to read German or Spanish can consult the East German or Argentinian editions, which have been taken directly from the Russian text. (1990: 318)

---

[8] En las bibliotecas de las universidades en Estados Unidos todavía es muy raro dar con ejemplares de las obras de Freud publicadas por Amorrortu. He utilizado esa edición en forma parcial, cuando algunos de los tomos estaban en mi propia biblioteca.

[9] Corresponderían a las versiones castellanas de *Preparación del actor* y *El trabajo del actor sobre sí mismo*, respectivamente.

Otra fuente de suma utilidad en mi trabajo fue la reciente publicación del libro de Sharon Marie Carnicke, *Stanislavsky in Focus. An Acting Master for the Twenty-first Century*,[10] que es el resultado de una minuciosa investigación sobre las publicaciones más recientes de Stanislavski en Rusia.[11] Gracias al agregado de un vocabulario ("The System's terminology: a selected glossary") he podido revisar mis ensayos a la luz de sus precisas observaciones sobre la traducción de términos claves del Sistema y así precisar mis apreciaciones. De alguna manera, aunque Benedetti ya había planteado, al final de la biografía de Stanislavski, el peligro o incluso el daño de hablar de una "rehabilitación" de Stanislavski, y de la necesidad de un "redescubrimiento" del Sistema (1999:348), mi propuesta parece guiarse más por la idea de un "retorno" a Stanislavski, tal como lo insinúa el título del libro de Carnicke. Así como los textos freudianos exigieron, no tanto un ajuste de traducción como el iniciado por Amorrortu en castellano, sino por un "retorno a Freud" promovido por Lacan en función de explorar la necesidad de ajustes y desarrollos del pensamiento freudiano y de la teoría y la práctica psicoanalíticas, aquí intentamos volver a Stanislavski, cuyo sistema y cuyos textos no dejan de estar hoy en la misma situación en la que están los de Lacan, salvo sus *Escritos*. Todos sabemos que hay varias publicaciones alternativas de los Seminarios y que las publicaciones de Jacques Alain-Miller, en todo su esplendor y trabajo, no dejan de ser cuestionadas por muchos analistas en función de cierta manipulación de las versiones que existen del discurso oral de Lacan, tal como ocurrió con los "discípulos" de Stanislavski que asistieron a sus ensayos o con las versiones de Elizabeth Hapgood.

---

[10] Carnicke prefiere escribir Stanislavsky, con "y" al final, porque dice que Stanislavski con "i", tradición establecida por Elizabeth Reynolds Hapgood, tiene sabor polaco (Carnicke xiii). Sin embargo, en nuestro libro vamos a mantener la versión con "i", justamente porque al adoptar ese nombre, Stanislavski lo hizo para ocultar su identidad bajo un apellido polaco: el doctor M, que actuaba bajo el apellido Stanislavski, abandonó la escena y "yo decidí ser su sucesor, sobre todo, porque pensaba entonces que el apellido polaco me ocultaría mejor" (*Mi vida en el arte* 86).

[11] Tanto Carnicke como Benedetti se basan en la edición rusa de 8 volúmenes y luego en la ampliada de 12 volúmenes.

Para terminar, quisiera advertir que he reunido en este libro una serie de ensayos como una etapa preliminar sobre la praxis teatral. La escritura de dichos ensayos, hoy capítulos de este libro, me tomó varios años de lectura y de escritura; de alguna manera esta etapa inicial oficia de trampolín hacia un planteo teórico más avanzado que el lector podrá apreciar en un futuro próximo cuando publique otra colección de ensayos en los que ya decididamente, con las bases que me da el presente libro, me lanzo a imaginar la consistencia teórica de la praxis teatral a partir del psicoanálisis, fundamentalmente lacaniano. Mi propósito en esta primera etapa es poner un poco a prueba los conceptos lacanianos en la praxis teatral, sin llevarlos demasiado lejos. Hasta donde he podido, he tratado de introducir a los teatratistas en algunos conceptos psicoanalíticos, facilitando su acceso a ellos, pero evitando todo tipo de vulgarización. El tiempo dirá si lo he logrado.

El orden de los ensayos en este libro, aunque no es arbitrario, se realizó en vistas a ir introduciendo al lector en forma progresiva a los temas y conceptos discutidos. De todos modos, el libro admite una lectura a la manera de *Rayuela*, de Julio Cortázar, dejando al lector en la libertad de realizar su propia combinatoria personal; la secuencia o lectura lineal mostrará que hay cosas que se entienden después, en ensayos posteriores, que a su vez arrojarán luz sobre los ensayos previos, reenviando al lector a cotejar lo ya leído.

ACTUACION Y PSICOANALISIS

> You critics, or whatever else you may call yourselves, are
> ashamed or frightened of the momentary and transient ex-
> travagances which are to be found in all truly creative
> minds and whose longer or shorter duration distinguishes
> the thinking artists from the dreamer. You complain of
> your unfruitfulness because you reject too soon and dis-
> criminate too severely.

Sigmund Freud, *Standard Edition* IV 103

> There are two worlds, with one dangerous boundary in the
> middle.

Donald Freed, *Freud and Stanislavski* 89.

E n este ensayo intento aproximarme a Stanislavski (y a sus descendientes) desde Freud y Lacan. Intento hacer este acercamiento desde la perspectiva de la praxis teatral y fundamentalmente me dirijo a los teatristas. A partir de la definición lacaniana de praxis, tal como la plantea en el *Seminario 11*,[12] por "praxis teatral" entiendo un nuevo campo disciplinario, que comprende el ensayo teatral y que engloba el trabajo del teatrista, desde la pre- hasta la postproducción. No se trata, pues, de una aproximación enfocada en el análisis e interpretación del texto dramático o del texto espectacular.

La relación entre el maestro ruso y el maestro vienés no es nueva en el campo teatral; como veremos, ya hubo algunos intentos de cotejarlos con relativo éxito. En cambio, la lectura de Stanislavski desde Lacan es novedosa, y no he encontrado bibliografía específica sobre ello. En las lecturas que he realizado de muchos libros y documentos no he logrado constatar si Stanislavski efectivamente conoció

---

[12] Ver la definición de praxis en el epígrafe de Lacan que figura al principio de este libro.

la obra de Freud, y si al menos pudo leer *La interpretación de los sueños* (1900), cuya traducción al ruso circuló desde 1904. Parece improbable que Stanislavski haya leído textos de Freud o que haya estado en contacto con el psicoanálisis, no obstante el entusiasmo que éste provocó en Moscú. Ernest Jones nos cuenta en *The Life and Work of Sigmund Freud* que ya para 1910 "[s]igns of interest were appearing in Russia" (270) y que M.E. Ossipow y su grupo ya estaban traduciendo ensayos de Freud a esa lengua e incluso escribiendo sus propios trabajos psicoanalíticos—muchos de los cuales se publicaron en *Psychotherapia*, una revista rusa publicada en Moscú en 1909—al punto que "the Moscow Academy had offered a prize for the best essay on psychoanalysis" (Jones 270). Incluso después de la Revolucion de Octubre, para 1923, "Two thousand copies of the Russian translation of the *Introductory Lectures* were sold in Moscow in a single month" (Jones 434). Es después de la Revolución de 1917 que el psicoanálisis, obviamente, comenzará a tener mala prensa en los círculos marxistas; se lo consideró siempre una ciencia burguesa para burgueses ("a bourgeois deviation", la denomina Jones [379]), opuesta al marxismo, y de nada valieron más tarde los esfuerzos de Wilhelm Reich para convencer a la *intelligentzia* soviética sobre los beneficios de acercar el marxismo al psicoanálisis. Como sabemos, tampoco le fue bien a Reich con los círculos psicoanalíticos. Sin embargo, algunos ensayos sobre actuación reconocen en Reich un antecedente insoslayable al momento de reflexionar sobre la importancia de la oposición entre mente y cuerpo. En *The Player's Passion*, Joseph R. Roach señala la importancia de la sexualidad en las teorías modernas de actuación y, sobre todo, de la considerable "influence on international theatrical theory through such works as *The Function of Orgasm* (1942)" (219). Partiendo del monismo mente-cuerpo tal como lo planteó La Mettrie, Reich llegó a la conclusión de que la mecanización o rigidez del cuerpo era el síntoma esencial de la neurosis. Dicha rigidez del cuerpo se correspondía con una parálisis de las funciones mentales. Para Reich, el carácter funciona como una armadura con la que el individuo se protege del daño psicológico, sin advertir hasta qué punto esa armadura deviene una cicatriz. Por lo tanto, la cura estaba para Reich enfocada en cambiar los hábitos musculares, en romper la armadura para dejar emerger la suavidad interior, por medio de un entrenamiento que, trabajando el cuerpo y la energía sexual, le otorgara mayor flexibilidad, plasticidad y sensitividad. Como subraya Roach, los éxitos terapéuticos los buscaba Reich a través del trabajo corporal, rechazando la asociación libre freudiana a nivel de la técnica (219). Stanislavski tendrá que vérselas con la inhibición y las tensiones corporales que enfrenta el actor al momento de enfrentar el "hueco negro" (*Preparacion del actor* [en adelante *P.A.*] 79) más allá del proscenio donde, además del público, está la mirada de Otro como tal.

Admitiendo o no las excentricidades de Reich, "authors of systems of psychophysical improvement—escribe Roach—share the Reichian premise that the body has to be therapeutically liberated from the tensions and distortions that bind it, that it has to be exercised and manipulated in order to be whole again and restored to its natural plasticity" (219). Roah explora minuciosamente las relaciones del Sistema de Stanislavski con el campo epistemológico de su época y además nos brinda un exhaustivo panorama histórico—desde la retórica antigua hasta Grotowski, pasando por ese eje crucial que es *La paradoja del comediante* de Denis Diderot—de las aspiraciones científicas de los actores en la constitución de su campo de trabajo artístico. Sin embargo, lo que nos interesa en este capítulo no es tanto detallar esas conexiones de Stanislavski con Ribot, con Pavlov y algunos investigadores pre- y postfreudianos, sino justamente enfocarnos en aquellas referencias más puntuales a las relaciones del Sistema con la obra de Freud.

En su *Freud and Stanislavski. New Directions in the Performing Arts*, publicado en 1964, Donald Freed ha intentado conectar la producción de ambos autores. El libro, aún en su irregularidad y dispersión, en su estilo retorcido y muchas veces impreciso y ambiguo, no deja de tener interesantes señalamientos que, para 1964, son verdaderamente sorprendentes, habida cuenta del retraso con que Lacan es conocido en los Estados Unidos. Freed ha trabajado con actores y además tiene una posición bastante crítica no sólo con la situación teatral de ese momento en su país, sino también con respecto a la enseñanza del Sistema—o la más popularizada como Método—en la formación actoral que se da en Estados Unidos. Freed ha leído los textos fundamentales de Freud, ha tomado algunos conceptos y nociones básicas, como el de inconsciente o el de inhibición, y los ha llevado al campo de la actuación; sin embargo, no hace referencias puntuales a ninguna de las obras de Freud ni discute o transcribe en detalle la relación de esos conceptos con la arquitectura teórica del psicoanálisis. El libro, que incorpora varias conferencias dadas por el autor a actores y otros artistas de la escena, introduce algunos términos claves del psicoanálisis tal como aparecen en Freud (inconsciente, sublimación, superyó, libido, ambivalencia, proyección, represión, supresión, etc.) y lo hace de una manera muy particular, aludiendo a textos teatrales, saltando de la tragedia griega a la tragedia isabelina, de Sófocles a Shakespeare, de Edipo y Electra a Hamlet, a Otelo, a Próspero y al Rey Lear. Sin embargo, el trabajo con los actores, tal como aparece relatado en otras de sus charlas, no demuestra un aprovechamiento minucioso de este marco teórico. A los fines de nuestra aproximación, nos interesa sin embargo subrayar un comentario de Freud que nos llevará más tarde a un desarrollo más acotado: cuando Freed introduce el término "inconsciente", señala que éste se opone a lo consciente y no puede admitirse equipararlo a lo *sub*consciente en general y menos aún al uso de ese término en los textos stanislavskianos en particular. Nos dice:

> The Latin prefix "*un*" means *not*, and is therefore a legitimate extensional, non-Aristotelian, scientific term, in that it makes no inference or judgment and is multiordinal: simply *not* conscious. The prefix "*sub*", of course, infers an inferior order of being; and as we shall see, this is not true of the unconscious. (Freed 47)

Como en otros casos que detallaremos más adelante, Freed no explora las consecuencias teóricas de sus afirmaciones; en este contexto hubiera correspondido cotejar los dos "sistemas" en cuestión y ver la incompatibilidad entre el inconsciente freudiano y el subconsciente stanislavskiano, pero eso no ocurre en su libro. No obstante, Freed comienza preguntándose si él está forzando una conexión entre ambos maestros, Stanislavski y Freud, que no existió históricamente, salvo el hecho de ser contemporáneos. Freed no tiene a su disposición el concepto foucaultiano de "episteme". Cree que así como Stanislavski fue criticado por acercar la filosofía al teatro, es posible que esta extensión hacia el psicoanálisis, que él intenta, cauce igualmente muchos debates. El hecho de que el psicoanálisis sea una técnica de descubrimiento (Freed juega con la diferencia en inglés entre *uncovering/ discovery technic*) y un nuevo entendimiento de los motivos, recursos y conflictos más internos y escondidos del ser humano, valida de plano el intento de aproximarlo al arte en general y al teatro en particular. Así, por ejemplo, Freed nos invitará a repensar el tema de la voz en el teatro:[13] ya no se trata solamente de un entrenamiento basado en el análisis del ritmo, del tiempo, del acento; Freed rechaza la conocida proposición que menta que las vicisitudes de la voz (reminiscente sin duda de las 'vicisitudes' de la pulsión) son una expresión audible de los sentimientos internos del personaje. Sostiene, en cambio, que los sonidos emitidos por el personaje, especialmente en el encuadre de eventos y emociones profundas, son de naturaleza sobredeterminada: en esos momentos el actor no expresa el caos de sus sentimientos, sino su intento fallido de controlarlos, y esto, sin duda, marca un giro decidido en el entrenamiento actoral (Freed 57).

---

[13] Helen Spackman, en su ensayo "Minding the Matter of Representation: Staging the Body (Politic)", ha subrayado la ironía resultante de la comparación entre la etimología de la palabra teatro, que privilegia lo visual y lo corporal, y la dirección de los estudios teatrales, al menos en Gran Bretaña, que justamente privilegian lo literario y, por ende, ponen el acento en el texto y la voz, en lo auditivo (6). Esta situación, que comienza a problematizarse en los estudios más recientes sobre el performance, va a complicarse todavía más si pensamos en la pulsión invocante, que Lacan va a conceptualizar, más allá de la oral, la anal y la escópica.

En todo caso, Freed nos muestra que hay convergencias de intereses en ambos maestros: por un lado, el "si mágico" de Stanislavski tiene ciertos correlatos en el psicoanálisis[14] y ambos maestros están asimismo preocupados por el tema de la verdad, especialmente en la forma en que ésta yace detrás de la máscara, detrás de los clisés. Pero lo que más le atrae al autor es el hecho de que tanto los términos analíticos en Freud como los del Sistema alcanzan altos niveles de abstracción (Freed 45).

Freed menciona la famosa frase freudiana *Wo es war, soll Ich werden*, que él traduce como "Where id was there shall ego be!" (Freed 21). La convicción de la que Freed parte es justamente que el psicoanálisis o la psicología profunda es una extensión lógica de un entendimiento del Sistema de Stanislavski para el artista moderno (Freed 22). Para el autor, tanto Freud como Stanislavski están preocupados por una aproximación científica a la realidad: el psicoanálisis, nos dice, "es a la vez una terapia y una interpretación dinámica de la realidad—la misma realidad que el sistema de Stanislavski pone en el centro de toda verdadera creación humana" (Freed 22).[15] La frase común que une a un analista (o psicoterapeuta, como lo llama Freed) con un artista es la misma: "What's going on here?" (Freed 22), ya que ella requiere una respuesta a nivel de lo profundo. Lo interesante aquí es que Freed, siguiendo a Freud, critica a aquellos que piensan que la psicología profunda es una explicación mágica y misteriosa de la vida cotidiana y no se dan cuenta de que "la psicología profunda es la vida cotidiana misma con sus conceptos reducidos a sus contenidos ideacionales, como en todas las ramas de la ciencia" (Freed 23). Freed no acusa recibo del psicoanálisis francés, de modo que no hay ninguna referencia a Lacan, para quien, como sabemos, el inconsciente, en tanto discurso del Otro, está afuera (*Seminario 11* 137), no supone ninguna interioridad ni profundidad. Sin embargo, se puede ver aquí—aunque no siempre Freed lo mantiene—un acercamiento

---

[14] Freed hace a veces referencias a la psicología profunda (*depth psychology*), pero luego solamente se refiere al psicoanálisis.
[15] Para facilitar la lectura, procedo algunas veces a traducir el texto de Freed.

a la dimensión del inconsciente ya no como profundo, sino como conceptualmente expuesto y formalizable.

El autor se propone realizar una síntesis entre psicoanálisis y el Sistema de Stanislavski (y esto, a pesar de la ya larga relación entre el psicoanálisis y la formación actoral en Estados Unidos, pero en la versión más popularizada de la *Ego Psychology*, parece sin embargo haber causado cierto estupor en su época): nos invita a pensar el 'afuera' o el 'exterior' y el 'adentro' o 'interior' como el 'consciente' y el 'inconsciente' freudianos: así, el 'afuera o exterior' de Stanislavski puede incluir, según él, al yo y al superyó freudianos, y el 'adentro o interior' puede combinarse con el ello y la libido (Freed 26). Desafortunadamente, este proyecto no se continúa, ya que el autor se dispersa en múltiples cuestiones, y nunca emprende un trabajo teórico preciso a partir de los textos de Stanislavski y de Freud.

A los efectos de acercar la actuación al psicoanálisis, Freed va a partir del deseo y va a invitar a los actores—de sus talleres y a los artistas que asistieron a las conferencias que forman gran parte de su libro—a trabajar con el deseo del personaje y su propio deseo de actor. También en algunos momentos nos hace algunos guiños sobre el deseo del público. Freed no teoriza sobre el deseo, pero en su terminología para actores, va a plantear la necesidad de que esos deseos constituyan el motor y foco del trabajo actoral.

A nivel técnico, la cuestión de la verdad, "the sense of thruth" stanislavskiano, no está dada por un golpe de inspiración, no importa el grado de creatividad que lo apoye. Por el contrario, después de haber absorbido con pasividad la obra, el actor no debe—nos dice Freed—tratar de reconciliar elementos dispersos del personaje, sino dejarlos coexistir hasta los últimos tramos del ensayo. Lo que debe demandarse al actor es mantener una "atención flotante" o bien "asociación libre" ("free-floating attentiveness" dice Freed [33]). De este modo, cualquier elemento, incluso a primera vista trivial, puede generar un *flash* (es palabra del autor) en la imaginación del actor, tornando claros muchos aspectos y hasta abriendo puertas desconocidas o bien no observables a primera vista sobre el total de la narración de la obra. Es justamente este libre asociar, en esta atención flotante, que algo del deseo puede emerger, sea del actor, sea del personaje.

Freed nos recuerda que Stanislavski fue el gran maestro de la improvisación, y que ésta no era ejercida sobre el material concreto de la obra, sino sobre construcciones sacadas por inferencia y referencia, pero contenidas en las escenas de la obra. Freed plantea que "este 'vivir a través' de acontecimientos y relaciones—que *probablemente* sucedieron al personaje, con las mayores consecuencias para su destino—son similares a la actividad conocida como "reconstrucción" en psicoanálisis" (Freed 33, el subrayado es del autor). El punto crítico y hasta problemático que toda teoría de la actuación tiene que enfrentar y al que tiene que responder está justamente referido a la relación entre el actor y el personaje. No es que la relación entre actor y autor o entre autor y personaje deje de plantear sus propias cuestiones; es interesante señalar aquí, aunque sea de paso, cómo Stanislavski configura un triángulo—como el triángulo edípico—cuya productividad resulta sorpresiva cuando se lo aborda desde el psicoanálisis.[16] Freed, sin especificar su relación con el psicoanálisis ni realizar elaboración teórica alguna, parte de algunas ideas de Freud (y sin mencionar, algunas de Stanislavski) para articular esa relación actor/personaje. Quedan excluidas las dos otras dimensiones que hoy, a partir de la enseñanza de Lacan, se nos hacen más abordables: en primer lugar, la relación del personaje y lo real; en segundo lugar, la relación del actor y lo real. Lo real lacaniano, como se sabe, no es la realidad, sino aquello que, imposible de ser simbolizado, queda éxtimo respecto de lo simbólico.

Ya nos ha hablado Freed de "reconstrucción" y esto nos da la clave de la forma en que él posiciona su lectura del psicoanálisis, a saber, en términos arqueológicos, a pesar del hecho de haber negado la conceptualización del inconsciente como "profundidad". La idea consiste obviamente en escarbar en la memoria, atravesar la pesada amnesia que impide que los tempranos y cruciales recuerdos del

---

[16] Ver en este libro "Aproximación lacaniana a Stanislavski: La novela familiar del Sistema".

pasado y la calidad del día a día de la existencia pasada lleguen a la conciencia. Así, nos dice, ciertos derivativos patológicos pueden ser rastreados hacia el pasado olvidado pero cuyos comienzos son—sin duda Freed piensa en el complejo de Edipo—demasiado familiares. Y concluye: "El paciente—traduzco—como el actor en el sistema de Stanislavski, puede entonces decir, '*Esta es la forma en que eso debe haber sido*'." (Freed 34), ya muy cercano al uso verbal del "ya habrá sido" de Lacan. Aunque esto haya sido trabajado en la misma dirección por Strasberg, es evidente que se refiere a la memoria emotiva; sin embargo, Freed dice que su sistema es diferente al usual en la cultura estaudounidense, marcada por la parcialidad de la lectura que Strasberg hizo de Stanislavski, puesto que él toma todo el Sistema de Stanislavski en su conjunto. Ya en 1964 existía esta polémica, surgida principalmente de los avatares que rodearon las publicaciones de los libros de Stanislavski en inglés. Como se sabe, Stanislavski publicó inicialmente sus libros en inglés, pero luego éstos fueron revisados y publicados en ruso; ediciones más recientes han incorporado muchos materiales. La polémica, que no vamos a detallar aquí, se basa fundamentalmente en que las versiones en inglés realizadas por Elizabeth Reynolds Hapgood corresponden a lo que se conoce como la primera etapa de Stanislavski, basada en la memoria emotiva, que impactó y sigue impactando gran parte de la enseñanza de su psicotécnica en Estados Unidos. Freed plantea, obviamente, considerar también la etapa siguiente, aunque no final, conocida como la de las acciones físicas.[17] En efecto, la reciente aparición del documentado libro de Sharon Marie Carnicke, *Stanislavski in Focus*, nos deja vislumbrar una última etapa del maestro ruso en la que, sin eliminar las anteriores, se orienta hacia lo que, sorprendentemente, denomina "*análisis* activo".

Según Freed, Stanislavski, que gustaba disponer de largos períodos para ensayar, seguía el siguiente itinerario de trabajo. Una vez que el actor ha "absorbido pasivamente" la obra (y esto es debatible, tanto desde la perspectiva de Stanislavski como desde la duración de

---

[17] Recuérdese que la versión más completa de los textos de Stanislavski en inglés es la realizada muy recientemente (2008) por Jean Benedetti, *An Actor's Work*.

---

los tratamientos en Freud), el actor debía trabajar sobre los elementos seleccionados de la pieza que se referían a su personaje y que constituirían los puntos fuertes de la *necesidad* de dicho personaje (Freed no distingue todavía los conceptos de 'necesidad, demanda, deseo'; usa nocionalmente términos como 'need' y 'will'). Seguidamente, una vez preparado su personaje debía dejarse guiar por el súper-objetivo, adquirir luego el conocimiento histórico del contexto de la obra y, una vez hecho esto, ya estaba preparado para comenzar a ensayar con sus compañeros de trabajo.[18] Nos recuerda Freed que Stanislavski consideraba este proceso como un niño prematuro que requiere mucha atención y el tiempo adecuado, ya que se trata de un proceso creativo. Frente a la costumbre de entonces y todavía vigente en el actual teatro comercial, donde se congela la acción, se la fija y luego se la pule, Stanislavski planteaba por el contrario una aproximación por medio de la improvisación, de la experimentación, de la investigación, en la que el actor se confrontaba con su personaje, pero también con los otros actores y los otros personajes.

Freed como director y formador de actores dice partir del "si mágico" para la preparación del personaje. Muy pronto aparece una cuestión que está siempre presente en las teorías de actuación, tal como lo ha señalado Joseph R. Roach y como yo mismo lo desarrollé, aunque desde una perspectiva marxista, en mi libro *Teatralidad y experiencia política en América Latina*: se trata de la cuestión de la máquina. No sin cierta ingenuidad, Freed nos dice:

> A rough analogy likens the imagination to an I.B.M. machine, which, if "fed" complete data, will produce, when the correct button is pressed, a working definition of the inner problem of the character. (Freed 35)

Si por una parte no sabemos cómo actuará la máquina de la imaginación una vez alimentada con los datos completos del

---

[18] En este sentido, conviene también tener presente el libro de O. V. Toporkov, en el que relata la forma de trabajo de Stanislavski en los últimos años de su vida.

personaje, seguimos sin saber cuál sería el botón correcto que deberíamos apretar. ¿Por cuáles procesos la máquina será capaz de darnos
cuenta del problema interior del personaje? Freed nos dice que la máquina se alimenta por medio de la reducción de todo el saber que el
artista tiene de su personaje a frases declaratorias, precedidas del famoso "si". Todos estos "hechos" que definen al personaje configu-
ran una lista, tienen la misma importancia y deben ser tratados como
tales hasta que uno de esos hechos en particular encaja dentro de los
límites que el artista se ha fijado para sí mismo o dentro de lo que él
considera su personalidad. En la soledad de su casa, el actor debe
empezar por el primer "hecho" de la lista, agotar todas sus posibilidades hasta experimentar algún tipo de imágenes o sensación motora;
sólo entonces estará en condiciones de pasar al segundo, y así sucesivamente hasta lograr una integración. Al alcanzar este punto, el actor puede determinar lo que Freed denomina su objeto o propósito
("intent").

De alguna manera, esta metodología, que Freed denomina
"neuro-semantics", intenta reproducir la forma que Freud propone
en *La interpretación de los sueños* para el análisis del material onírico.
Freud escribe el relato del sueño (*S.E.* IV 103) y luego va trabajando
por asociación de ideas con cada una de las frases de dicho relato
hasta alcanzar al final, integrando los fragmentos analizados, el sentido "reprimido" en dicho sueño (*S.E.* IV 102). Dejando de lado la
interpretación *simbólica* que opera por analogía tomando el sueño
como un todo (y sustituyéndolo por otro mensaje completo: el famoso sueño de las siete vacas en la Biblia), Freud se inclina por la
interpretación que *decodifica* el sueño dividiéndolo, esto es, *analizándolo*
en partes y trabajando cada parte, como si se tratara de un cripto-
grama, independientemente de las otras, como si el sueño, nos dice,
fuera "a geological conglomerate" (*S.E.* IV 99). Si se trata de abordar
el sueño en su totalidad, como un solo bloque, se produce en el soñador o analizante un blanco que lo incapacita para hablar y asociar.
Lo mismo dice Freed respecto al actor que se pregunta equivocada-
mente: ¿cómo voy a actuar esta obra o esta escena? (Freed 107). Por

eso Freud prefiere partir de la segunda forma de interpretar porque no sólo facilita la asociación al hacerla parte por parte, sino que también incorpora el carácter y las circunstancias del soñador aunque—a diferencia de la práctica tradicional—Freud no se atiene a dicha decodificación a partir de una clave ya prefijada. Freud no analiza imágenes, sino que se apoya en el relato del sueño, escrito u oral, pero en todo caso siempre verbalizado ("linguistic usage" [*S.E.* IV 133). Freud va trabajando frase por frase, reemplazando "each separate element by a syllable or word that can be represented by that element in some way or another" (*S.E.* IV 278). Y Freud agrega, para no dejar dudas de su perspectiva lingüística sobre el sueño, promovido ahora a la dimensión de texto poético: "The words which are put together in this way are no longer nonsensical but may form a poetical phrase of the greatest beauty and significance" (*S.E.* IV 278). No nos debe sorprender, pues, que luego nos hable de desplazamiento y condensación y que Lacan, a partir de Roman Jakobson, nos invite a trabajar la metáfora y la metonimia desde una teoría del significante, es decir, desde una perspectiva psicoanalítica de base lingüística ("La instancia de la letra"). El sueño, además, puede ser tratado como un síntoma (*S.E.* IV 101). El soñador debe suspender sus facultades críticas y seguir con atención los pensamientos involuntarios que vayan emergiendo.

Freud va a plantear algo que, si no es enfatizado por los psicoanalistas, nos resulta sin embargo muy interesante a los teatristas (y eso sin duda no escapó al maestro Enrique Buenaventura, quien también abordó la relación entre la interpretación del sueño en Freud y la improvisación); escribe Freud: "Dreaming has taken the place of action, as it often does elsewhere in life" (*S.E.* IV 124). La idea de Buenaventura de abordar la improvisación teatral como un sueño proviene de esta idea freudiana de explorar el sueño como un sustituto de la acción [dramática]; así la improvisación aparece como un campo de riqueza asociativa que va a ir dilucidando el sentido de la pieza (el sub-texto, para usar términos de Stanislavski), o provocar textos dramáticos, como es el caso de la creación colectiva o de la dramaturgia de actor. Cuando se completa la interpretación, se llega a la conclusión de que el sueño es la realización de un deseo ("the fulfilment of a wish" [*S.E.* IV 121]). Sin embargo, como el mismo Freud lo reconoce, no se alcanza nunca la interpretación total de un sueño; siempre queda un núcleo, un ombligo de sentido inalcanzable y, en consecuencia, inanalizable (*S.E.* IV 111, 279). La pregunta que nos propone Freud a los teatristas es cómo abordar la cuestión del deseo en el trabajo teatral (actoral, directorial, etc.), sea por la interpretación o cualquier otra aproximación metodológica. Freud nos dice que "a dream is a (disguised) fulfiment of a (suppressed or repressed) wish" (S.E. IV 160), es decir, el sueño es una realización *enmascarada* de un deseo suprimido o reprimido, o sea de un deseo inconsciente; si sumamos a esto la definición lacaniana del inconsciente como transindividual y el hecho de que en todo sueño es posible encontrar un punto de contacto no sólo con las experiencias del día previo o el pasado reciente (S.E. IV 165, 166), sino también con las impresiones de la temprana infancia, casi inaccesibles para la memoria (*S.E.* IV 189), se nos abre un panorama de investigación muy amplio que este ensayo no pretende más que introducir. Incluso podríamos ir más lejos si, como lo dice Freud al pasar, no deja de haber una "complete analogy in political life" (S.E. IV 144) entre ese sistema que construye el deseo y ese otro que opera la censura, produciendo la distorsión onírica. Los sueños que emergen del primer sistema son, para Freud, los sueños *creativos*, a diferencia de los sueños defensivos, que registran un mayor peso de la censura (*S.E.* IV 146).

No importa cuán incoherente sea el sueño (o lo que se improvisa en el ensayo), la aproximación de Freud nos es sumamente iluminadora en tanto se interroga por el origen de la distorsión onírica (S.E. IV 136) y eso va a llevarnos—en trabajos futuros—a la necesidad de seguir al maestro vienés en su discusión sobre la defensa, la censura, la resistencia, la identificación [histérica] y otros conceptos claves para insertar en nuestra praxis teatral—entre los cuales memoria y olvido no son los menos importantes. El hecho de que las impresiones olvidadas del pasado remoto, de la infancia, puedan reforzar, y hasta cierto modo articularse con las impresiones del pasado reciente en el sueño (*S.E.* IV 191) y, por ende, en la improvisación, nos invita a considerar el tema del tiempo en la elaboración onírica y, por esa vía, llevar agua a nuestro molino teatral respecto de la relación entre la elaboración del espectáculo y el contexto histórico.

Volvamos a la propuesta de Donand Freed. Su neuro-semántica, concebida como máquina de procesar estímulos y producir efectos, aunque no nos dice en qué instancia está ubicada, consiste en:

> Words (high-order abstractions) give way to imagery and vaso-motor low order abstractions, resulting in psycho-motor "behavior" (lowest=order abstractions) on stage, which, in turn, will begin this "feed back" process over and over again, thus forging an inward creative axis. (Freed 35).

Podemos inferir que dicha máquina se ubica en el inconsciente o bien que es intermediaria entre el consciente y el inconsciente. El hecho de que en su libro no defina ni localice teóricamente ninguno de estos niveles (high-order/lowest-order) hace incomprensible su propuesta; sólo se refiere a la preparación del personaje como una entrada de datos en el "electronic brain" del actor. Según Freed, el actor aprieta el botón correcto y el cerebro electrónico responde. El botón correcto es la pregunta que el actor se hace a sí mismo a partir del "si mágico": "Si todo esto fuera verdad, ¿qué querría hacer?" (Freed 36). La respuesta a esta pregunta—nos dice—una vez que ha completado su proceso, es el objetivo o propósito del actor. Como vemos, hasta aquí la propuesta está circunscripta al actor, pero inmediatamente surge la cuestión del personaje. Freed apunta al pasar un aspecto que debemos retener para trabajar en el futuro: es de primordial importancia *lo que el actor sabe en oposición a lo que el personaje sabe*. No se especifica aquí por qué esos saberes deberían estar "en oposición", pero de todos modos la cuestión se duplica en cuanto al deseo: hay un deseo del actor y hay otro deseo del personaje. Tenemos así esbozado—no sin ambigüedad—un "propósito escondido o secreto" y un "propósito abierto". Ahora tendríamos que saber cómo operan y si estos propósitos se instalan en el actor, en el personaje o en ambos. ¿Y qué pasará con el propósito del espectador?

Según Freed, una vez que el actor ha incorporado los datos a su imaginación gracias al "si mágico", surge en su conciencia un deseo espontáneo—o mejor, según corrige después, la imagen de un deseo[19]—tal vez no muy claro, seguramente borroso. Yace aquí el punto basal de toda ciencia de la actuación: tal como lo formula Freed, la pregunta fundante es: Estas imágenes del orden más bajo que el actor permite que crucen su mente durante la improvisación con cada elemento de la escena, ¿pertenecen al actor o pertenecen al personaje? (Freed 61). Cualquiera sea la respuesta, Freed nos advierte que, aunque resulte difícil aceptarlo—traduzco al autor—la posesión de este deseo, "la posesión de esta pieza de información significa que el balance del trabajo creativo del actor sobre el rol ¡está *completo!*" (Freed 36). En los ensayos que siguen, el actor ajustará este propósito a la obra; si sabe confiar y usar esta dinámica con perspicacia, escena tras escena, no importa cuán impenetrables sean, este propósito, que constituye la más grande necesidad del personaje, lo guiará. Un actor entrenado, nos dice Freed, descubrirá en unos pocos dolorosos y creativos segundos el secreto de su personaje. "Everything now depends—sigue el autor en su retorcido estilo—on his awareness that this secret is *not suitable* in its crude form to liberate him" (Freed 36), y allí nos deja completamente en ascuas respecto al *his/him*, porque no nos dice si se refiere al actor o al personaje, a uno primero y al otro después, o a ambos. Invita al actor a traducir ese propósito en palabras capaces de mantener el recuerdo de "su" más profunda lucha interior (nuevamente, ¿del actor o del personaje?) y dedicar desde ahora su energía al constante escrutinio del propósito modificado para que no asuma su forma original, arcaica y devastadora, y aplaste la integridad del personaje.

Sólo un poco más avanzado su libro, Freed arriesga algunas respuestas a la pregunta sobre el estatus o pertenencia de la imagen

---

[19] En un capítulo de este libro discutimos, aunque parcialmente, la idea del *modelo* en Diderot y Stanislavski.

producida en la mente del actor cuando está preparando su personaje: el actor está preparando un personaje, por ejemplo, salido de la pluma de Shakespeare, que vivió cuatrocientos años antes que el actor y que vivió en un mundo diferente. Cuando el actor aporta de sí mismo algunos hechos sobre Hamlet, él está provocando—nos dice Freed— respuestas desde su propia memoria que lo aproximan al personaje de Hamlet. Se liberan así apropiados materiales "inapropiados" a los que hay que prestar atención, como el analista prestaría especial atención a un lapsus lingüístico o un acto fallido. Freed nos da un ejemplo interesante de lo que podría ser un material apropiado inapropiado: un actor que prepara Hamlet y que, frente a la aparición del fantasma de su padre, explota de la risa. Esta reacción, totalmente posible en un actor contemporáneo, es un desafío a la tradición; parece "inapropiada" y sin embargo, si el actor—con o sin ayuda del director—sabe sacar partido de esa reacción y ser capaz de proceder a trabajar otras secuencias de su personaje a partir de lo supuestamente inapropiado, es seguro que podrá descubrir aspectos insospechados del personaje y de la obra (Freed 108-9). El actor no debe poner a un lado estas situaciones que surgen en la improvisación, por más insensatas que puedan parecer. Como vemos, la aproximación de Freed no está interesada en rescatar dudosas emociones archivadas en el actor para transponerlas sin más al personaje, como ocurre en Strasberg. Aunque luego deban ser descartadas, el actor debe enfrentar sus inhibiciones, sus miedos, y explorar, asumiendo los riesgos, todas las consecuencias posibles de su reacción. Como bien lo dice Freed: el actor tiene que "trust it, to push it to its final conclusion, then let it alone and see what would happen in the succeeding scenes" (109). Si la reacción no es adecuada, como ocurre con la interpretación (o, mejor, con la construcción) en psicoanálisis, el proceso posterior, esto es, las otras escenas, la irán haciendo insostenible e inadecuada. Esto no significa que el actor tenga demasiadas opciones; en realidad, aceptar eso sería afirmar que en cada momento el actor dispondría de una imaginación ilimitada, no sobredeterminada cultural e históricamente, que le proveería de múltiples y variadas posibilidades de elección para preparar su personaje. Sin decirlo, porque no ha leído a Lacan, Freed introduce como puede la cuestión del Otro: entre el actor y el personaje, como será central en nuestra praxis teatral, siempre hay al menos un tercero y, a veces, hasta un cuarto.

Según Freed, mientras la preparación del personaje se va desarrollando, el actor no es ni él mismo ni todavía es el personaje. Su vida interna representa un compromiso entre el deseo del actor y el deseo del personaje, entre el propósito secreto y el propósito abierto de cada uno—hiancia en la que se instala, según Freed (y no nos dice por qué), la más fácil posibilidad de identificación entre una persona y otra (Freed 81). Según Freed, lo que el actor necesita o desea es lealtad al deseo más profundo del personaje (Freed 89). Lo importante aquí—y esto cambia la perspectiva de trabajo en el ensayo teatral—es aceptar que el personaje no es la meta, no hay que buscarlo, no es una afirmación, sino una pregunta. El actor—como el sujeto del sistema actancial greimasiano y en parte como en el *análisis activo* del último Stanislavski (posterior a las acciones físicas), que Freed desconoce—trata de satisfacer su deseo, y se topa con el deseo del personaje y de los otros personajes (incluso el deseo del autor); en escena, se enfrenta a otros que obstaculizan la satisfacción de su deseo y, para manipularlos a su favor, debe saber trabajar convenientemente su propósito abierto—que de alguna manera también involucra a las voces del superyó—encubriendo su propósito secreto. En efecto, Freed nos dice que el propósito abierto "is really only the *official* acknowledgment to what it is one *should* be doing" (Freed 83).

En lo más profundo del personaje se halla una "imagen maestra" (*the master image*), que lo perturba, y esta imagen es provechosa para el actor. Stanislavski, siguiendo a Diderot, nos va a detallar las conveniencias e inconveniencias de esta imagen maestra o modelo ideal. En los ensayos hay que trabajar lo que el actor siente cuando por primera vez vislumbra esa imagen antes que la entienda y sea capaz de traducirla como propósito secreto y como propósito abierto. Y aquí es donde Freed hace entrar al psicoanálisis: ese sentimiento acerca de la imagen debe ser excavado—siempre está presente la metáfora arqueológica—en el actor tal como ocurre en el proceso de elaboración onírica y antes que desaparezca bajo los efectos de la represión. Se trata, pues, de trabajar teatralmente no tanto cuando se acierta sino más *cuando se tropieza*, cuando algo surge en la interpretación que no hace sentido y que no se puede explicar. Como le dice Freed a uno de sus actores: "Usted no puede entenderlo; está bien, correcto, quédese allí" (Freed 86). Esto nos remite a la dimensión del tropiezo en Lacan y, sobre todo, las recomendaciones que da a los analistas de tratar siempre de 'no comprender'.

Escribe Freed:

> In summary there is the surface verbiage—the open intent—the master image which gave birth to the secret intent and then to the acceptable versions of the secret intent known as the open intent, and, finally, the deep resonances, the echo, the elegant effluvium of all his work—that difficult-to-recapture *feeling* about his mater image. (Freed 62).

Esta propuesta, como vemos, se aleja de cierta práctica "psicológica" en el trabajo teatral, que consiste en invitar a un psicólogo o psicoanalista a los ensayos para que haga un informe sobre cierta patología o cuadro clínico de los que supuestamente el personaje padecería y que el actor debería saber representar en escena como disfunción del otro, del personaje, con quien él no se confunde. No se trata tampoco de una lectura psicoanalítica, de tipo literario, del texto dramático. Como bien lo plantea Freed, en la mayoría de esos casos, la psicología puede ser usada justamente para inhibir al actor y bloquearlo en su trabajo creativo, ya que lo obliga a sustituir su trabajo con el deseo (el suyo y el del personaje) por un saber técnico que, en el fondo, no puede o no sabe o se resiste a usar (Freed 83). Y la inhibición es la gran enemiga del actor y de su trabajo creativo porque es la que lo aleja de la verdad y lo atrapa en una actuación falsa, fría y hasta a veces carente de sentido. Stanislavski enfatizó la cuestión de la relajación pero, nos dice Freed, no se refería meramente a la relajación física; el maestro ruso atacaba las inhibiciones a fin de advenir a la "soledad pública", pero sabía que las inhibiciones no se removían sólo con la relajación (Freed 95); además, no se puede estar relajado si se está inhibido, por eso Freed aconseja trabajar primero las inhibiciones antes de proceder a enfocarse en la relajación (Freed 88-89). Me permito traducir:

> "No es suficiente hablar acerca de estar relajado. No es suficiente decir que se está inhibido. Esto no produce nada. La persona ya sabe esto, ya sufre de eso. "¡Diablos! ¡Yo quería hacer eso! ¡Yo ya lo sabía!", le dicen al director—y es verdad, ellos sabían". (Freed 89)

La inhibición, al igual que la creatividad, es un proceso. Una forma de manifestarse la inhibición es, según Freed, juzgar al personaje,[20] y sobre todo juzgarlo desde la perspectiva de la moral, porque esto separa al actor del personaje al impedirle asociarse a él; es una forma de darle la espalda al personaje, de sentir que uno no admitiría a nadie así en su familia ni casaría a su hermana o hija con él (Freed 96). No obstante, no es la furia hacia la persona que nos disgusta lo que nos inhibe, sino exactamente lo contrario: es nuestro intento de vencer nuestra tonta furia y nuestro enojo hacia figuras que en el pasado nos han hecho daño. Por eso hay que trabajar las inhibiciones en el cruce de deseos del actor y del personaje, para poder abordar a los personajes con madurez; vivir y dejarlos vivir, sin juzgarlos (Freed 97). Demás está decir que, por esta vía, aunque Freed no lo plantee, hay que recurrir al concepto de transferencia, tal como Lacan supo trabajarlo.[21]

No es sorprendente que una dramaturgia como la de Eduardo Pavlovsky, él mismo psicoanalista, haya podido enfrentar,

---

[20] Sería ésta una forma de ponerse en el lugar del ideal; Lacan ya advirtió a los analistas que eviten—como hacen, por el contrario, los de la Ego Psychology— ponerse en el lugar de los ideales para ser imitados o atreverse a legislar sobre cuál es el bien para el sujeto.

[21] Ver mi ensayo "Aproximación psicoanalítica al ensayo teatral: algunas notas preliminares al concepto de 'transferencia'.

por ejemplo, la figura del torturador sin caer en la escenificación maniquea del malo y el bueno, del victimario y su víctima, como hicieron otros dramaturgos de su generación. No es tarea fácil afrontar el deseo del torturador, como Pavlovsky lo hace en *Potestad*. Si procedemos, dice Freed, odiando al torturador, caemos inmediatamente en el hecho de juzgarlo y entonces eso no permite comprender la trama más íntima del personaje. El mismo resultado ocurre si, procediendo con buena intención, no trabajamos nuestras propias inhibiciones. Por eso, lo opuesto a juzgar es identificarse (Freed 99). Además, como veremos, eso implica también para el actor atravesar sus propios fantasmas de autoritarismo y dominación.

Y no se trata, nos advierte Freed, de decir como usualmente se hace de que "el actor debe sentir, de que todo viene de adentro", porque eso no significa nada. "Deje que eso venga de adentro", se le dice al actor (Freed 90). Tal como Lacan nos advierte sobre el peligro de comprender muy rápidamente, Freed aquí también, en un gesto muy psicoanalítico, va a detenerse en esas palabras o frases que parecen decirnos algo pero que, bien miradas, no tienen sentido. Dejarlo venir desde adentro, se pregunta Freed, ¿como opuesto a qué? Todo viene de adentro, nos dice, incluso las mentiras. Y yo agregaría incluso nuestra versión de la realidad. Tanto el actuar bien como el actuar mal vienen de adentro. Este mito de la interioridad es realmente un obstáculo epistemológico—como lo ha llamado Gastón Bachelard—devastador en las teorías de actuación.

Y Freed desliza a continuación algo que merece ser pensando con cuidado. Se sabe cuánto Stanislavski despreciaba la actuación estereotipada; sin embargo, Freed nos recuerda que hay más en común entre el cliché y la verdad de lo que uno piensa. La preocupación del actor debe ser el trabajo con su deseo, con el conocerse a sí mismo; su meta, en cambio, es saber cómo afectar y entusiasmar a quienes lo observan (Freed 104). Al hacerlo, al conocer también los propósitos secretos y abiertos en el personaje, el actor estará en control. De lo que se trata es, indudablemente, del narcisismo: hay que retener su energía, dice Freed, para que el personaje no nos controle y podamos, en cambio, controlarlo (Freed 93).

El actor también está afectado por las inhibiciones en relación a su meta de alcanzar al público. "Sin un deseo fuerte de agradar—nos dice Freed—el actor carece de toda motivación" (111), puesto que "el deseo de atrapar la atención es lo básico" para él (111). Aquí no parece seguir a Stanislavski, que siempre favorece más, no tanto el olvido del público por parte del actor, sino el hecho de no trabajar para satisfacer las demandas del espectador y así recibir halagos innecesarios. Por eso, ciertos estereotipos o parámetros sociales de belleza, por ejemplo, pueden afectar la relación del actor con su cuerpo, con su necesidad de ser verdadero o verosímil sobre el escenario, y sobre todo en su relación con el personaje y el público. Freed va a trabajar estos aspectos en su última charla, y va nuevamente a darnos una pauta interesante para discernir luego teóricamente: si voy a hacer una cosa creíble, verdadera—se plantea el actor—¿cómo voy a estar seguro de que será vista? Él piensa que, si el actor ha hecho bien su trabajo, si sabe quién es el personaje, cuáles son sus propósitos, si ha trabajado su deseo y el del personaje, si sabe bien lo que él haría si estuviera en la situación del personaje, etc., entonces no debería preocuparse por si su actuación será vista o no. Las preguntas que podríamos hacernos aquí son: ¿vista por quién? ¿Vista desde dónde? Es probable que el actor, como dice Freed, *demande* reconocimiento (Freed 111), pero también hay que interrogarse sobre el deseo del público. En cuanto a ese deseo, el actor no escapa a la pregunta fundamental: ¿Qué me quiere el Otro? La inhibición o el exceso amenazan al actor; por eso es necesario trabajar la cuestión del deseo y de la demanda. Es conocida la forma en que los divos carecen de límites en su demanda de atención y, como veremos, de amor. Es conocida la forma en que el actor descontrolado en estos niveles afecta la relación con el director, el resto del elenco y la producción en general. Freed cree que, si el actor hace bien su trabajo, captará la atención del público hasta lograr cierta clase de amor (111). Esto, sin embargo, no será tan simple y no siempre dependerá del actor. Al momento de conceptualizar la praxis teatral, habrá pues que abordar tanto la cuestión de la mirada como la diferencia entre necesidad, demanda, deseo y goce, tal como la plantea Lacan, y a la que Freed no tenía acceso en 1964.

El autor dramático ha dado al actor suficientes materiales para que éste haga su experiencia desde un ángulo o perspectiva particular y el psicoanálisis acude aquí a trabajar lo que surge en los ensayos, no para instrumentar al actor con una jerga técnica, sino simplemente para acompañarlo en su búsqueda, a veces silenciosa e irreversible, que en el fondo no es más que su respuesta a la pregunta "¿qué está pasando aquí?

Una vez verbalizado el propósito secreto—y asumiendo sus elementos destructivos (Freed 88)—debe ahora confrontarse con otros datos del personaje. Así, si el actor descubre que la necesidad o deseo de poder es "su" nexo con el personaje, tendrá que reconciliar esto con otros datos, por ejemplo, si el personaje es un ser tradicional, religioso, moralista. En este caso, la frase "si yo quiero *poder...*" debería traducirse, por ejemplo, en "si yo quiero ser un *patriota...*". (Freed 37). Según el autor, el actor *sabrá* sobre la primera frase (el propósito secreto) y el personaje sobre la segunda (el propósito abierto), y aun cuando una señal sobre su deseo de poder incite al actor con una mayor denegación e insistencia en que el patriotismo se mantenga todavía en el centro de su existencia, igualmente debería actuar esta denegación, actuar lo denegado. Se nos abre a la necesidad de profundizar en el futuro la cuestión de la negación en Freud o, como traducirá Jean Hyppolite en su intervención en el Seminario de Lacan, la denegación, en el campo de la praxis teatral ("Comentario").

Más adelante, Freed nos dice que "[t]he carácter rides his open intent; he is ridden by his secret intent" (Freed 37), con lo cual nos deja entrever que la cuestión de los dos propósitos (secreto y abierto), pueden hallarse en el personaje, y no uno en el actor y otro en el personaje. Podemos suponer, entonces, que ambos propósitos operan en el actor y en el personaje, los que establecen una tensión productiva. En un ejemplo que nos da posteriormente, sin embargo, la cuestión se complica. Nos cuenta una improvisación en la que los actores desconocen una cajita azul que yace sobre el suelo y que nadie ve, salvo la señora de la limpieza que la encuentra y le pregunta a una de las muchachas involucradas en la escena si dicha caja le pertenece a una de ellas. Dejando de lado los detalles de la escena, baste decir que la caja esconde un diafragma, en el que convergen la higiene (protegerse de enfermedades venéreas) y la sexualidad (evitar el embarazo). Es curioso que Freed no plantee la cuestión de los dos propósitos en relación al personaje/actor, como sería de esperar por lo que nos ha venido diciendo, sino que ahora desplace la cuestión de dichos propósitos sobre la cajita. Como es habitual en su libro, a pesar de las ambigüedades discursivas con las que el lector tropieza a cada momento, aparece un guiño que abre a cuestiones más interesantes de las que el propio Freed puede tener en mente en 1964. En efecto, la cajita azul tiene su propósito abierto (es azul, es cajita) y su propósito escondido (el diafragma, la sexualidad). En esto, obviamente, se instala la cuestión psicoanalítica, con un doble plano y con ese deseo escondido haciendo referencias directas a la sexualidad. Por un lado, tenemos el propósito secreto, formado por las fuerzas arcaicas, primitivas, infantiles que dan forma al deseo, y, por otro lado, el propósito abierto, que es el deseo domesticado por las fuerzas de la civilización y de la sociedad, siempre vigilado por la represión y siempre pronto a quebrarse. Ambos propósitos, que forman parte de la misma economía, se debaten, pugnan entre lo subversivo o transgresivo y lo permitido o socialmente aceptado tanto en el personaje como en el actor (Freed 43). Es de esta costosa tensión que surge el poder del estado creativo.

Escribe Freed:

> The small blue case, like the intent, was omnipresent. Like the intent, the attractive blue case contained, hidden within it, a specific and more important object. Like the intent, it was always in view but could not be referred to. (Freed 41)

Se anticipa de este modo la cuestión del ágalma y la de la mirada y la mancha, tal como Lacan la desarrollará en su *Seminario 11* y que Stanislavski, también, puntuará en relación a su presencia en el cuadro general de la escena. Seguidamente Freed, después de decirnos que la acción de la obra puede ir hacia un lado o hacia otro, lo cierto es que la caja azul, que representa la rígida "gestalt" del propósito, está siempre presente (sin duda, en el escenario; asumimos que para los personajes y para los actores, y obviamente también para el espectador). Agrega ahora lo más interesante para nosotros: "Thus, the intent *exists*—it is as *real* as the container—and it occupies a position of constant peripheral attention" (Freed 41).

Como ya hemos dicho, no se halla en todo el libro de Freed ninguna referencia a los seminarios de Lacan, lo cual es admisible, ya que el conocimiento de Lacan en Estados Unidos es, como dijimos antes, muy tardío.[22] Sin embargo, más allá del sentido evidente de su afirmación, hoy podemos plantearnos hasta qué punto toda escena tiene una cajita azul (visible o invisible) que existe, o *ex-siste* para usar la terminología lacaniana; el inconsciente *ex-siste* porque está en discordancia respecto del yo; el objeto causa del deseo no puede nunca ponerse completamente en palabras (porque es éxtimo al inconsciente) y además porque, tal como ocurre con esa cajita azul caída sobre el piso, es un *real* que cae, que siempre ocupa una posición éxtima a lo simbólico y que Freed denomina 'periférica'. El objeto *a*—esa invención lacaniana—en la escena no podrá eludirse al momento de conceptualizar la praxis teatral.[23]

Freed nos dice que por más honorables y halagadoras que sean las motivaciones del actor, éstas siempre se hallan amenazadas por el peligro continuo que yace en la persona del dramaturgo, que lo confunde en todo momento con situaciones humanas, demasiado humanas, de su propia factura. Y, además, amenazadas también por

---

[22] La traducción completa de sus *Escritos*, realizada por Bruce Fink, aparece recién en 2005, y la traducción de los seminarios es todavía muy acotada, apenas cinco de ellos circulan en inglés.

[23] En efecto, el objeto *a* será tema de varios de los capítulos de este libro.

la existencia misma de un escenario plagado de otros personajes y eventos que le darán la consistencia de la mentira. Lo fundamental es que el propósito secreto, revelado a través del cuerpo y su conducta, y el abierto, representado en palabras, se desarrollan conjuntamente, pero por separado, en diferentes órdenes de abstracción. Para Freed lo fundamental del trabajo del actor con el sistema de Stanislavski no consiste en "ser" alguien más, ni tampoco en 'ser el otro', ser el personaje, sino "ser *como si* fuera alguien más". Y esto abre la posibilidad del trabajo con el deseo, tanto el del actor, como el del personaje. Será también necesario incluir en la praxis teatral no sólo el tema del deseo del autor, del director y del público, sino trabajar más detenidamente—como ya lo hemos planteado antes—la diferencia entre necesidad, demanda, deseo y goce.

Freud and Stanislavski nos ha sido, pues, de suma utilidad para introducir las cuestiones más fascinantes de la praxis teatral, cuando se confronta el Sistema de Stanislavski con el psicoanálisis. De alguna manera, aún en su dispersión, el libro de Freed es iluminante en muchas cuestiones que indudablemente nos siguen requiriendo un abordaje más puntual y teórico. No caben dudas, sin embargo, sobre la productividad que emerge de este cotejo entre dos áreas de trabajo ligadas al sujeto y al inconsciente.

ENSAYO TEATRAL E IMPROVISACION:
aproximación psicoanalítica y dimensión del deseo en Enrique Buenaventura

> —¿Pero dónde encontraré ese ligero toque de verdad?
>
> —En todas partes: en lo que sueña, o piensa, o supone o siente en sus emociones, deseos, pequeñas acciones internas o externas, en su humor; en las entonaciones de la voz, en algún pormenor imperceptible de la producción, en los movimientos.
>
> Stanislavski, *Preparación del actor* 297-298

L a improvisación es una práctica y una técnica de trabajo actoral muy extendida y utilizada por muchísimos actores desde largo tiempo atrás. Se ha discutido sobre ella y no todos acuerdan sobre el rol que debe cumplir en el ensayo teatral o sobre la importancia que pueda tener en el marco de una metodología de preparación actoral. Algunos directores niegan rotundamente la utilidad de la improvisación y algunos la dejan librada a la privacidad del actor. Para otros es un fin en sí mismo y para los demás un medio muy provisorio que no garantiza demasiado en relación al trabajo creativo del actor. No es mi propósito discutir aquí la validez de los argumentos esgrimidos en pro y en contra de la improvisación. Simplemente quiero intentar, como vengo haciéndolo últimamente, una aproximación psicoanalítica a estas cuestiones del ensayo teatral como prolegómeno a una posible revisión teórica de la metodología actoral y, en cuanto al futuro, contar con una batería más ajustada que guíe desde la aproximación freudo-lacaniana mi relectura de Stanislavski y su epistemología.

Sin duda, la aproximación psicoanalítica al trabajo teatral y específicamente a la improvisación no es nueva. Ya vimos lo productivo que fue revisar algunas ideas de Donald Freed en su libro *Freud and Stanislavski. New Directions in the Performing Arts.* En América Latina no faltaron intentos como el de Freed. Ya Enrique Buenaventura, en 1969, también va intentar una aproximación a la improvisación a partir de Freud en su charla a los actores del TEC, titulada "La elaboración de los sueños y la improvisación teatral".[24] Buenaventura, sin embargo, va a acercarse al texto freudiano como un ejercicio metodológico—no teórico—capaz de ofrecer alternativas al trabajo del actor y a la puesta en escena. Su preocupación, aunque pasa por la improvisación, está más orientada a la lectura del texto dramático y la elaboración de un texto espectacular a partir de aquél, de modo que su aproximación hay que ubicarla en el campo de la dramaturgia de autor.

La propuesta stanislavskiana también tiene como base y referencia la dramaturgia de autor. Su concepción de la actuación está atravesada por una ideología del trabajo, y no sólo el trabajo artístico sino el trabajo en general, que exige del obrero/actor un adiestramiento basado en el autocontrol y autovigilancia de su cuerpo para promover la atención, concentración y calma como formas de asegurar el mayor rendimiento. El actor stanislavskiano—como el ideal del obrero en la sociedad moderna—debe liberarse de los obstáculos que, provenientes de su vida privada, impiden su sometimiento total al papel y a la dirección. La calma creativa, uno de los pasos del método, tiende a evitar todo tipo de "agitación creativa" dentro del obrero/actor y del colectivo. "Para poder entrar así totalmente—dice Stanislavski—en el círculo de las tareas del papel, es absolutamente necesario el autocontrol total: la calma absoluta" (*Ética y disciplina* 182). Esto supone un "estado de ánimo en el cual desaparecen todas las percepciones personales, y se concentra sólo sobre las circunstancias dadas del drama, sólo sobre las situaciones de la escena en cuestión" (*Ética y disciplina* 182). Lo importante es reprogramar el cuerpo del obrero/actor para ajustarlo a las necesidades profesionales de la producción, eliminando (o superando) lo privado personal y maximizando su rendimiento fabril/escénico en términos de una

---

[24] Todas las citas y los números de página corresponden a este texto de Enrique Buenaventura.

universalidad supuesta de una condición humana esencial, completamente divorciada de las condiciones históricas y personales. Nos dice Stanislavski:

> Un buen actor toma como punto de partida la esencia de su propia cualidad orgánica y la pone en acción; busca en cada rol antes que nada, las categorías universalmente humanas que llevan al trabajo creativo; es decir, parte de la naturaleza de lo que podría ser el sentimiento del personaje a través de acciones físicas y solamente después los une a las circunstancias dadas del drama. (*Ética y disciplina* 178)

¿Podríamos contrapuntear estas tácticas del Sistema con el encuadre psicoanalítico? En parte sí, puesto que el encuadre supone una suerte de contrato entre analizante y analista que suspende por un tiempo el mundanal ruido. Además, la invitación a relajarse y asociar libremente es un requisito para permitir el acceso al inconsciente por medio de la palabra. El pacto de confidencialidad también hace del encuadre una escena dentro de la escena del mundo. En el *Seminario 10* Lacan nos habla del mundo que sube a escena, pero también de esa especie de duplicación en la que hay una escena dentro de la escena, como la que pretende Hamlet cuando invita a unos actores a representar una escena, en cierto modo sospechada o fantaseada por él, en la que su tío en complicidad con su madre asesina a su padre. Es un intento de Hamlet de captar la verdad de lo ocurrido 'históricamente', pero lo que Lacan nos invita a observar es que, al hacerlo, más allá de convalidar su fantasma, Hamlet deja leer su propio deseo en tanto sujeto implicado en ese fantasma. En esa escena, como en la del entierro de Ofelia, Lacan puede puntuar lo que permite aprehender el deseo de Hamlet. Sesión analítica y ensayo teatral son, pues, escenas dentro de la escena del mundo.

A pesar de proponer una especie de epojé en la que el actor deja de lado lo personal, Stanislavski—con todo el esencialismo, ahistoricismo y universalismo que plantea en las frases que hemos citado más arriba—no puede evitar incluir lo biográfico, es decir, esa dimensión subconsciente que habría que abordar por medio de su Sistema, aunque más no fuere como "cualidad orgánica"—como cuerpo, incluso como goce—y como acción. Es a través del 'modelo ideal' que el actor tiene del personaje (en cierto modo, como en Hamlet, una fantasmatización de las circunstancias en las que ocurre el asesinato de su padre), que el actor va a ir acercándose, por intervención del director y en su cotejo permanente con el texto dramático, que permitirá captar la precisa posición subjetiva de su personaje en la estructura del drama. Para conseguirlo, Stanislavski elabora un Sistema que funciona a partir de una superestructura ideológica cuyo objetivo es el total sometimiento del sujeto a una "filosofía" del arte (y de la producción) que anticipadamente lo priva de cualquier rebeldía frente al autor de la obra y del director y, además, lo convence de no esperar de su trabajo recompensa económica o éxito social. La calma artística es la que, no sin cierta paradoja, permite "la liberación total de la conciencia, de la presión de los conflictos personales" (*Ética y disciplina* 182), es decir, una "atmósfera de libertad" en la que se producen las imágenes y experiencias que deberían conducir a la elaboración del papel. El actor debe someter toda esta "libertad" al papel con coraje y heroísmo, tiene que "olvidar su yo personal en favor de un personaje de ficción" (*Ética y disciplina* 166). Tiene incluso que aceptar las indicaciones del director sin cuestionar. "Todas las discusiones con el director—dice el maestro—sobre la posición y posturas son casi siempre una pérdida de tiempo" (*Ética y disciplina* 191), de modo que "[e]n estos momentos es inútil enojarse con el director o amenazar renunciar al papel" (*Ética y disciplina* 191). No es de extrañar que este tipo de postulados llevara a propuestas de santidad, aunque Stanislavski se niega a promover al actor santo, sin duda porque estaba más interesado en una filosofía laboral y no en una salida religiosa. Obviamente, Lacan va a tener que trabajar cuidadosamente el rol del analista en el encuadre, para no permitir—tal como ocurre en Stanislavski—que el analizante termine sujetado a los ideales de una "filosofía" suscripta por el analista, según procede la Psicología del yo.

No debe sorprender que la intervención del analista al momento de la interpretación sea un punto a atender con gran cuidado, porque supone un procedimiento en el que también está en juego su deseo. Como bien lo plantea Jacques-Alain Miller en "Dos dimensiones clínicas: síntoma y fantasma", y eso vale también para la praxis teatral, "no hay clínica sin ética" (72); tampoco hay praxis teatral sin ética, lo cual pone en el centro de la cuestión la posición del analista/director:

> Implica al analista, en primer lugar, poner el acento sobre su querer o sobre su deseo. ¿Qué quieres? Es la pregunta misma del deseo, y cuando se dice "no hay clínica sin ética", se le hace esa pregunta al analista mismo. Se le pregunta: ¿qué quieres obtener? Puede que quiera obtener sujetos que encajen en el orden del mundo o que se las arreglen bien con el amo. Puede querer obtener un efecto de reparación, por ejemplo, como se dice de los automóviles. Todo lo cual tiene consecuencias sobre el paciente. (Miller 72)

La praxis teatral comparte también con el psicoanálisis cierto carácter "asocial", en la medida en que responde a un lazo social diferente planteado por el discurso analítico y cuyas "normas" no son necesariamente las de la realidad social general (Miller 73).

Sirvan estas breves notas, para situar la charla de Enrique Buenaventura, puesto que al poner en analogía el texto dramático con el (texto del) sueño, no sólo va a dejar implícitos algunos ideologemas del Sistema stanislavskianos, sino que tendrá que vérselas explícitamente con una serie de debates en el psicoanálisis (y en el marxismo), que le eran contemporáneos y que, sin duda, suponían una dimensión crítica sobre la autoría del sueño pero, sobre todo, sobre la 'autoridad' de la interpretación.

En efecto, el maestro colombiano trabaja—como venimos intentando nosotros—sobre una extensión analógica de algunos conceptos freudianos al campo de la dramaturgia y la praxis teatral, aunque a la vez intenta conceptualizar la diferencia de la obra de arte respecto del sueño, brindándonos una cuestionable analogía negativa: "El sueño—nos dice—es nuestro maestro negativo" (65).[25] En su abordaje, el cotejo del campo psicoanalítico y del teatral sigue—como mencionamos antes—todavía atrapado en la dramaturgia de autor y por eso su acercamiento disciplinario no conmueve demasiado las bases dramatúrgicas, como ocurrirá, por el contrario, con la dramaturgia de actor a partir de la propuesta, por ejemplo, de Eduardo Pavlovsky. Buenaventura se queda más en el plano de cierto aplicacionismo del aporte freudiano al trabajo del actor con el texto dramático en los ensayos. En este sentido, su aproximación se diferencia de las llamadas poéticas actorales (como en Pavlovsky y Bartís), las cuales promueven un tipo de trabajo basado en otro modo de abordaje a la cuestión del actor y su relación con el texto dramático y la puesta en escena. Las poéticas actorales o el teatro de la intensidad plantean una metodología diferente a la creación colectiva clásica,[26] debido, fundamentalmente, a sus antecedentes en el psicodrama y, en consecuencia, tienen todavía mucho que esperar de los aportes teóricos y técnicos del psicoanálisis freudo-lacaniano.

Buenaventura y la interpretación de los sueños

Buenaventura parte del texto dramático al que, por analogía con el psicoanálisis, otorga provisionalmente el estatus del sueño. Tanto en Freud como en Lacan, siempre se trata del relato del sueño, nunca de lo soñado; es decir, de la articulación significante de lo soñado que hace el analizante. Siguiendo la tradición interpretativa de esa época (que de alguna manera podríamos denominar "pre-lacaniana"), Buenaventura apela al ya muy abusado modelo de dos planos, el superficial y el latente. Frente al plano superficial diacrónico y acotado—al que Buenaventura denomina "texto"—el plano latente aparece más extendido—"un 'subtexto', infinitamente mayor, más

---

[25] Volveremos más adelante sobre esta interesante cuestión estética abierta por esta frase.

[26] Ver mi ensayo "Aproximación lacaniana a la dramaturgia de actor: De la creación colectiva al teatro de la intensidad".

abundante", dice Buenaventura (55)—que es además sincrónico, quizá significando que es estructural, un poco a la manera del Stanislavski de la última etapa, la del análisis activo, tan cercano al modelo actancial greimasiano. La palabra 'sincrónico' nos abre aquí la posibilidad de pensar que ya Buenaventura captaba ese subtexto como fantasma fundamental, en la medida en que, tal como Lacan oponía la dinámica del síntoma—con todas sus manifestaciones significantes—a la estática del fantasma (Miller, "Dos dimensiones" 89), dicho fantasma fundamental (construido por el análisis del texto a partir de las improvisaciones—la famosa "selva de fantasmas", esto es, las fantasmatizaciones de los actores en el ensayo), no se podía demostrar ya que funcionaba como un *axioma lógico* que no se podía modificar, no importando las veces que se montara ese texto dramático y sus variadas interpretaciones. Así como en Stanislavski el personaje se puede descubrir por un lapsus, es decir, por una formación del inconsciente, como el famoso "rasgo afortunado de maquillaje" que menciona en *Mi vida en el arte* (98), en otros casos se lo descubre cuando se ajusta la frase fantasmática, tal el caso de cuando ensaya *El enfermo imaginario*, entre "quiero estar enfermo"—que lo lleva por una línea transversal de acción equivocada—y "quiero que me tomen por enfermo" que lo ajusta al fantasma fundamental de la pieza molieresca. Veremos en otro capítulo hasta qué punto Stanislavski se acerca a la gramática del fantasma tal como Freud la vislumbra en "Pegan a un niño". Dado este modelo, es obvio que el objetivo que se busca es "indagar el material latente, a [fin de] transformarlo para volverlo comunicable" (Buenaventura 55). ¿Qué es lo que habría que indagar, transformar y comunicar? Dejemos en suspenso esta pregunta para volver a ella más adelante.

Según el maestro colombiano, la conciencia (especialmente la del adulto) "necesita representarse toda la complejidad y riqueza del contenido latente, necesita traducir a un lenguaje comprensible para ella, lo acumulado en el contenido latente" (55). No se nos dice a qué responde esta necesidad; Buenaventura no entra aquí en todo el planteo económico y energético que el psicoanálisis ha discutido tanto, aunque mantiene la idea de representación (en el sentido freudiano de la *Vorstellung*, es decir, representación como sentido psíquico), con lo cual roza la cuestión del deseo. A nivel del deseo, el analizante demanda un saber sobre aquello que, permaneciendo enigmático, lo aqueja. ¿Se podría plantear esto también para la praxis teatral? ¿Qué aqueja un actor para que venga al ensayo a demandar un saber? ¿Es en este punto donde podemos hacer un puente entre la escena social y la escena teatral, entre mundo y ensayo, tal como en el análisis tenemos entre mundo y consultorio?

Siguiendo a Freud, Buenaventura observa cómo la conciencia sólo admite las ideas latentes bajo cierta forma de enmascaramiento, aunque la palabra "necesidad" que utiliza—que abre el espectro de muchas cuestiones ligadas a la pedagogía teatral—se nos aparece hoy con fuerza propia, si es que retomamos la enseñanza lacaniana que distingue *necesidad, demanda* y *deseo*. Buenaventura señala simplemente que se lleva a cabo un proceso de elaboración del contenido latente en contenido manifiesto y esta "elaboración" opera por las leyes del lenguaje que Freud describió en su famoso libro inaugural del psicoanálisis. Sin embargo, como sólo se nos ofrece el contenido manifiesto o texto, tenemos que trabajar todas las conexiones significantes para poder llegar al contenido latente o subtexto, que estaría reprimido (pero no oculto, como gustan de pensar los hermenéuticos). En este sentido, se acerca a la vez a la 'supertarea' de Stanislavski, puesto que dicha supertarea o superobjetivo (como se lo ha traducido al castellano), es una frase que hay que contruir a partir de la selva de fantasmas de todos los personajes y conflictos desplegados a nivel del texto. Lo que va a cruzarse o sobreponerse varias veces en esa charla a sus actores—no sin producir alguna confusión—es el trabajo del sueño, primero, con el trabajo analítico del sujeto en la asociación libre y, segundo, con el trabajo del analista en procura de una interpretación, ambos en su esfuerzo por desandar el camino de la elaboración onírica.

Buenaventura sigue lo que ocurre en el encuadre psicoanalítico, donde el analizante procede a la asociación libre sobre algún elemento del texto o relato del sueño y por medio de este procedimiento se van descubriendo "las conexiones, los hilos que conducen del latente al manifiesto" (55). Es el analizante/actor el que va estableciendo estas conexiones a partir de las puntualizaciones del analista/director y, en cierto modo, marca así el rumbo del trabajo analítico/teatral. Cada conexión, a su vez, revierte sobre la totalidad del relato y encuentra nuevas posibilidades para la interpretación, a la manera de las redes asociativas saussurianas. Si admitimos, como hace el maestro colombiano, este posible puente entre el psicoanálisis y el trabajo teatral, entre el sueño y el trabajo con el texto dramático, la pregunta que surge es: ¿Cómo debería operar aquí la improvisación? Como Buenaventura trata de trasponer[27] esta metodología al campo teatral *pero dentro de la dramaturgia de autor* (en la que hay un texto básico ya dado y terminado), se percata inmediatamente de la diferencia disciplinaria: sin duda, no es (o no siempre está) el autor para responder mediante asociaciones libres—"asociaciones involuntarias" las llama Buenaventura (56)—por el contenido latente de su propio texto. Así, nos dice:

> Si aplicamos estos principios a la improvisación, debemos empezar a considerar que el texto literario de la obra corresponde al contenido manifiesto del sueño. Por ahora no nos vamos a ocupar de *si esta correspondencia es exacta o no.* (55, el subrayado es nuestro)

El problema surge de inmediato: si la analogía es entre sueño y pieza teatral, es evidente que, de funcionar, sólo nos deja claro que la pieza corresponde al (relato del) sueño del autor. Si bien "la obra de arte y la improvisación utilizan los mismos mecanismos síquicos fundamentales que el sueño revela" (65), aun aceptando esta analogía

---

[27] Buenaventura usa "aplicar", un verbo que personalmente desprecio cuando se trata de este tipo de cuestiones; *las teorías no se aplican*, solo abren posibilidades para cuestionar la experiencia, a la manera del contexto de descubrimiento del que hablaba Gastón Bachelard.

entre sueño y texto dramático, queda sin dilucidar cómo se legitimaría teórica, metodológica y técnicamente el hecho de que no sería el autor sino otro sujeto el que se encargaría de las asociaciones involuntarias sobre un texto ajeno a su deseo inconsciente. Como sabemos, en la mayoría de los casos, el autor no está allí (ni siquiera está interesado, en caso de estar presente) en realizar el proceso de asociaciones libres sobre su propio texto, por más confidencialidad que tenga el ensayo como encuadre.[28] Desde el punto de vista del psicoanálisis, es como si un analizante contara su sueño en sesión y otro analizante fuera a otra sesión a hacer por el primero las asociaciones involuntarias.

Éste no parece ser el caso en la dramaturgia de actor, donde no se parte de un texto o, si lo hay, es embrionario, apenas un pretexto; es decir, lo que Pavlovsky llama el resultado de un "coágulo" (como emergencia pulsativa del inconsciente), a manera de puerta de entrada al fantasma civil de un sujeto (no de un individuo), que el grupo tendría que apropiarse, explorar, multiplicar mediante la

---

[28] No puedo dejar de mencionar aquí el fascinante episodio que Stanislavski nos cuenta en *Mi vida en el arte* (126 y ss), cuando se refiere a los ensayos de *El poder de las tinieblas*, de Tolstoi. En primer lugar, la obra había tenido problemas con la censura y había sido prohibida, razón por la cual el autor les pide a los actores que hagan lo necesario para lograr el permiso de presentarla ante el público. Se invita, pues, a Tolstoi a los ensayos y frente a inconvenientes con la lógica del texto, el autor, como un analizante, demanda al elenco, específicamente al director, como sujeto supuesto saber, que le ofrezca una idea, una interpretación, sobre cómo unir las partes aisladas del cuarto acto, a fin de reescribir dicho acto siguiendo dichas sugerencias. Esto, obviamente, "confundió" al director, que "se escabulló detrás de uno de los presentes" (126). Tolstoi responde que los miembros del elenco son "los especialistas y los entendidos" (126) y no ve nada embarazoso o imposible en eso. La obra se monta por toda Rusia y años después, cuando Stanislavski se encuentra nuevamente con Tolstoi, éste—muy decepcionado de los diversos montajes que había visto—le demanda "cómo era que usted quería transformar el cuarto acto. Yo lo escribiré, y usted lo pondrá en escena" (127). La reacción posterior de la esposa de Tostoi, con toda su violencia, merece una discusión aparte. Lo interesante de este episodio es que el autor, como analizante, hace trabajar al analista/director en la construcción de la lógica del fantasma de la obra. Sin duda, hay que admitir que Tolstoi consideró que la interpretación de Stanislavski y su consecuente construcción del fantasma fundamental respondían a su deseo como autor, tal como lo prueba el hecho de que minimiza la intervención de su esposa en el episodio.

improvisación desde sus propios fantasmas contemporáneos. Como sabemos, el resultado de este proceso es un texto transindividual, precario, nunca definitivo, en el que sólo por comodidad simbólica (legal) todavía seguimos reconociendo bajo el nombre propio de uno de los teatristas del grupo, siendo a la vez un texto indiscernible, no independiente, de su puesta en escena y, a la vez, liberado para ser montado según la perspectiva de cualquier otro grupo, ya que la puesta original no es exactamente original, sino en tal caso primera, pero no única.

La improvisación sobre un texto ajeno, sin embargo, deja mucho más abierta la cuestión sobre qué deseo está en juego, a quién habría que atribuir ese deseo (al autor, al actor o al director) y qué tipo de sujeto tendríamos que plantear teóricamente para dar cabida a esta práctica. Si los actores trabajan "encontrando las conexiones profundas entre el contenido latente de la pieza y el submundo de ellos (submundo que participa de lo consciente y lo inconsciente)" (63), queda sin resolver si llegan a realizar una lectura que da más cuenta de su deseo que del 'deseo de la pieza'—si la consideramos como un sujeto—y, en este sentido, la cuestión se hace problemática, porque no se sabe qué se gana con "aplicar" el psicoanálisis aquí ya que, como se dijo antes, el maestro intenta leer la obra, llegar al contenido profundo de la misma, el cual correspondería al de un sujeto ausente. Una salida elegante, como muchas en cualquier disciplina, sería aceptar, como planteamos antes, que el sujeto no es el autor sino la pieza, que estamos trabajando, como hicieron Freud y Lacan en su momento con textos artísticos o las Memorias de Schreber, a partir de postular el escrito como sujeto y las interpretaciones son verdaderas, en tanto construimos el fantasma fundamental de dicho texto como un axioma; verdaderas, entonces, como la verdad en la lógica. Las aproximaciones o lecturas serían, pues, 'verdaderas' en tanto se ajustan teoremáticamente a dicho fantasma fundamental. De lo contrario, si la interpretación no logra ajustarse sistemáticamente, si hay partes de dicha interpretación que dejan de lado algunos aspectos del texto o entran en todo o en parte en contradicción con el fantasma fundamental o supertarea, entonces serían falsas.

Surgen, entonces, muchas cuestiones teóricas y metodológicas. El intento de acercar el psicoanálisis al trabajo teatral del actor y del director es sumamente importante y vale la pena intentar ver qué nos ofrece el maestro colombiano. El esfuerzo de Buenaventura es sumamente válido, a pesar de lo rudimentario, porque forma parte de un complejo proceso que atañe a las transformaciones que afectan a la escritura teatral desde la segunda mitad del siglo XX y cuyos inicios me atrevería a situar en Meyerhold. Se puede percibir en el discurso del director ruso esa demanda no tanto de nuevos protocolos para la puesta en escena como la intención de definir una nueva práctica de trabajo teatral y sobre todo actoral más allá del realismo y de la representación burguesa. Los años 60 articularán nuevamente a su manera esta demanda meyerholdiana a nivel mundial, aun cuando no se reconozcan en el director ruso. De ese caldero de rebeldía frente al statu quo, surgirán muchas aproximaciones al trabajo teatral—como el resurgimiento de la creación colectiva[29]—las cuales con grandes dificultades van entreviendo ese más allá del autor y ese más acá de la representación.

En Argentina, al menos, uno podría situar específicamente en Eduardo Pavlovsky el punto de confluencias que se vienen desarrollando en cuanto a la dramaturgia de actor/autor, lo que demuestra hasta qué punto Pavlovsky no puede incluirse en el grupo de setentistas al estilo Dragún, Cossa o Gambaro, para mencionar los más representativos. No es éste el lugar para detenerse en estas cuestiones, pero bastaría decir que su profesión psicoanalítica, su formación en el psicodrama, sus planteos antiautoritarios respecto a las instituciones psicoanalíticas (que suponen serios cuestionamientos en cuanto a la práctica e incluso a la transmisión del psicoanálisis) y la cultura política argentina y su conocimiento de los debates filosóficos y semiótico-comunicacionales contemporáneos respecto a la

---

[29] Ver mi ensayo "La creación colectiva y el teatro creativo en la perspectiva de Platon Michailovic Keržencev y la Revolución Rusa".

problemática del sujeto, entre otras cosas, confluyen en los avatares de su escritura dramática y los planteos que ha provocado sobre todo en el trabajo del actor durante el ensayo teatral. Más allá de ciertas conexiones con algunos autores de los 70, la influencia de Pavlosvsky es decisiva en el cambio de paradigma escriturario de las nuevas promociones, especialmente lo que se reconoce como dramaturgia de actor o poéticas actorales. Basta leer entrevistas a Bartís, a Spregelburd, a Tantanian, por citar algunos nombres fundamentales, para apreciar la conmoción en la escritura teatral actual ligada a las experiencias autorales de períodos anteriores. No es tampoco casual, dicho sea de paso, que el mismo Pavlovsky se interese por Meyerhold. Por eso es importante repensar el psicoanálisis, su práctica y su trasmisión, como hizo Lacan y, en el caso de la praxis teatral, ver su potencial ya que la dramaturgia que lo implica al psicoanálisis como disciplina, también afecta la dramaturgia teatral. El impacto del descubrimiento freudiano del inconsciente al menos desde Samuel Beckett hace escuchar en el teatro sus primeras pulsaciones, y no en los temas, sino a nivel de estructura.

La audacia de Buenaventura no va sin recompensa porque, aunque sus planteos no resulten fundados con mayor precisión desde el punto de vista psicoanalítico—desde la perspectiva actual—al menos constituyen el esfuerzo de acercar estas disciplinas. Pensar la improvisación en relación al psicoanálisis es ya un primer paso. Y aunque tal vez la figura del autor siga desapareciendo—paralelamente en este mundo en que ha decaído también la función paterna—o, por lo menos, redefiniéndose en la dramaturgia de actor, lo cierto es que si fuera posible elaborar una batería conceptual y una técnica con base psicoanalítica en el trabajo teatral, ésta tendría que abordar el desafío de responder no solo cuando se trabaja con textos de autor, sino también cuando se trabaja sobre un pre-texto.

Veamos el acercamiento de Buenaventura al psicoanálisis y la improviación desde más cerca. Aunque no lo plantee explícitamente, Buenaventura se acerca al texto dramático asumiendo, como nos lo advierte Lacan en el *Seminario 6*, que la significación de dicho texto, en tanto nivel superficial, no es toda. El analizante lleva su sueño a sesión porque duda del sentido o todo elemento en dicho sueño es tan ambiguo que se le hace incomprensible; en cierta forma, para nuestra praxis teatral, se trata de un postulado metodológico basado en un primer acercamiento espontáneo, según el cual el texto dramático, como el sueño, "no tiene ninguna significación" (*Seminario 6- Clase 8*).[30] Ahora bien, esa duda, esa falta de significación, tiene como contrapartida una certidumbre, de que el sentido de ese sueño, ese enigma, lo implica como sujeto, compromete su deseo. Hay un momento en que percibe allí algo del trabajo de la represión, en que siente que ya ese "no recuerdo más, no puedo decir más" (*Seminario 6 – Clase 8*), lo concierne más que aquello que efectivamente recuerda. Resulta interesante saber, como nos dice Lacan, que "Freud interpreta el sueño integrando el sentimiento de duda, por ejemplo, que hay en este sueño, en el momento en que el sujeto lo relata, como uno de los elementos del sueño sin el cual no podría ser interpretado" (*Seminario 6 – Clase 8*). De modo que, si el director y/o los actores se acercan al texto dramático como un sueño, es porque atribuyen al autor una duda que estaría involucrada en dicho texto, pero también algún significante que, presente en dicho relato, podría funcionar como el pivote (no necesariamente la clave) de la interpretación. Es esta duda la que, como veremos, llevará a Buenaventura a decir que "el sueño es nuestro maestro negativo".

Lacan, además, como Freud, subraya el hecho de que la significación del sueño, o mejor el "enigma" que ese sueño nos plantea, emerge cuando lo enunciamos, cuando se lo relatamos a alguien, cuando "el sujeto es tomado por el significante" (*Seminario 6 – Clase 8*). Lo soñado es algo que ha pasado, inaccesible incluso para el analizante; y aunque tiene la certeza de que se trata de un todo, la puesta en palabra y la represión solamente van a ofrecerle al analista un enunciado fragmentado; sin embargo, es en este discurso "donde el

---

[30] Sigo la versión mecanografiada del *Seminario 6*, que hasta la fecha no ha sido publicado. Como no hay número de página, consigno la clase de la que he extraído la cita.

sujeto lo asume para ustedes a quienes él les cuenta" (*Seminario 6* – Clase 8). El analista es el encargado de puntuar ese relato, haciendo jugar ciertas acentuaciones, énfasis o tonalidades. No importa si acierta o no; ya Freud nos dijo en *Construcciones en psicoanálisis* (1937) que una interpretación es verdadera no porque 'objetivamente' diga 'la verdad' del sueño, sino que se trata de algo conjetural que no se mide ni por el sí ni por el no del analizante, sino por la productividad significante posterior: aunque el analizante rechace la versión de su analista, o incluso aunque la acepte, solo se podrá medir su efecto si, posteriormente, el analizante trae nuevos contenidos, si dicha puntuación promueve—como el paciente de Ella Sharpe que Lacan trabaja en el *Seminario 6* [31]—nuevas asociaciones y conexiones con su memoria, con lo olvidado/reprimido.

En su *Seminario 6*, Lacan va a irnos introduciendo en la cuestión del fantasma; parte de la observación de que el sujeto que relata el sueño se posiciona como si fuera otro respecto del sujeto soñado, o viceversa. Habría como una escena del sueño en la que el sujeto se ve como otro al momento de relatarla. Es como si estuviera dentro y fuera de dicha escena a la vez. Desde la famosa frase de "pegan a un niño", tal como aparece en el famoso trabajo de Freud, la cuestión del fantasma se sitúa en relación a una frase cuyas variaciones aparecerán en múltiples situaciones o circunstancias vividas por el analizante y, en cierto modo, las conectarán entre sí. Recordemos que Freud reconstruye una de esas frases, que no aparece en el discurso del paciente. La función de la asociación libre es justamente alentar la fragmentación discursiva para poder, en un cierto momento, captar la posibilidad de construir esa frase fantasmática de y para ese sujeto.

---

[31] En el *Seminario 6*, Lacan va a trabajar el caso de un paciente atendido por Ella Freeman Sharpe y que ella detalla en el capítulo V de su libro *Dream Analysis*. Aunque no podemos detenernos en dicho caso, interesa particularmente a la praxis teatral, no solamente porque Lacan lo presenta y trabaja muy puntualmente, sino porque es uno de los pocos casos en que Lacan manifiesta una cierta admiración por el analista a cargo del mismo. Un seminario futuro debería proponerse discutir el caso de este paciente en la medida en que parece encarnar el ideal de actor al que aspira Stanislavski y para apreciar la forma en que se descompone el relato del sueño y cómo se procede con la interpretación.

No hay aquí arquetipos; no hay un fantasma generalizable para todo el mundo. El psicoanálisis funciona caso por caso. No hay un fantasma para todas las obras de Shakespeare. Y si hemos hablado antes de un fantasma civil de la nación, a propósito de Pavlovsky, solo era para indicar, como lo planteará Buenaventura, que "el sueño es nuestro maestro negativo", es decir, que el fantasma de un actor/autor, al ser trabajado por un grupo de actores, no puede más que remitir a cierta experiencia particular de ese sujeto en su propio contexto social. Es un fantasma civil de un sujeto, no la versión 'objetiva' de la realidad sociopolítica de una nación; y el sujeto la propone a su público como interpretación para leer no tanto la forma de la ideología dominante, para explicarnos cómo y por qué somos dominadores o domina-dos—tal como pretenden ciertos autores setentistas o la creación colectiva clásica—sino para acercarse a los modos de goce a que ésta conduce y que nos fijan a ella. En cierto modo, como lo planteaba Miller en su seminario de 1983,[32] el fin del análisis y, en cierto modo, el fin del ensayo puede pensarse como una travesía del fantasma fundamental, con el objeto de producir la destitución subjetiva del analizante (74).

La frase tomada de la asociación libre y a veces aislada o aparentemente marginada de los contenidos del sueño, se incorpora al mismo movimiento de asociación para incentivar el proceso de descomposición del relato hasta llegar incluso al nivel fonético; partimos del hecho de que "algo puede intervenir que haciendo saltar uno de esos significantes implante allí, en su lugar, otro significante que lo suplante" ((*Seminario 6* – Clase 8), otro significante que emerge—digamos—sin que el sujeto lo sepa. No se trata, pues, de una búsqueda de sentidos predeterminados, como los arquetipos, ni de someter al sueño a un reservorio de símbolos que pudieran figurar en un

---

[32] Nos mantendremos en este capítulo dentro de los términos del trabajo de Miller "Dos dimensiones clínicas". Todas las páginas corresponden a esa publicación, salvo indicación en contrario. Posteriormente, en las últimas elaboraciones psicoanalíticas, la cuestión del fin del análisis se hace más compleja, a partir de la enseñanza última de Lacan sobre el sinthome. Dejamos el sinthome para una investigación posterior.

diccionario. El trabajo con el significante funciona, justamente, en un sentido contrario: descomponer y asociar para captar la significación de ese sueño particular de ese sujeto singular, para el cual no hay diccionario ni repertorios preexistentes.

En esta línea, Buenaventura observa cómo los elementos que surgen de las asociaciones involuntarias obstaculizan la reflexión—y por ello dichas asociaciones han sido siempre rechazadas por la crítica—pero son sin embargo preciosos al momento de recorrer en forma contraria el camino realizado por la elaboración onírica (del texto al subtexto). Para ello, Buenaventura hará una sutil metáfora, que nosotros—como habrá apreciado el lector—ya hemos introducido en nuestra investigación, aunque con algunas reservas: en el lugar en donde estaría el analizante, el maestro colombiano coloca al actor. ¿Qué consecuencias metodológicas y estéticas tiene esta metáfora, donde el analizante es sustituido por el actor? Sin embargo, Buenaventura va más lejos que nosotros al proponer la sustitución del autor del texto dramático por el actor, por el ejecutante de dicho texto. ¿Hasta qué punto es epistemológicamente válida esta última metáfora? Si el analizante, en el trabajo de asociación libre sobre su *propio* sueño, tendría que habérselas con su deseo y su fantasma fundamental, ¿qué deseo o qué fantasma podría resultar de un trabajo de asociación involuntaria realizado por un actor o grupo de actores sobre un texto producido por un sujeto diferente a ellos? ¿Cuál cuenta aquí: el deseo del autor o el deseo de los actores? ¿O ninguno?

Se impone, pues, la pregunta sobre qué busca Buenaventura en esta apelación al psicoanálisis. ¿Cuál sería el rédito de trabajar sobre un texto escrito por otro por medio de una técnica psicoanalítica elaborada para el trabajo de un sujeto sobre su propia producción onírico-narrativa u onírico-significante? Buenaventura no se interroga sobre esto o, mejor, lo deja de lado diciendo que por ahora no se va "a ocupar de *si esta correspondencia es exacta o no*". Procede inmediatamente a proveer una serie de reglas para trabajar la improvisación. Antes de discutir estas reglas, conviene insistir en la pregunta sobre qué objetivo tiene realizar este trabajo de elaboración "artificial" con el que se procuraría un contenido latente "ajeno" al contenido superficial de un texto también ajeno.

Esta extensión, en cierta manera epistemológicamente ilícita, ya la encontramos en Freud cuando lee textos escritos por sujetos que no están presentes. Cuando Freud lee la *Gradiva* de Jensen, cuando Freud o Lacan leen *Hamlet* de Shakespeare o incluso las *Memorias* del Presidente Schreber, incluso cuando Jacques-Alain Miller lee el mito de Diana y Acteón en el seminario "Dos dimensiones de la clínica", ¿qué metodología aplican? Obviamente, no se proponen un trabajo de asociación libre sobre un texto ajeno, sino intentar extender el terreno de intervención del psicoanálisis a la literatura, incluída la dramática. Freud parte, en su lectura de la *Gradiva*, de especular hasta qué punto el novelista procede a inventar un sueño, atribuido a un personaje, conociendo las leyes de la elaboración onírica que el psicoanálisis ha descubierto mucho más tarde que los poetas. Por esta vía, Freud espera validar el psicoanálisis desde el prestigio de la literatura o del teatro, concebida en términos de mímesis y representación. La concepción freudiana de la literatura—como lo ha planteado Jean Baudry—es, en cierto sentido, deudora de la concepción burguesa basada en el fonocentrismo y de ahí las "ambigüedades" de Freud respecto a la escritura y el limitado biografismo crítico que se derivó de su aproximación. En todo caso, como anotamos más arriba, cabe imaginar que un texto tiene un sujeto, un sujeto de la escritura, al que le podemos adjudicar un deseo. Y si la obra literaria puede funcionar como un "sueño diurno", es decir, si podemos además atribuirle un fantasma, es porque de alguna manera funciona como el "teatro privado" del autor, tal vez una manera de plantear aquello que lo avergüenza (Miller 76) por presentársele "en contradicción con sus valores morales" (Miller 76) y también aquello que a la vez lo consuela frente a su síntoma, de lo que se queja como sujeto, pero que no pasa a su obra. Siguiendo esta línea de pensamiento milleriana, uno podría suponer que el autor enfrenta el displacer del síntoma con el placer que procura el fantasma, de lo que no se lamenta (Miller 75). Más allá de los males que lo aquejan en su vida personal, la obra se hace cargo de su fantasma, que es su "tesoro y su propiedad más íntima" (Miller 76). Si partimos, como lo sugiere Miller siguiendo a Lacan, de que "el elemento fantasmático no está en armonía con el resto de la neurosis" (76), la cuestión entre obra y biografía del autor se torna problemática pero, a la vez, se esboza un puente entre ellas que el psicoanálisis nos permite explorar con cierta consistencia.

Freud se propone, entonces, al abordar la literatura y el teatro, su propia asociación libre (como la que Stanislavski hace frente a Tolstoi) como un modo de poner a trabajar a los significantes, sea mediante el punto de capitón o buscando conexiones precisas y momentos de escansión o corte de la cadena significante en donde intenta atrapar el inconsciente. ¿Acaso la ausencia del analizante autoriza igualmente una interpretación sobre el deseo de éste, cuando fue realizada por el analista frente al texto? ¿Hasta qué punto Freud articula una metáfora similar a la de Buenaventura al ponerse él mismo en tanto analista en el lugar del supuesto analizante/autor? Ciertamente, esta problemática ha llevado a muchas discusiones en el campo de la crítica literaria que trabaja textos desde la perspectiva psicoanalítica. Queriéndolo o no, siendo o no su propósito, tanto Freud como Buenaventura terminan imaginando un supuesto deseo del autor o del sujeto de la escritura, que derivaría de su trabajo con ciertos significantes provistos por el denominado contenido superficial o "texto". En este plano, Buenaventura, más precavido por las investigaciones lingüísticas de los años 60 del siglo XX, más inclinado hacia posiciones materialistas dialécticas, no va a sostener la misma perspectiva estética de Freud respecto del arte y de la literatura. Por eso, diferenciándose—como veremos luego, aparentemente—de Freud, puede decir en este ensayo que estamos comentando—y no sin sorpresa para el lector, ya que en cierto modo invalida todo el planteo anterior—lo siguiente: "El arte, usando los mismos mecanismos que hemos visto, realiza una elaboración del material latente contraria a la del sueño" (62). Y agrega una propuesta que luego no tiene mayores consecuencias en este ensayo sobre el sueño y la improvisación, pero que resulta muy enriquecedora del planteo:

mientras en el contenido manifiesto del sueño aparecen nuestros deseos realizados, o cuando están reprimidos, aparecen disfrazados o tan desvanecidos y sofocados que sólo el análisis puede descubrirlos o individualizarlos, en la obra de arte aparecen dentro del contexto que los reprime y aparecen criticando ese contexto o sea, planteando la necesidad de conocerlo en toda su complejidad para transformarlo. La obra de arte no se presenta, pues, como constatación sino como rebelión y denuncia, como voluntad consciente de cambio. (62)

Conviene aquí hacer un esfuerzo para captar por qué, según Buenaventura, el arte realiza una elaboración *contraria* al sueño, por qué el sueño es nuestro maestro negativo. Enfrentado a la improvisación y su aproximación psicoanalítica, Buenaventura se ve necesitado de retomar la discusión sobre la diferencia entre sueño y pieza, entre sueño y arte. El sueño, según él, es como si "tuviese la facultad de reflexionar sobre sí mismo, fijando, durante el sueño mismo, su propia concatenación causal e implicacional" (62)—nuevamente tenemos la cuestión del sujeto, como si Buenaventura pensara que el sueño se sueña solo. Obviamente, el sueño puede ser una realización directa de deseos, como ocurre generalmente en los sueños infantiles, o bien puede ser un sueño con múltiples condensaciones y desplazamientos que dan cuenta de la represión. En la obra de arte los deseos "aparecen dentro del contexto que los reprime y aparecen criticando ese contexto" (62). La obra de arte, para Buenaventura, se presenta "como rebelión y denuncia, como voluntad consciente de cambio" (62). Aunque el planteo es poco claro, pareciera, pues, que algo falla en el plano metodológico, ya que ahora la batería analítica construida por el psicoanálisis para el sueño debería, no sin forzamientos, servir para un texto, el dramático, al que se le reconocen otras leyes de formación. Buenaventura dice que "El sueño es nuestro maestro negativo" (65), invirtiendo así casi todo el planteo e invitándonos a los teatristas a repensar todo de nuevo. Así, al intentar enumerar las diferencias entre sueño y obra de arte, entre improvisación y psicoanálisis, Buenaventura abre su planteo a ciertas cuestiones, pero deja muchas cosas sin resolver, como corresponde a un verdadero maestro.

La represión que afecta al deseo en el sueño y la que afecta al deseo en el arte, aunque de diversa especie y dimensión, produce las mismas transformaciones—sean las condensaciones y los desplazamientos para el sueño, sean las alegorías y diversos tipos de facturas textuales en el caso de arte. Si el sueño (y su relato posterior por el analizante) es un texto en el que el deseo del sujeto aparece cifrado en múltiples compromisos significantes, dados los mecanismos que operan en la elaboración onírica frente o debido a la represión (metáfora, metonimia, etc.), produciendo así conjeturalmente la existencia de un subtexto o contenido latente que el trabajo analítico tendría que desandar; en el arte, por su parte, usando los mismos mecanismos y procediendo *a la contraria*, como sugiere Buenaventura, tendríamos al menos dos posibilidades contundentes, ambas muy deudoras del psicoanálisis. La propuesta del maestro del TEC nos invita a pensar el arte como:

a) un texto (de una obra teatral, por ejemplo) en el que el deseo del autor aparecería descifrado respecto a un subtexto conjetural ya cifrado por la represión [social]; en este sentido, el trabajo analítico debería demostrar cómo el subtexto es una formación comprometida con el discurso dominante, con la ideología dominante y, en ese sentido, el trabajo del autor habría consistido en desandar esa ideología para dejar emerger los deseos reprimidos por ella.

b) la obra teatral *ya no* como un texto en el sentido que vimos en a), sino en sí misma como el subtexto, esta vez cifrado por un autor por medio de los mecanismos de la elaboración onírica; un 'subtexto' cifrado respecto del 'texto' de la ideología dominante o de la ideología subalterna en el contexto social, que el trabajo analítico descifraría para obtener el 'texto' patente, descifrado y conjetural que, reprimido, no habría podido articularse en palabra plena debido a la represión. El arte como un texto doblemente cifrado, como el inconsciente de lo social.

¿Cuál de estas dos posibilidades está más favorecida por Buenaventura? Una respuesta posible la podemos encontrar en una nota al pie de página, en la que el maestro, un poco descaminado en lo teórico debido al dualismo que utiliza, dejando de lado la existencia del Otro, se ve en cierto modo obligado a responder a algunos desajustes metodológicos, no sin provocar nuevos problemas e interrogantes:

> Ningún montaje revela todo el contenido latente de una pieza, lo importante es que descubra aquella parte del contenido latente que pueda entrar en relación directa con el público ante el cual la pieza se presenta. El contenido latente de una pieza, como el de un hombre (tomado como ente social, o sea como lo que es) es inagotable y se enriquece con cada interpretación. (56, nota 3).

A partir de esta cita, pareciera que el maestro colombiano aspira a que, a partir de la improvisación, se descubra un contenido latente que sustentaría el montaje, es decir, el texto espectacular, y que dichos contenidos latentes (sea del sueño o del texto de un autor que puede haber vivido trescientos años atrás) puedan entrar en "relación directa con el público", es decir, puedan responder a la demanda o satisfacer el deseo de un público, de un sujeto completamente ajeno a la producción del texto dramático, pero supuestamente más cercano al deseo de los actores y del director involucrados en el montaje. En esto no se aleja del último Stanislavski, para quien la supertarea está, se quiera o no, siempre filtrada por la experiencia contemporánea del actor y, vale la pena agregar, del imaginario teatral de su época.

Una pregunta nos asalta de inmediato: si asumimos que el director o el actor se ponen, como Stanislavski con Tolstoi, en el lugar del analizante, realizando las asociaciones libres sobre el texto ajeno, ¿quién asume en el trabajo teatral el papel del analista? ¿El autor? ¿El público? Nos empezamos a deslizar a otra cuestión, si es que la praxis teatral va a tener conexiones con el psicoanálisis. Se podría revertir la pregunta al campo analítico y de una manera muy general: ¿para quién trabaja el analizante y el analista en el encuadre psicoanalítico? ¿Hay allí un público implícito? Mejor dicho: ¿qué relación existe entre lo privado y lo público en la producción deseante tal como se da en el encuadre psicoanalítico? Más arduamente: ¿cuál es el estatus teórico del sujeto involucrado en esta práctica? Lacan nos da la pista para responder a esta pregunta cuando afirma que el inconsciente es transindividual, lo que no significa "colectivo"; justamente porque es transindividual el sujeto del que trata el psicoanálisis no es el yo, no es el individuo, sino el sujeto del significante. De modo que el Otro necesariamente está ahí, afuera y adentro del consultorio. Aquí también el fantasma puede venir en auxilio para conjeturar nuevas hipótesis de trabajo en la praxis teatral: en efecto, el fantasma, que puede ser tanto consciente o inconsciente y tal como su fórmula algebraica lo indica en Lacan, $\$ \lozenge a$, reúne elementos heterogéneos, lo imaginario y lo simbólico. Por un lado, el fantasma provee al sujeto con una serie de imágenes, "tanto de aspectos de su mundo como de personajes de su ambiente, etcétera" (Miller 87), y Stanislavski, como sabemos, sugería al actor explorar esa dimensión en su Sistema. Por otro lado, está la dimensión simbólica del fantasma, "aspecto mucho más escondido que consiste, cada vez, en una pequeña historia que obedece a ciertas reglas, a ciertas leyes de construcción que son las leyes de la lengua" (Miller 88). Stanislavski, a su manera, en esos años en que ya los formalistas rusos habían realizado sus investigaciones, nos plantea el análisis activo, una especie de sistema actancial, que permite la transformación y reducción del relato en un esquema de vectores organizados según la sintaxis de la lengua (sujeto, objeto directo, objeto indirecto, etc.), que establecen las frases básicas del conflicto. La supertarea, en este sentido, estaría dada como el residuo final, construido pero no interpretado, e inmodificable, monótono. La supertarea podríamos pensarla como la dimensión real del fantasma, que Miller denomina "fundamental", algo que "es un residuo que no puede modificarse" (89). En este sentido, el texto dramático sería el síntoma que contiene un fantasma, ya que el fantasma está en el síntoma (Miller 102). La improvisación permite jugar con esos síntomas a partir de la producción fantasmática, que comienza a emerger en todo trabajo analítico y que corresponden al sujeto del texto dramático y también al elenco; esa selva de fantasmas puede atraversarse hasta construir la supertarea, el fantasma fundamental, no interpretable.

Retengamos aquí la palabra juego, porque puede ser otro puente posible entre psicoanálisis y praxis teatral. En efecto, jugar es el verbo que, en algunas lenguas, como inglés o francés, significa actuar. Miller nos subraya que "el fantasma tiene una función semejante a la del juego" (77). Lacan va a plantear tres estructuras clínicas (neurosis, perversión, psicosis) y dirá, refiriéndose al fantasma, que cada una de ellas tiene su propia pantomima, con la cual el sujeto responde al deseo del Otro. Miller mismo planteará la cuestión del fantasma en términos teatrales: "Es como ir, en un teatro, por detrás, a ver qué es lo que pasa y qué es lo que sostiene su funcionamiento" (122). Incluso agrega: "La travesía del fantasma es ir a dar una vuelta por bambalinas para saber cómo funciona eso" (123). Y "eso" es la forma en que el fantasma fundamental "viene a encarcelar el goce" (118). Stanislavski mismo, incluso en sus primeros años, tal como lo cuenta en *Mi vida en el arte*, está atraído por "lo que pasa entre bambalinas, la vida privada de esta gente incomprensible, sorprendente [del circo], que vive siempre al borde de la muerte y bromeando corren el riesgo" (11) y que, sin embargo, también tienen su propio fantasma para taponer el goce: "¿No estarán inquietos antes de su salida?—agrega Stanislavski—¡De repente éste puede ser el último minuto de su vida! ¡Pero están tranquilos, hablan de tonterías, de dinero, de la cena! ¡Son héroes!" (11) El fantasear adulto sustituye la actividad lúdica infantil.

El ensayo teatral nos invita, por medio de la improvisación, a retomar, si se logra vencer las inhibiciones, cierta dinámica lúdica perdida de la infancia. Es que el fantasma de alguna manera tapona la emergencia del goce y de la angustia. Frente a la ausencia de su madre, ausencia del Otro, el niño inventa un juego, el famoso *Fort-Da*, mediante el cual, con un carretel que hace desaparecer y aparecer a su antojo, domina la situación precaria y angustiosa en la que su madre lo ha dejado. Como dice Miller, "es la ausencia del Otro lo que presentifica y pone en evidencia el deseo" (77), ya que cuando el Otro no está es cuando podemos interrogarnos sobre lo que desea; el niño inventa ese juego cuando se le hace evidente el deseo de ese Otro. Y agrega: "el fantasma es una máquina que se pone en juego cuando se manifiesta el deseo del Otro" (78). Resulta interesante que Miller use la palabra "máquina", porque en cierto modo, el *deus ex machina* aparece en escena justamente cuando el conflicto resulta irresoluble y, consecuentemente, la angustia que el espectáculo suponía velar o cubrir o 'entretener', se hace presente nuevamente.

Por esta vía, ese fantasma fundamental sostiene la puesta en escena, y hasta la orienta, pero sin necesidad de que todas las puestas sean similares, porque cada puesta es un juego único inventado por un elenco singular. Cada puesta es una manera de cubrir la angustia que suscita el deseo del Otro, toda puesta en escena—incluso estructuralmente toda teatralidad—se yergue para cubrir un objeto *a*. En toda puesta hay un real que no logra significantizarse, aunque el espectáculo logre 'entrenernos' de la angustia temporariamente. Y si "el cambio que se trata de lograr en el analizante está dirigido a que se plantee lo que el fantasma cubre" (Miller 90), el ensayo teatral y, en parte el teatro como tal, está dirigido a que el elenco primero y luego el público se interroguen y hasta logren modificar su relación con eso que el espectáculo cubre o vela. Sin embargo, como lo dice Miller, aunque "[c]on el fantasma se trata más bien, y sobre todo, de ir a ver lo que está por detrás", la búsqueda se torna difícil, "porque detrás no hay nada" (71); el objeto *a* está, no lo olvidemos, perdido para siempre.

La supertarea de una pieza—como el fantasma—permanece, más allá de la vida de su autor y más acá de las interpretaciones que se hagan de su obra. Y esto no debe descaminarnos por la ruta del cientificismo; no debe llevarnos a creer que podríamos hacer un trabajo, arduo y extenso, para construir, por ejemplo, un diccionario de fantasmas fundamentales, como si pudiéramos tener la lista de los fantasmas fundamentales de cada una de las obras de Shakespeare. La paradoja del psicoanálisis es que el fantasma, que no es objeto de interpretación, que no está en la dimensión del enigma—como el deseo—es una construcción en la que están implicados los fantasmas del analizante y del analista, un fantasma que hay que construir cada vez y caso por caso, porque el fantasma es "una suerte de singularización" (Miller 79). Tanto el analizante como el analista tienen éticamente que ir a darse un paseo entre bambalinas. El objetivo de esta construcción—o al menos lo que la enseñanza lacaniana de aquellos años vislumbraba—es, no la cura del paciente, ya que el fantasma no se puede modificar y además promueve la repetición, sino "cierta modificación de la posición subjetiva en el fantasma fundamental" (Miller 87).

En el teatro parece que la cuestión es más clara, pero eso puede ser sólo aparente. En el ensayo, con toda su privacidad, trabajamos *lo personal* de cada actor para de alguna manera acercarnos a *lo biográfico* (aspectos que Bartís apropiadamente diferencia)[33] que es la forma de presentarse el Otro. Buenaventura, por su parte, responde a esta pregunta desde su posición ideológica: el hombre es un ente social. De modo que lo que vale para un actor o un director, vale para su público: hay otra vez la convicción de que el Otro, aunque no exista, está ahí. En cierto modo, tendríamos aquí un primer intento de articular eso que, en las nuevas poéticas actorales, va sin ser dicho y que planteamos antes: que podemos en nuestra praxis teatral hablar de fantasmas civiles, no tanto para sostener la idea de una relación de "correspondencia" entre el deseo y el fantasma de un elenco y el

---

[33] Ver mi entrevista a Ricardo Bartís en *Arte y oficio del director teatral latinoamericano*, volumen 2, Argentina, Chile, Paraguay y Uruguay.

deseo y el fantasma del público para el cual trabaja, sino para indicar que con o sin un texto previo, el elenco explora con la improvisación el fantasma que lo une a esa idea, a ese coágulo—como lo llama Pavlovsky—o a ese texto dramático, que podría no ser contemporáneo. Sin embargo, el fantasma civil, es decir la forma en que se construye la frase fantasmática que guiará el proyecto de puesta en escena, le pertenece a ese elenco y no a otro. "Civil" aquí quiere solamente señalar el aspecto singular de ese fantasma teatral, como opuesto al del psicoanálisis, ya que siendo el teatro una práctica artística social, no es individual, sino que está inserta en una comunidad determinada. No resulta muy productivo sostener que el fantasma civil es el puente entre el espectáculo y el público, porque de hacerlo entraríamos en el callejón sin salida de otro fantasma. En efecto, si sostuviéramos eso, bastaría pensar a nivel crítico esa correspondencia, digamos, entre la puesta de una obra de Pavlovsky y su público argentino, para que la pregunta nos asalte inmediatamente: ¿hasta qué punto el fantasma civil de esa pieza pavlovskiana, no obstante, hace sentido también para un público no argentino, un público global? En definitiva, ¿para qué público se improvisa? ¿Para el deseo o demanda de qué público? Sin duda, aquí nos topamos con un fantasma cultural más consolidado: el de lo nacional o de las identidades nacionales, cuyo atravesamiento sería en todo caso más urgente discutir.

Buenaventura supone que un grupo de actores o un director están capacitados para seleccionar, entre las múltiples derivas significantes que pueden resultar de la improvisación, al menos un contenido latente que tenga correspondencia con el público, no necesariamente contemporáneo al texto manifiesto o texto literario de la pieza, y que ese contenido—sin ser el único ni el final—autorice en cierto modo la consistencia de la puesta en escena.

Salvando estas cuestiones teóricas no resueltas, Buenaventura no obstante avanza en el plano metodológico. Invita a sus actores a no quedarse sólo improvisando situaciones (dramatización), sino que deben a su vez incorporar "otros elementos propios del texto (metáfora, similitudes, etc.)" (56) ya que, de centrarse en las situaciones, los limitaría y eso "significaría prescindir de gran parte de la riqueza del *sueño*" (56) (obsérvese que ahora Buenaventura no dice texto dramático). Sólo cuando se han aclarado las situaciones (y no nos dice cómo se hace esto), se puede pasar a las asociaciones libres, dejando de lado toda actitud crítica. La crítica operaría como una censura y presupondría tener ya una idea de lo que se quiere mostrar y, por lo tanto, transformaría la improvisación en una ilustración de aquella idea previa, que es justamente lo que se quiere evitar. Buenaventura propone que se deje a los actores asociar libremente sin interrupciones. "No hay que pararlos—dice—sino dejar que agoten todas las asociaciones libres" (56). Su propuesta es agotar la producción imaginaria del actor y esperar la emergencia del silencio o bien del significante inesperado, insensato, para continuar el trabajo hacia la "decantación del fantasma fundamental" (Miller 101). Buenaventura sabe que el fantasma está como fuera de la estructura neurótica como el axioma lógico está separado del sistema deductivo que autoriza. Buenaventura espera que se desvanezca el sistema simbólico, que en cierto modo se agote, para que el fantasma se presente como "una falta de las palabras y del saber" (Miller 112), ese momento en que el elenco ya "no sabe", ya no sabe más; es en ese momento en que hay que trabajar con las improvisaciones. En efecto, así como en el análisis el paciente gusta de hablar incansablemente de sus síntomas (Miller 75), el actor en los ensayos queda, en cierto modo, también engolosinado con su producción significante—aunque todo eso tenga la dimensión de la queja—que no puede detener; a veces, hasta queda capturado por el goce del mero blablablá. Pero, como planteamos antes, no todo ejercicio actoral está a nivel de las improvisaciones. En cierto modo, Buenaventura sabe que hay que esperar hasta que dicho flujo se corte y, en ciertas condiciones, comience realmente la improvisación como juego, en la medida en que ésta reactiva la actividad lúdica infantil, obturada por el fantasma. Esa improvisación tiene el potencial de manifestar el fantasma—tan difícil de confesar al principio de los ensayos—la capacidad de acercarse a cómo el fantasma captura al actor en un determinado modo de goce en relación a la supertarea, en relación a la angustia que causa el deseo del Otro. El director debe captar en las improvisaciones cuál es el lugar de sujeto en el fantasma, porque en esa escena el sujeto tiene "un lugar fijo, peculiar, escondido, que puede parecer ridículo" (Miller 92).[34] Y la posición del sujeto en el fantasma estará mostrando si el elenco, como el neurótico, "se defiende del goce mediante el deseo" (Miller 95), o si "[a]cepta ponerse como instrumento del goce del Otro" (Miller 95-96), como el perverso. Habrá que explorar en el futuro la cuestión de las estructuras freudianas o clínicas en el campo de la praxis teatral. Cada estructura, sea neurosis (histeria o neurosis obsesiva), sea la perversión (masoquismo/sadismo, exhibicionismo/voyeurismo) o sea la psicosis tienen sus propias pantomimas que pueden aportar mucho al trabajo actoral.[35]

Al plantear la cuestión de la espera, Buenaventura roza indirectamente la cuestión del tiempo del ensayo; como sabemos el tiempo de duración de la sesión fue muy debatido en el psicoanálisis a la par que la función del analista. No hay, sin embargo, ningún debate equivalente, ni teórico, ni metodológico ni técnico, en el campo de la praxis teatral. Tampoco lo hay sobre la función del director. Hay aproximaciones intuitivas, basadas en la experiencia de cada director, una especie de receta que le ha dado resultado, pero ninguna alcanza para plantearse seriamente la cuestión del rol del director durante los ensayos. Simplemente imaginamos que hay un observador, alguien que se posiciona aquí como analista, un espectador callado que juega el muerto y para quien se hacen las improvisaciones y que Buenaventura designa como director. ¿Cuál es la función de la transferencia del actor en este encuadre del ensayo teatral? Desde el psicoanálisis podríamos cuestionar, además, el manejo del tiempo en el ensayo tea-

---

[34] Remito al lector a un breve trabajo titulado "Más allá de la teatralidad del teatro: lo imaginario, lo simbólico y lo real. Un ejercicio de la praxis teatral". Allí describo parcialmente el proceso de ensayo y el juego de las improvisaciones de un montaje a mi cargo.
[35] Vale la pena anotar aquí que en Lacan y en el psicoanálisis que parte de su enseñanza, la idea de cura, la dimensión terapéutica no es esencial; las estructuras freudianas van más allá del diagnóstico.

tral. En el encuadre analítico hay un tiempo pactado, puede ser una sesión clásica de menos de una hora, o bien lo que los lacanianos llaman "tiempo analítico", una escansión sorpresiva, un corte, que propone el analista al devenir discursivo, sin importar el tiempo cronológico efectivo. Buenaventura nos insinúa que el director debe, como el analista, esperar, "dejar que se agoten todas las asociaciones", y no ceder a la demanda de los actores, que es siempre una demanda de interpretación, una demanda de sentido. Pero el analista como el director debe estar alerta no a esa forma banal de la demanda, sino a la demanda inconsciente del elenco en relación con la supertarea. Su función, en todo caso, es incorporar un nuevo enigma que promueva nuevas asociaciones y aliente así el proceso de descomposición del relato.

Buenaventura parece luego proceder a abrir un espacio reflexivo en el que están involucrados tanto el director como los actores. No se trata de elegir las mejores imágenes que resultaron durante la improvisación basada en la asociación libre, sino en "distinguir el hilo conductor que une todas las asociaciones libres" (56). Lo mismo en el psicoanálisis lacaniano, con su lógica del fantasma, donde el analista trata de "encontrar ciertas frases lo más cortas y lo menos numerosas posibles" (Miller 113). En este sentido, el maestro colombiano parece querer llevar el trabajo de ensayo hacia la construcción de la frase fantasmática. Este "hilo conductor" o la cadena de imágenes que lo conforman (Lacan diría "significantes"), responde a un criterio preciso: se seleccionan aquellas imágenes que forman "un todo que exprese el mayor número de posibilidades, el mayor número de puntos de vista o facetas de la situación" (56). Obviamente, ese hilo conductor no debe concebirse como una idea previa porque, de hacerlo, lo que evitamos cerrando una puerta, se estaría metiendo por la ventana que dejamos abierta. El psicoanálisis no trabaja así, y Buenaventura tampoco. Un analista no puede tener una idea previa y forzar el proceso analítico para acomodarlo a su interpretación. La construcción del fantasma es un trabajo arduo que no responde a ninguna idea previa, por eso es aconsejable que el analista/director cuestione, se interrogue sobre su posición en este encuadre. La cuestión de la posición del analista fue debatida por Lacan y los psicoanalistas, a diferencia de la posición del director teatral, que nunca fue seria y formalmente mente cuestionada. Un analista no puede tener una idea previa; un analista *esperaría* la emergencia del sinsentido, de un significante que hace cortocircuito con lo que se viene diciendo (un lapsus, un chiste, un olvido, incluso el silencio, etc.), o bien conectaría dos significantes tomados del discurso del analizante que, aparentemente, no tendrían nada que ver entre sí y hacer jugar al analizante a partir de ellos. De la lectura de su charla, resulta evidente que Buenaventura tiene en mente esta última táctica.

Sueño, improvisación y dramaturgia

A partir de todo lo dicho y como Buenaventura es considerado, con Santiago García, uno de los promotores de la creación colectiva en el Nuevo Teatro Latinoamericano, resulta propicio reubicar la relación entre sueño e improvisación a partir de una línea divisoria entre el trabajo con batería psicoanalítica en la dramaturgia de autor y en la dramaturgia de actor. Al tener un texto dado, Buenaventura no puede más que aceptar por lo menos dos consecuencias: la primera, la conciencia de que un texto es más de lo que dice y que su sentido se actualiza en la lectura que propondrá la puesta en escena; la segunda, la necesidad de cotejar improvisación y texto, la improvisación y la supertarea, pero sin la libertad de seguir la deriva deseante de sus actores como sería el caso de no tener un texto previo. Buenaventura nos dice que una vez seleccionadas las imágenes, gestos o escenas, "el equipo debe analizar las implicaciones de esos resultados de acuerdo con la relación que busca establecer entre la pieza y el público" (61). Queda todavía por investigar si la frase fantasmática que Stanislavski llama la supertarea funciona analíticamente en vez de convertirse en una especie de idea regulativa. La intención expresiva—que, aunque determinando el proceso de selección, pareciera estar fuera del trabajo entre texto y subtexto—opera en ambas dramaturgias, aunque la supertarea en el caso de la dramaturgia de autor aparentemente fungiera como limitando la libertad del actor, si la comparamos con lo que él haría en la dramaturgia de actor. Nuevamente, resulta imprescindible subrayar que, en un verdadero proceso analítico, en el sentido del psicoanálisis, esta idea externa regulando el proceso, organizando ese "hilo conductor" no tiene lugar. La puesta no puede concebirse como una ilustración de una idea, eso mata el teatro. La puesta debe sostenerse al menos en lo que 'no se sabe', para que tenga la potencia de permitir la presencia del público. Por eso Buenaventura nos aclara que ese "hilo conductor" ni expresa la idea del texto ni siquiera le es coherente; muy por el contrario, puede hasta contradecirlo, "la pone en tela de juicio, descubriendo así el subtexto o el contenido latente" (56), sin negarlas (57). Una vez conformado este hilo conductor—en este trabajo que va del síntoma al fantasma, como ocurre en Freud y también en Stanislavski—se vuelve al texto para "una confrontación entre contenido latente y contenido manifiesto" (57). Demás está decir que ni en el campo teatral ni el analítico se puede forzar una relación entre texto y subtexto. Buenaventura nos advierte:

> Hecho este análisis podemos buscar una corresponden-
> cia entre el texto y las imágenes que representan las situacio-
> nes, de modo que el texto no sea embutido como un "re-
> lleno" en las formaletas rígidas de las situaciones, o como una
> justificación más o menos acomodaticia de esas imágenes.
> (57)

Nuevamente aparece aquí la necesidad de evitar comprender demasiado rápido, como nos aconsejaba Lacan. Para Buenaventura la contradicción entre texto y subtexto equivale, como en el sueño, a una contradicción para el sujeto "entre sus deseos y su conducta" (57), la cual "es soluble en la medida en que [el sujeto] tenga en cuenta la realidad y trate de transformarla" (57). No es cuestión de adaptar el deseo a la realidad, como han hecho muchas perspectivas psicológicas y terapéuticas, incluso apelando al psicoanálisis. Por el contrario, más orientado por una perspectiva marxista, Buenaventura propone transformar la realidad, transformar la conducta, de acuerdo al deseo, porque para él ésa es la función del arte. Como en Lacan, la ética aquí parece estar de lado del "no ceder en cuanto al deseo". A partir de todo esto, queda todavía mucho para dilucidar en e campo de la praxis teatral. Algunas cuestiones a investigar serían, por ejemplo, todo lo que escapa a las analogías entre psicoanálisis y praxis teatral. En un nivel más pragmático, deberíamos contar con una técnica de trabajo actoral más acotada para abordar cómo podríamos en el ensayo y hasta a nivel de la formación actoral, saber algo del deseo—sea el del texto, con todas sus controversias, o sea el del elenco—si pensamos la supertarea como limitando la libertad deseante del actor. En la propuesta de Buenaventura no se discute la relación del deseo a la ley, al Otro, ya que no podemos vislumbrar una liberación anárquica, global de los deseos, sin suscribir la disolución del lazo social. Aun pensando en la transformación y hasta en una forma más degradada, como la transgresión, se impone debatir cómo se inscribe, por ejemplo, durante los ensayos, la figura feroz del superyó, esa ley insensata. Al menos, no escapa a la propuesta del maestro la necesidad de profundizar sobre la forma en que opera la represión, ya que no es tanto una contradicción entre deseos y conducta, como él plantea, sino que es más entre deseo y represión, algo bastante diferente. Por eso nos dice que será necesario plantearse ciertas cuestiones "cuando hablemos de la represión y sus implicaciones" (58).

Buenaventura pasa luego a considerar las operaciones de condensación (metáfora, es decir, dos elementos contradictorios convergen en una imagen o significante, "colocar una persona en el lugar de otra y hacerla protagonista de los actos de la otra, o en formar una persona compuesta por los rasgos tomados de otras" [59], etc.) y desplazamiento (metonimia, "algunas ideas fundamentales del contenido latente aparecen representadas de modo insignificante en el contenido manifiesto" [59]) tal como Freud las conceptualiza a partir del análisis del sueño. La extensión de estas leyes freudianas al campo actoral no parece ser demasiado provocativas tal como las presenta el maestro aquí. Su planteo nos parece hoy muy sofocado por la aproximación estructuralista de la época, en donde la propuesta se desplaza hacia aspectos de combinatoria de elementos distintivos, dejando de lado cuestiones ligadas al deseo y la represión, tal como se deja leer en este párrafo:

> La improvisación puede también encontrar el camino más corto hacia el significado de la obra invirtiendo este procedimiento. Haciendo que un actor haga varios personajes o que varios actores se condensen en un personaje. Apliquemos esto al uso de los objetos y los resultados serán ricos. (59)

Buenaventura resume algunos aportes freudianos sobre el análisis del sueño, pero al momento de llevarlos al campo de la improvisación, la falta de teorización empantana la metodología. Por momentos, pareciera hacer cierta confusión de planos, entre lo que corresponde a la génesis de un texto dramático y lo que corresponde a la aproximación psicoanalítica a la improvisación e, incluso, a la puesta en escena. En efecto, por una parte, el maestro nos invita a considerar la condensación y el desplazamiento como leyes constitutivas del sueño y de la pieza. Afirma que "[p]ecando, quizá, de cierta precipitación podríamos decir que el texto de una pieza es un intento de interpretación del contenido latente que el autor realiza durante la elaboración de la pieza misma" (61). Inmediatamente agrega: "Y por aquí vamos llegando tanto a las semejanzas entre el mecanismo que engendra un sueño y el que engendra una pieza, como [a] las diferencias entre un sueño y una pieza" (61). Sin embargo, esto no lo desarrolla puntualmente. Lo que le interesa subrayar es, en todo caso que, para Freud, "la elaboración del sueño no es, en modo alguno, creadora" (61), que se limita a condensar y desplazar elementos para hacerlos aptos para la representación visual. Lo que pareciera ser creativo es la interpretación del sueño, porque según él, "las implicaciones que esa totalidad [onírica] tiene para la vida despierta son materia de la interpretación analítica" (61).

Aunque a veces se remite a Shakespeare y a Brecht, sus argumentos se tornan un poco ambiguos, especialmente porque al instalar su planteo en la dramaturgia de autor, como hemos ya visto, surgen múltiples problemas ligados al sujeto, y porque Buenaventura pasa sin aviso de un nivel analítico y metodológico a otras instancias del trabajo teatral. Buenaventura análoga el sueño a la pieza teatral y, al hablar del desplazamiento, plantea que la obra, como el sueño, puede surgir de un recuerdo infantil, de "un suceso sin importancia en la vida real" (60) del autor, que dejaría elementos importantes en forma cifrada, oscura en el plano latente, es decir, "que muchos sucesos que pueden aparecernos carentes de importancia tienen tanto valor como las ideas que nos parecen importantes y que existe una conexión profunda entre unas y otras" (60). Inmediatamente pasa de una aproximación genética al texto/sueño a la puesta en escena, es decir, a lo que de alguna manera ya entraría en el plano de la interpretación. Refiriéndose a su obra *La orgía* y sin explicarnos nada de sus vivencias autorales, anota: "Cuando montamos la pieza vemos cómo una cantidad de vivencia y de ideas importantes se han desplazado hacia esa situación, cómo la intensidad psíquica que acompaña a esas ideas se ha desplazado hacia la pelea por un poco de comida" (60).

Sería difícil establecer qué elementos de la vida de un autor, Shakespeare, Brecht o el mismo Buenaventura, han realmente pasado por el proceso de elaboración. No hay lugar aquí para entrar en la crítica de las aproximaciones genéticas; baste simplemente mencionar las dificultades que entraña este tipo de abordaje. Por otro lado, Buenaventura, como hemos visto por los ejemplos antes mencionados y como parece ser el objetivo de su propuesta, quiere intentar aprovechar ciertos descubrimientos freudianos en la improvisación y la puesta en escena. El maestro trata de llevar la atención de sus actores a una preocupación teórica invitándolos a una lectura de la obra freudiana y a una lectura más cuidadosa del texto dramático para lograr una mayor eficiencia en la construcción de imágenes escénicas. Así nos dice: "Nosotros empleamos el desplazamiento en la improvisación haciendo, por ejemplo, que un personaje que dice grandes ideas realice una acción insignificante" (60). Stanislavski lo decía en otros términos: su Sistema se basa en el anhelo de hacer del subconsciente el Sujeto mismo del proceso de montaje escénico; Buenaventura también quisiera que la improvisación tuviera la capacidad de trabajar como el inconsciente.

Por eso Buenaventura lentamente va entrando en el nudo de la cuestión: la represión. El maestro colombiano parte de lo que los psicoanalistas conocen como represión secundaria (que distinguen de la represión original o primordial), es decir, aquella que opera sobre ciertos significantes ligados a experiencias displacenteras que permanecen en el inconsciente y que aparecen en el sueño después de un proceso de elaboración o bien el hueco que se produce en la cadena significante por la represión de un significante. Lo que a Buenaventura no le escapa, y cita a Freud, es que "puede demostrarse sin gran dificultad, que el contenido ideológico que nos produce angustia o terror fue en su día un deseo y sucumbió ante la represión" (cita de Freud, sin datos, 62). Aunque también subraya que "[h]ay otros sueños cuyo contenido es claro y penoso, pero no producen angustia. En ellos las ideas reprimidas están bien disfrazadas" (62). Por este camino la pregunta que habría que formularse, siguiendo estas insinuaciones metodológicas, sería hasta qué punto la improvisación, como émula del inconsciente, enfrenta en el ensayo la represión, que Stanislavski, con el vocabulario de su época, llamaba inhibición, posicionándola del lado del actor. La praxis teatral tendrá que realizar aquí un trabajo teórico considerable, habida cuenta de que, en el psicoanálisis, desde Freud y con la lectura lacaniana posterior, tanto inhibición, síntoma como angustia son nociones que han abierto el debate sobre muchas cuestiones teóricas, metodológicas y técnicas, baste mencionar el cuerpo, el goce, lo real y el sinthome.

LA NOVELA FAMILIAR DEL SISTEMA

Introducción

Se ha escrito mucho sobre Stanislavski y su Sistema. Se podría también escribir mucho sobre lo que se escribió y dijo acerca del maestro y su enseñanza, se podría escribir tanto que el esfuerzo valdría la pena si, al menos, alguien se hubiera tomado el trabajo de abordar previamente cuestiones cruciales para elaborar una teoría de la praxis teatral que, velada en sus textos, sostiene y justifica la parte visible de ese iceberg que llamamos Sistema, técnica teatral, psicoténica, formación del actor, memoria emotiva, acciones físicas o sus últimos trabajos con el análisis activo (Carnicke 194-202). Las discusiones que se encuentran en las referencias bibliográficas suelen plantearse cuestiones técnicas o ideológicas cuya validez depende de un debate previo acerca de aspectos teóricos específicamente teatrales. Stanislavski, por ejemplo, habla constantemente del cuerpo; sin embargo, toda discusión debería primero discernir qué significa "cuerpo" para Stanislavski: ¿se trata de un cuerpo biológico, de un cuerpo libidinal, de un cuerpo imaginario, simbólico o real?

La típica actitud del actor corriente, amateur—que Stanislavski tanto criticaba—sería contestar esta pregunta con cierta desconfianza, incluso hasta levantando los hombros como si el planteo no fuera importante para su trabajo; a este actor del montón, aprendiz, esclavizado al mercado de trabajo, solo le interesa medir la eficacia de ciertos ejercicios con la errada certeza de que eso lo ayudará a elaborar sus personajes, actuar mejor y, en el mejor de los casos, conseguir un trabajo bien remunerado, sea o no un buen papel. Para Stanislavski, por el contrario, la cuestión no tiene que ver tanto con el hecho de que un actor pueda desempeñarse bien en su trabajo, su oficio, sino realizar un trabajo artístico. Sin embargo, ninguna cuestión técnica avanzará hasta tanto sepamos qué sentido tienen ciertos términos para Stanislavski en la afortunada posibilidad de que un trabajo textual permita inferir cierta arquitectura teórica donde se sostengan unos a otros, como ocurre en el psicoanálisis. El esfuerzo vale la pena, más allá de lo que esos términos signifiquen para sus discípulos, lectores y practicantes. Como lo muestra la experiencia freudiana, la eficacia de una técnica sin teoría, una técnica que no tiene cómo cuestionarse su propia práctica, es limitada y sólo puede producir eso mismo que Stanislavski intenta combatir: la actuación mecánica.

La cuestión del cuerpo—no sólo a partir de Michel Foucault, sino sobre todo a partir de la enseñanza lacaniana—no resulta un tema lateral para ingresar al corpus textual stanislavskiano. Hoy sabemos que el cuerpo puede ser conceptualizado de diversos modos y que de eso depende la relación con otras nociones, tales como la memoria, el goce, lo real, el deseo y el placer, entre otras. No somos los primeros en aproximarnos a Stanislavski desde el psicoanálisis. Hay una bibliografía que, desde mediados del siglo XX, especialmente en Estados Unidos—como hemos visto con los trabajos de Freed y hasta en la misma versión del Método—testimonia del interés por acercar Freud a Stanislavski. Pero muchos de esos trabajos tienden a aplicar conceptos freudianos al corpus textual del maestro ruso sin cuestionarse previamente el sentido de algunos vocablos específicos en sus textos. Por nuestra parte, no podemos ni queremos imponer los conceptos lacanianos a los textos de Stanislavski ni suponer que el maestro ruso los haya pensado de la misma manera; sin embargo, si apelamos a la enseñanza lacaniana es porque ella nos brinda la batería conceptual más sofisticada para interrogar los textos de Stanislavski de una manera más productiva y abrirnos las puertas para explorar los puntos más controversiales de su contribución a la praxis teatral. No se nos ocurre "aplicar" Lacan a Stanislavski ni por un instante. Partimos de la convicción de que así como Freud hizo de la teoría una guía para modificar y ajustar su técnica analítica, es esperable que una aproximación que desbroce las bases teóricas del Sistema, produzca también efectos novedosos a nivel de la técnica actoral.

Mi vida en el arte: *niñez y psicología*

Para iniciar este itinerario por los textos de Stanislavski, conviene intentar captar, siguiendo las pautas psicoanalíticas, las posibles articulaciones de su contribución a la praxis teatral desde los tempranos recuerdos de infancia. No se trata, como han intentado algunos investigadores, entre ellos Phillip Weissman en su ensayo de 1957, de analizar esos recuerdos para sostener la idea, descabellada desde donde se la mire, de demostrar hasta qué punto la niñez feliz puede hacer de un niño común un genio futuro, o hasta qué punto un genio responde a una serie de rasgos ya tabulados por la psicología, o incluso un psicoanálisis "interested in creative imagination" (Weissman 399), tal como intenta Weissman hacerlo adoptando las características básicas del talento creador postuladas por F. Greenacre en un ensayo titulado "The Childhood of the Artist: Libidinal Phase Development and Giftedness", incluido en el mismo volumen de *The Psychoanalytic Study of the Child* en que aparece su ensayo. Si el psicoanálisis puede aportar su granito de arena a la lectura de los textos stanislavskianos, no será por someter al autor a un análisis, ya que éste solo puede realizarse en presencia del analizante, con su capacidad de hablar a otro, el analista, ese sujeto supuesto saber que juega el muerto y con quien se establece la transferencia. Weissman intenta probar que no hace falta que un niño sufra para que sea un genio y asume que, gracias a la capacidad económica de su familia, especialmente del padre, Stanislavski tuvo una infancia feliz y que pudo resolver, gracias a su talento artístico, su conflicto edípico en tanto fue capaz de obtener la temprana aprobación del padre en relación a sus intereses teatrales; es más, Weissman llega hasta suponer que el hecho de que la madre tuviera en su familia antecedentes actorales—su hermana Varley era una famosa actriz francesa—ese legado pudo haber llegado hasta Stanislavski por misteriosos caminos de la herencia genética (Weissman 409-10). Adorado por la madre—de la cual, para decirlo rápidamente, pocas veces habla en su biografía—y sin ser el rival de su padre, Stanislavski—según Weissman—tuvo el mejor contexto familiar para desarrollar sus aptitudes artísticas, en una sociedad de rápido ascenso de la clase burguesa a la que él y su familia pertenecían. ¿Será realmente verdad que los niños ricos tienen infancias felices? ¿Tendríamos que deducir del texto de Weissman que jamás encontraremos un genio de origen obrero? La psicología estadounidense es a veces tan banal que uno no puede dejar de celebrar los dardos lacanianos tirados contra ese cuerpo de doctrina tan ideológicamente nefasto.

Demás está decir que no vamos a plantearnos la lectura de esos textos desde la perspectiva de un psicoanálisis basado en la psicología del yo, tal como hace Weissman—postulando que un "ego artístico" ya estaba formado antes del "ego personal" (404) y otras cosas por el estilo que carecen completamente de base teórica y experimental. No seguiremos ni debatiremos con este tipo de especulaciones, típicas de gran parte de la bibliografía producida sobre Stanislavski en Estados Unidos. No vamos a "analizar" a Stanislavski; vamos, por el contrario, a trabajar sus textos desde un psicoanálisis fundado en una teoría del significante que nos permita alcanzar los cruces y nudos textuales; sin afirmar nada sobre el autor, intentaremos despejar no obstante ciertas cuestiones ligadas a la elaboración del Sistema.

Weissman, no obstante las limitaciones de su abordaje, hace el esfuerzo de captar el aporte de Stanislavski a la actuación y al teatro, habida cuenta, según nos dice, que el teatro es un arte de muy difícil archivo, especialmente en la época del maestro ruso; solamente nos quedan algunas fotografías, sus propias memorias y algunos testimonios de quienes trabajaron con él. Los señalamientos de Weissman tienen algunos puntos interesantes y otros, sin embargo, no dicen más que lo que uno puede concluir de la lectura rápida de los textos del maestro; podemos citarlos aquí como marco de referencia a todo lo que nos tocará trabajar y debatir en el futuro, incluso poner a prueba en nuestra aproximación:[36]

---

[36] Para comodidad de la lectura, traduzco y parafraseo algunas citas. El lector puede consultar el artículo en inglés, si así lo desea.

- Weissman cita a E. Kris, quien sostiene, en su *Psychoanalytic Explorations in Art* (1952), que todo artista conforma su vida en relación a una imagen legendaria.

- El talento de un director, actor, bailarín, es decir, de quienes están involucrados en las artes performativas en general, se encuentra en sus producciones, que carecen—o carecían—de un registro preciso. Esa falta promovió, por un lado, una evaluación, a veces exagerada del artista, tal como en el duelo se ama más al amante muerto que cuando estaba vivo; por otro lado, la actuación es—o era—un arte perdido, y si discípulos capacitados no lo pasan de una generación a otra, es probable que dicho arte desaparezca.

- Stanislavski constantemente se refleja a sí mismo en la imagen de otro artista legendario. Eso se lo puede ver en sus escritos y también en los testimonios de quienes han trabajado con él. Cotejando estos documentos, se puede comprobar la autenticidad de los datos autobiográficos.

- Su Sistema, cuya aplicación involucra principios psicológicos y mecánicos, tiene una validez psicodinámica.

- El nuevo concepto en el arte de la actuación que Stanislavski introduce está en relación directa con la alteración histórica en todos los campos de las artes y de las ciencias. Este concepto, en consonancia con la literatura del movimiento romántico, da más importancia al individuo y sus emociones que a la naturaleza.

- La actuación deja de ser representacional y repetitiva y pasa a ser, en Stanislavski, una actuación creativa. En la actuación representacional, vivir el papel era solamente preparatorio, consistía en todo lo que el actor hacía para preparar su personaje pero, llegado el momento de la función, operaba ya repetitivamente; en Stanislavski (re)vivir el papel es el objetivo de su Sistema: se trata de que el actor viva su parte a cada momento de su actuación y todas las veces que actúa.

- Stanislavski, sin embargo, no desacredita por completo la actuación representacional.

- Stanislavski concibe la actuación creativa como un arte que comunica el inconsciente del actor al inconsciente del espectador.

- Stanislavski demanda que el actor se identifique lo más completamente posible con el personaje.

- El actor debe vivir su papel y acomodar sus propias cualidades a la vida de esa otra persona y, de ese modo, crear la vida interior de un espíritu humano.

- La identificación conciente con otro, persona real o personaje, genera en el actor algunas de las características de la "persona" con la que se identificó.

- Hay un paralelo entre el trabajo del actor y el del analista. Ambos deben escuchar las asociaciones del otro con una atención flotante; la diferencia radica en que la meta del analista es alcanzar los deseos y miedos inconscientes; la meta del actor es expresar los contenidos inconscientes en forma artística. El analista está entre el artista, que se interesa por dar forma a la verdad interior, y el científico, que se interesa por dar una perspectiva sobre la verdad y el conocimiento.

- El actor debe desarrollar un aparato vocal y físico controlado, capacitado y preparado para responderle, lo cual, además de requerir un entrenamiento constante, debe estar al servicio de *un yo bien integrado* capaz de participar en la expresión creativa.

- La muchas veces mencionada relación entre actuación y exhibicionismo, permite afirmar que psicoanalíticamente la propuesta stanislavskiana se podría calificar como sublimación del exhibicionismo tanto en su meta como en su objeto. Las teorías y técnicas de Stanislavski crecen y se extienden a partir del tipo específico de resolución en la infancia de los conflictos exhibicionistas y agresivos vía la actuación y la dirección.

- Stanislavski desarrolló una actitud marcada por un fuerte sentido de paternalismo, cuya clave está en la forma en que su infancia modeló su vida madura y su legado. En su infancia Stanislavski fue muy a menudo el director de su propio padre y de sus hermanos en las producciones teatrales. Su actitud de dar algo al mundo y la prueba de su amor por el mundo yacen en su relación temprana con su madre.

Se puede aceptar o no estos señalamientos de Weissman; el problema reside en que el debate sería improductivo, hasta tanto no se nos aclaren términos puntuales, tales como inconsciente, identificación consciente, yo integrado, sublimación, entre otros. Sin embargo, es indudable que aunque nuestro trabajo—casi cincuenta años después—va a situarse en el marco de la problemática que Weissman ha señalado, lo hará desde la perspectiva de un psicoanálisis completamente diferente, no formulado desde la Ego Psychology. Entre las cosas planteadas por Weissman, algunas merecen una especial atención y por eso recorreremos algunos episodios de la autobiografía de Stanislavski, incluso nos enfocaremos en varios episodios de su infancia que también han merecido la atención de Weissman y de otros investigadores. Sin embargo, nuestros propósitos son diferentes, ya que no nos atrae hacer una psico-biografía sino detectar aspectos que resulten importantes para introducirnos a la teoría que subyace al Sistema, a fin de volver luego a cuestionar aspectos técnicos de la actuación. Es probable que, recorriendo los mismos textos, nuestra lectura proponga resultados diferentes a los de Weissman, en tanto no asumimos que Stanislavski sabe todo lo que dice. Tal vez no tuvo una infancia tan feliz—¿quién podría determinar el grado y la cualidad de la felicidad para un sujeto, quién puede legislar sobre el bien para un sujeto?— quizá la relación entre sus padres o su relación con su padre no fue tan esplendorosa, a lo mejor la madre no tuvo una función tan determinante. Toda autobiografía es una rememoración articulada por el lenguaje y como tal está sujeta—para todo sujeto hablante—al engaño, a los ideales, al decir más o menos lo que se piensa.

En las primeras páginas de *Mi vida en el arte* (en adelante *MVA*),[37] Stanislavski nos cuenta que tuvo unos padres maravillosos que "vivieron enamorados en su juventud y su vejez" y que "adoraban a sus hijos" (4). A continuación, nos dice:

> Desde mi lejano pasado recuerdo del modo más vívido mi propio bautismo, forjado por supuesto en mi imaginación, por los relatos de la niñera. (*MVA* 4)

La frase, aparentemente anodina, testifica, no obstante, desde el principio de su autobiografía, cómo Stanislavski va a concebir más tarde su técnica; vemos en esta cita su propia rememoración en tanto mediada por el relato del otro. Ese recuerdo lejano, incluso admitido como intensamente propio y vívido, es sin embargo un montaje imaginario producido a partir de la palabra, del texto y el discurso del Otro. Del mismo modo, más tarde, el texto dramatúrgico, escrito por un autor, tomará en el Sistema el mismo estatus: va a instalar en el actor un recuerdo vívido, imaginado, pero no necesariamente propio. Mientras la madre lo adora, la niñera habla y al hacerlo funda su memoria: *el recuerdo deviene así el discurso del Otro*, que no es la madre dadora de amor, sino la niñera contratada para cuidarlo. Es un otro que, aunque parece estar en el lugar de la madre, en realidad es el lugarteniente de la figura paterna. La niñera es la que provee aquí los cuidados básicos, que sin duda atienden las necesidades del cuerpo biológico; pero ella es también quien va a funcionar como el espejo capaz de proveer—vía la alienación imaginaria del yo—la memoria, los significantes que fundan ese pasado del niño. El niño está pues entre la

---

[37] A pesar de las advertencias hechas por Jean Benedetti de que *Mi vida en el arte* es un texto poco confiable, por el hecho de que fue dictado en ruso, tipiado por la secretaria y amiga de Stanislavski, luego traducido al inglés por Elizabeth Hapgood y finalmente traducido al ruso para que Stanislavski pudiera leerlo (Benedetti 1990:x), vamos a utilizarlo en este libro justamente porque es un texto que proviene de una experiencia oral frente a otro, y esto lo acerca al psicoanálisis y lo hace sumamente valioso.

madre y el Otro, como en el estadio del espejo. La niñera, más que sustituir a la madre, separa al niño de ésta. Si la Madre está para responder solamente a la demanda de amor, para adorarlo como a un pequeño dios, la niñera en cambio responde a la fundación del pasado mítico del yo: el bautismo por el cual el niño adquiere un nombre, una identidad, una filiación—que no será, sin embargo, con los que conocemos hoy al maestro—es una puesta en escena imaginaria de un relato que proviene de la niñera como representante del Otro, como representante del padre quien es, sin duda, el que pagaba su sueldo.[38]

Lo que deberíamos retener a los efectos de discutir más tarde el estatus de la memoria en el Sistema es justamente este momento de alienación en el que la filiación, como escena ritualizada—tradicional—de imposición de un nombre o un significante (de un relato) sobre un niño *infans*, que no habla, aparece como una mortificación por medio del significante de ese cuerpo imaginario del niño que, no

---

[38] Nos atenemos al texto de Stanislavski, porque en definitiva es sobre dicho texto donde intentamos nuestro acercamiento para delinear aquellos aspectos que resultan relevantes para apreciar y abordar el Sistema. Si cotejáramos con la biografía escrita por Jean Benedetti, podríamos plantearnos otras cuestiones. Benedetti nos aporta datos sobre la madre de Stanislavski, hija de una actriz y separada de su madre desde joven; Elizaveta Vasilievna era, según Benedetti, una mujer que, a diferencia de su madre que creaba drama en el teatro, ella creaba drama en su hogar; solía gritar a los sirvientes con mucha agresividad, pero inmediatamente después se arrepentía y se disculpaba. Tuvo diez hijos, siendo Konstantin el segundo. Elizaveta era hipocondríaca, obsesiva hasta el extremo con su salud y especialmente con la de sus hijos, al punto que tratando de abrigarlos tanto en los inviernos, terminaba produciendo el efecto contrario, razón por la cual Stanislavski tuvo siempre problemas de resfríos y gripes, más una gran indisposición para levantarse temprano en las mañanas. No es casual que Stanislavski constantemente esté preocupado por la limpieza y condiciones favorables de los teatros y de los actores. Elizaveta supervisaba todas las tareas de la casa y sobre todo a las niñeras, primero a Nanny Fiokla y luego a Evdokia Snopova, a quien llamaban Pupusha, quienes tuvieron un acercamiento muy íntimo a Stanislavski, sobre todo Pupusha, que lo incita a interesarse por el teatro y la actuación. Pupusha vivió en la casa desde 1874, cuando Konstantin tenía once años. Stanislavski, en una fotografía que le dedica a Pupusha en 1928, la describe como su "segunda madre". Las peleas con las niñeras, según Benedetti, eran regulares y espectaculares; el procedimiento de insultar y luego disculparse también funcionaba aquí (Benedetti 1990:5-8)

sabiendo designarse a sí mismo, deja caer su ser para tener el nombre de otro, para asumir una filiación mediada por el padre, que lo identifica así como formando parte de un grupo. Más tarde, siguiendo su propia rebeldía edípica, Stanislavski va a asumir el nombre con el que lo conocemos hoy,[39] un nombre que surge de una identificación con un actor mediocre, pero que le sirve para ocultar su filiación paterna y de clase.[40] Stanislavski es un nombre que surge en ese momento en que el deseo de actuar lo lleva a los teatros de aficionado y al vaudeville, frente a públicos que considera como "gente sospechosa" (*MVA* 86), entre los que, no obstante, se encuentra su padre, su madre y su institutriz.

La metonimia autobiográfica del texto stanislavskiano no se detiene y por eso, inmediatamente a lo dicho, agrega: "Otro recuerdo vívido de mi primera infancia se relaciona con mi primera aparición escénica" (*MVA* 4), enganchando así por contigüidad la escena de la filiación con la de su destino.

En la casa de campo que tenía la familia, se monta un pequeño escenario en el que se representa un cuadro vivo de las cuatro estaciones; a nuestro Stanislavski, de tres o cuatro años, le adjudican representar el invierno. Colocaron en escena, según nos cuenta, un

[39] Benedetti agrega un dato que no aparece en *Mi vida en el arte*: se trata de una bailarina, de nombre Stanislavskaia. Cuando los padres llevaban a los hijos al teatro, los niños, a diferencia de sus padres que ocupaban el palco 14, junto al palco imperial, preferían sin embargo los palcos laterales, 1 y 2, desde los cuales se podía ver a los artistas preparándose para salir a escena. Cada uno de los niños tenía su bailarina predilecta, y la de Konstantin era Stanislavskaia. De modo que su primera identificación con la escena es con una bailarina, con una mujer, cuyo nombre (cuyo significante) adoptará y adaptará más tarde, por vía de un actor retirado. Veremos más adelante la escena del circo en la que Konstantin se enamora de una bailarina.

[40] "Stanislavski had to keep his double life secret from his parents. The easiest solution was to take a stage name. He inherited 'Stanislavski' from another amateur, Dr. Mako, a friend at Liubimovka, and an admirer, as he had been as a boy, of the ballerina Stanislavski. It was a safe name to adopt. Of Polish origin, it suggested humble status and was unlikely to be associated with one of Moscow's most eminent bourgeois families." (Benedetti 1990:24). Es interesante remarcar la idea de "doble vida", fuera del alcance de sus padres y de la sociedad rusa; imagen de hombre extranjero y humilde, aunque pertenecía a una de las familias más ricas de Moscú; confluencia de lo femenino y lo masculino en el significante del nombre.

abeto cubierto de algodón para simular la nieve, desparramaron algodón por todo el escenario, lo vistieron adecuadamente con un gorro de piel y una larga barba gris y bigotes, y lo sentaron; sin embargo, nadie le dice al niño-invierno *qué es lo que debía mirar*. La escena es elocuente en cuanto nos muestra el momento en que se registra el primer malestar del niño-actor, de un encuentro con lo real, eso que Lacan denominará, a partir de la *Física* de Aristóteles, *tyche* en el *Seminario 11*; es también en ese mismo Seminario que Lacan desbrozará la cuestión de la mirada, la esquizia del ojo, la anamorfosis y el tema de la mancha. Me animaría a afirmar que en esta escena "recordada" yace la matriz de la teatralidad del teatro tal como la va a concebir el maestro ruso.

Para Lacan, la *tyche* es lo real que está detrás del telón de fondo. Lo real, nos dice en el *Seminario 11*, "hay que buscarlo... tras la representación" (68) y en la escena del sueño, por ejemplo, lo único que tenemos es un *lugarteniente* de lo real. También lo real está detrás del fantasma, concebido como escena en la que el sujeto dividido— que mira la escena en la que él también actúa—se las arregla con ese objeto *a*, innombrable y causa del deseo. ¿Por qué nos interesa aquí esta enseñanza lacaniana? Porque Lacan relaciona la *tyche* con el *autómaton* a fin de deslindar conceptualmente la repetición—como uno de los cuatro conceptos fundamentales del psicoanálisis—de cualquier otra "reproducción o la modulación por la conducta de una especie de rememoración actuada" (*Seminario 11* 62). Lacan quiere diferenciar la repetición de esa otra rememoración actuada que se da en la transferencia, otro concepto fundamental; los psicoanalistas— según Lacan—han confundido esos conceptos con demasiada frecuencia.

¿Deberíamos deslindar estas rememoraciones también en los textos de Stanislavski? Ya en un plano más teórico: ¿Cómo distinguir la repetición de aquello que en un ensayo es la actuación transferencial? ¿Cómo distinguir la repetición en sentido analítico de la repetitividad de la actuación sobre el escenario cuando una pieza se representa más de una vez? El *autómaton* tiene que ver con un retorno, regreso o "insistencia de los signos, a que nos somete el principio del placer" (*Seminario 11* 62); el *autómaton* es en cierto modo calculable, previsible, desde la red de significantes (*Seminario 11* 75). La *tyche*, en cambio, es lo que está detrás del *autómaton* y que se presenta bajo la apariencia de un azar, de un accidente. En *Mi vida en el arte* Stanislavski da varios ejemplos de cómo dio con la clave de su personaje por accidente, a partir de algún pequeño detalle, por ejemplo de maquillaje, que transforma todo lo realizado hasta ese momento. Como dice J. Benedetti, "[w]hat there was of himself in the part came, as was so often the case at this time, by accident" (1990:31).

Se puede desde ya imaginar la productividad de estos conceptos en la praxis teatral. El recuerdo que comentamos habla de la falta de dirección: no le decían lo que debía hacer; solamente lo pusieron en escena. ¿Debe un director—y cómo —distinguir *tyche* y *autómaton* en los ensayos durante la improvisación? En la transferencia se da la *actuación* en el presente del análisis y frente al analista, de un pasado no reconocido ni verbalizable para el analizante; si bien hay una relación con lo real en la transferencia, no es la misma relación con lo real que se da en la repetición. Lo mismo ocurre con la improvisación, en la que puede detectarse la transferencia sobre la figura del director y que habría que distinguir, además, del real de la repetición, de *ese real que Stanislavski buscará en los textos dramáticos más allá de la "realidad"* y que hoy constituye el punto central del trabajo del teatrista en la dramaturgia de actor. En la transferencia lo real es lo que no puede ser aprehendido en ausencia, *in effigie*: la presencia del analista como sujeto supuesto saber permite esa articulación del pasado en el presente. Lo real de la repetición, como vimos, suele presentarse bajo la forma del azar, del accidente, como un golpe de lo real tal como ocurre en el trauma. Nos interesa subrayar aquí que la repetición, tan difícil de detectar, es inconsciente; y esa otra escena situada entre la percepción y la conciencia da una consistencia especial a lo recordado, a la memoria. ¿Qué relación podríamos conjeturar entre la repetición en sentido psicoanalítico y la repetitividad teatral?

Cuando el niño-actor está sentado representando el invierno, va a tener ese primer encuentro con lo real que nos interesa a nosotros para teorizar la praxis teatral. Nos cuenta que "estaba sentado sin entender hacia dónde debía mirar" (*MVA* 5). Sobre el escenario, donde va a ser mirado y aplaudido, él no sabe lo que está haciendo ni hacia dónde hay que mirar. En cierto sentido, Stanislavski-niño se encuentra en una situación menos favorecida que el sujeto que Lacan evoca en el libro *Lo visible y lo invisible* de Maurice Merleau-Ponty: "sólo veo desde un punto, pero en mi existencia soy mirado desde todas partes" (*Seminario 11* 80). Veremos después en el Sistema las consecuencias de este 'no saber a dónde mirar' mientras, no obstante, se siente mirado desde todas partes. Inmediatamente Stanislavski pasa a conjeturar (no a dudar ni a tener completa certeza) sobre su pasado: "Probablemente ya entonces tenía la sensación de incomodidad por estar sin sentido en la escena, sin hacer nada y desde entonces incluso hasta ahora, es lo que más temo en el escenario" (*MVA* 5). El sujeto capta en su esquizia la incomodidad que causa lo real a la vez que *se ve* haciendo una acción sin sentido; esa incomodidad es captada como falta, falta de sentido y falta de acción verdadera. A diferencia de la escena inicial del bautismo—registro simbólico—donde el sentido y la acción son promovidos por el Otro, por el relato de la niñera, en esta segunda escena lo real es innominable, no hay significante para nombrarlo. Ese real le causa temor, lo angustia; Lacan nos dice que la angustia, que no es sin objeto, es lo que no engaña. Es un real que va a asaltarlo durante mucho tiempo como actor y en cierta medida todo el Sistema es una respuesta a ese miedo: *¿inventa acaso Stanislavski una técnica para conjurar lo real?*

Hay algo más allá del niño-actor y del actor adulto que se presenta como falta de sentido y que en cierto modo lo paraliza, lo lleva a la no acción, algo que incomoda, que hace sufrir y que a la vez está a la espera de emerger en medio de la actuación e incluso de los aplausos. Algo que está más allá del éxito y amenaza el proceso creativo. Es lo que en el *Seminario 11* Lacan denominará *souffrance*, que en francés admite ser el sufrimiento, pero a la vez la espera. La repetición es, pues, este real que aguarda en el inconsciente para asaltar, como una pulsación que irrumpe la continuidad del discurso consciente y, después de hacerlo, inmediatamente se esconde, se cierra.

Ese momento del niño-invierno en el escenario es un encuentro con un real, pero, tal como se ve, por su falta de sentido y por su falta de acción, es un encuentro fallido. Sin embargo, ese real no tarda en aparecer como *autómaton*. En efecto, a continuación de la escena y los aplausos, y a los efectos del bis, se enciende en el escenario una vela que va a representar una hoguera. Le ponen un arbolito en su mano (obsérvese, al menos en la traducción al español, el uso de la voz pasiva) y se le demanda al niño-invierno que finja poner dicho árbol en el fuego, "como si lo hicieras—le explican—pero no en realidad" (*MVA* 5). El niño no entiende por qué debe simularlo, "si en verdad puedo colocar en realidad el arbolito en el fuego" (*MVA* 5). La red de significantes en la que está instalado el sujeto va a permitir el retorno de lo real como *autómaton*. Lo real, eso que "siempre vuelve al mismo lugar" (*Seminario 11* 57), irrumpe como una falla de cálculo, de modo que frente a la prohibición del Otro, frente a lo absurdo de la demanda del Otro, el niño responde con la transgresión: establecida la prohibición, la ley y la demanda del Otro, no queda más que proceder con una acción "natural y lógica" (*MVA* 5), en la que hay un sentido: incendiar *realmente* el árbol y consecuentemente todo el escenario lleno de algodón, lo cual causa alarma, estupor entre los asistentes: "Todos se alarmaron y empezaron a gritar. *Me sujetaron* y me llevaron por el patio hacia la casa, hasta la habitación de los niños y yo lloré amargamente" (*MVA* 5, el subrayado es mío). Cuando el actor hace algo que rompe la pantalla del fantasma, si realiza *un pasaje al acto hacia lo real*, se produce un pánico social generalizado y entonces se hace necesario sujetarlo, es decir, llevarlo otra vez al ámbito doméstico del contrato social, a la prisión de lo simbólico, es decir, a ese lugar en el que, reparado del goce, podría paradójicamente llorar amargamente en el principio de realidad. ¿Será también esta función de sujetar al actor parte del rol del director? En Estados Unidos, por ejemplo, las regulaciones de seguro en las salas teatrales son tan extremas, que difícilmente se podría encender una vela en el escenario. ¿Tendremos que pensar el despotismo de Stanislavski como director y pedagogo como una acción especular e invertida de esa escena infantil? ¿Será que su psicotécnica quiere sujetar al actor al escenario, a la soledad pública, precaverlo del goce?

En estas primeras páginas de *Mi vida en el arte* ya aparecen, entonces, las palabras claves del Sistema, las que han promovido tanto debate. Por una parte, la memoria, no tanto propia sino más bien fundada por el Otro; por la otra, lo natural y lógico parece estar aquí del lado del deseo como contrapartida de la ley del Otro. Para el niño-actor 'simular una acción que podría de todos modos igualmente realizarse' es un mandato que pone en tela de juicio la consistencia de ese Otro. Se diseña desde ahora la diferencia entre representar y actuar, o representar y presentar, que atravesará todo el corpus textual stanislavskiano. La voluntad de goce cuestiona el supuesto saber del Otro simbólico. El goce aparece como lo que escapa a las redes del significante, pero a la vez como otorgándole a la acción un sentido antinatural y alógico que solo conduce a la alarma del Otro, y por esa vía al fracaso y al castigo del niño como instancias de sujetación. No es casual entonces que Stanislavski, tan preocupado por lo artístico como originado en el subconsciente, con sus propias reglas, le plantee al actor esa *cuarta pared* que, al menos, lo precave de las demandas del Otro. Hay que recorrer la obra de Stanislavski, sus ejercicios, sus sugerencias y su enseñanza, para entender las paradojas de lo real en la actuación.

La interrupción del juego

El niño Stanislavski ya vislumbra dos aspectos esenciales de lo que será más tarde su aproximación a la actuación teatral: la sospecha sobre la inconsistencia del Otro y la existencia de un real que escapa a la simbolización; pero habrá todavía más, ya que su saber no se circunscribe a estos dos recuerdos. "La repetición—nos advierte Lacan—exige lo nuevo" (*Seminario 11* 69), no se trata de reproducción. Lo nuevo del envoltorio es lo que nos despista respecto de lo que se repite pero, al mismo tiempo, "ese deslizamiento esconde el verdadero secreto de lo lúdico, a saber, la diversidad más radical que constituye la repetición en sí misma" (*Seminario 11* 69). Esto no se aleja de la insistencia de Stanislavski respecto a la actitud del actor que tiene que repetir innumerables veces una escena o un personaje y debe evitar el automatismo. La sospecha se describe en la biografía de Stanislavski como "obsesión", término que no responde a ningún diagnóstico clínico, sino que designa su persistente necesidad de desafiar al otro a fin de constatar la falta en ese Otro, su castración, que Lacan designa como A [Autre] tachado.

Así el maestro ruso nos cuenta que, siendo niño, mientras estaba jugando, el padre le hizo una observación que, obviamente, interrumpe su juego. "Contesté—nos cuenta—con una grosería, sin malicia, *irreflexiblemente*" ((*MVA* 5, el subrayado es mío). Este término al final, inexistente en castellano, quizá un lapsus de traducción, no deja de convocar el famoso "famillonario" del Freud de *Psicopatología de la vida cotidiana*. Como respuesta, el padre se burla del niño quien, confundido y esperando otro tipo de reacción paterna, termina enojándose consigo mismo. Nos enfrentamos aquí a la interrupción de lo que Strasberg designa como el "momento privado", que no debe confundirse, nos advierte Strasberg, con lo personal. En efecto, muchas cosas personales no son privadas y en general, aunque no divulgadas a toda voz, pueden compartirse con otra persona. El "momento privado" está casi cerca del concepto de fantasma en Lacan. El "momento privado" es cuando el sujeto no piensa en sí mismo sino en alguna cosa particular de sí mismo que difícilmente compartiría con otra persona. No es algo inconsciente, es algo que él ve de sí mismo, como si fuera actor y espectador de una misma escena. Son cosas, pues, que el sujeto puede hacer privadamente y que solo él conoce. En el caso de ser interrumpido, se siente humillado o avergonzado, y por eso Strasberg dice que este momento constituye el "rock bottom of acting" (Strasberg 1965, 119), el piso duro de la experiencia actoral, es decir, cuando se toca ese fondo a partir del cual hay que enfrentarse a lo que constituye la más secreta ceremonia del sujeto. Strasberg también ubica esta conciencia de lo vergonzoso evolutivamente:

> Children at play have a wonderful naïve quality which lasts till they're about eight or nine. They play, and they don't care. When you come into the room, they say, "Hold the baby," and "Here is the tub," and your presence doesn't matter. They take you into their belief. About the age of nine you see them start to close the door. They say, "Let's go and play," and they go into another room and close the door. And when you open the door, they say, "No, no, no, get out." Their faith is beginning to be broken. (Strasberg 1965, 79).

Lo que se ha roto, según Strasberg, es la fe del niño en dejarse llevar por la imaginación; en consecuencia, podemos entender por qué Stanislavski, a partir de ese momento en que su padre interrumpe su juego, va a quedar obsesionado con la necesidad de desarrollar la fe del actor en aquello que está sucediendo en escena, no necesariamente realista o realista-naturalista, sino en la lógica de la escena en sí misma, razón por la cual insistirá en desarrollar la concentración y atención del actor a lo que pasa en escena, evitando ser devorado por la mirada del Otro, a la que se responde por el afán exhibicionista o las veleidades narcisistas.

El episodio, no obstante, nos lleva también a lo que Lacan denomina separación, como una de las posibilidades del *vel* lógico. La intervención paterna interrumpe el *juego* de los significantes en los que está involucrado el niño: la burla del padre es lo que no encaja, lo que, parafraseando a Lacan, muestra las fallas del Otro (*Seminario 11* 222). La reacción del niño es una puesta a prueba del adulto, ese "¿por qué me dices eso?" que Lacan señala como una forma de abordar el enigma del deseo del adulto, del deseo del Otro (*Seminario 11* 222). No necesitamos ir muy lejos para contabilizar en *Preparación del actor* la cantidad de veces que los actores se hacen esa pregunta frente a

Tortsov, el maestro y director. Tenemos por un lado esta interrupción del juego imaginario causada por lo simbólico, que motiva su enojo; por otra parte, tenemos esa sorpresa frente al otro que reacciona de una manera inesperada. Se diseñan aquí esas dos vertientes en las que Stanislavski siempre estará atrapado o, al menos, involucrado: por un lado, tenemos el Sistema, que tiene que ver con la actuación, con el actor; por el otro lado, tenemos el aporte de Stanislavski a la dirección teatral, al montaje, al proceso de ensayo, a la producción de espectáculos. En cuanto al juego, vislumbramos esa insistencia de Stanislavski de mantener a todo trance la línea de acción del juego dramático, la concatenación lógica de los significantes, de las tareas que conducen al superobjetivo—mejor traducido como supertarea (Carnicke 226)—no permitiendo ningún tipo de intromisión del exterior—ni siquiera la tradición teatral, aquí bajo la forma del padre—que desbarate esa secuencia significante. ¿Y en cuanto al Otro? ¿Dirigir o ser dirigido?

Nuevamente, algo hace falla en lo calculable y previsible del Otro y lo real como encuentro fallido produce una conducta que el sujeto vive como "absurda". Si antes había designado como absurdo el mandato del Otro que le prohibía acercar el arbolito al fuego, ahora este nuevo absurdo—donde se esperaba el enojo aparece en cambio la burla—es el que dispara su propia conducta. En efecto, para ocultar su desconcierto frente a la burla paterna, *como efecto no esperado del público frente a su juego imaginario, a su 'soledad pública'*, el niño se envalentona para "demostrar que no tenía miedo a mi padre [y] pronuncié una absurda amenaza. Ni yo mismo sé cómo brotó de mi boca: 'No te dejo ir a lo de la tía Vera…'" (*MVA* 5). Como en el caso de la joven homosexual en Freud, en que ésta, enamorada de una mujer mundana, no tiene mejor idea que ir a pasearse frente a las narices de su padre, promoviendo el rechazo de éste y consecuentemente el pasaje al acto de ella, arrojándose al ferrocarril, aquí también hay un desafío al padre; se trata de un padre que interrumpe el juego del niño y entonces éste tiene que vérselas con el deseo de ese padre, con el deseo del Otro.[41]

Para el niño, lo absurdo de la conducta paterna lo lleva a esa experiencia, casi certeza, de responder no tanto hablando *motu proprio*, sino de *ser hablado* por Otro. De alguna manera, el sujeto, para responder a esa intromisión y a esa captura por el deseo del Otro, no tiene más alternativa que desaparecer como tal: "El primer objeto que propone a ese deseo parental cuyo objeto no conoce, es su propia pérdida—*¿Puede perderme?* El fantasma de su muerte, de su desaparición, es el primer objeto que el sujeto tiene que poner en juego en esta dialéctica y, en efecto, lo hace" (*Seminario 11* 222). No sorprende, entonces, que el niño responda ahora como un robot o un muñeco maquinal y que la frase final que dice el padre cierre la escena con un enunciado terrible; el mensaje que le viene del Otro en forma invertida. En este desafío al Otro vemos otra vez la esquizia del sujeto que se ve hablar y a la vez sabe que no es él quien habla. El padre, acomodándose a su papel, responde con un "¡Tonto! ¿Cómo me lo vas a prohibir!" (*MVA* 6) y, como efecto del juego interrumpido por la intromisión paterna y la entrada en otro juego de espejos con dicha figura, Stanislavski-niño va a comenzar a repetir frente a su padre una frase con variaciones de entonación, timbre, acento y tono, un juego con el significante que lo lleva sin duda al goce, al goce de hablar, del puro hablar, ese más allá del lenguaje y del sentido, que Lacan denominará *lalengua*.

No es de extrañar que mucho más tarde Stanislavski, tal como nos lo cuenta en *El trabajo del actor sobre sí mismo*, aconseje al actor descomponer la frase, cambiar los acentos, modificar la entonación, calibrar el timbre, explorar diferentes tonos. *Este aspecto técnico* no está concebido simplemente como un ejercicio para mejorar la dicción del

---

[41] Benedetti nos cuenta en la biografía que Stanislavski era un niño muy reservado, pero a la vez un demonio obstinado; según testimonio de la nodriza Nanny Fiokla, Konstantin no era la estrella de la familia ni mucho menos; su hermana Zinaída recuerda que ella y su hermano eran las "cenicientas" de la familia. En cuanto a la figura paterna, Benedetti nos lo presenta como un hombre exitoso en los negocios (Benedetti 1990:8).

actor, sino que, en directa relación con este episodio de la infancia, *apunta a esa falta en el Otro, en este caso, a una falta en el texto dramático o el personaje, a ese real que está como velado tras los semblantes del sentido, tras la verdad como semblante.* Para alcanzar ese objeto de deseo que ha caído por efecto de la entrada del sujeto en lo simbólico, los ejercicios de Stanislavski intentan reducir la frase a su calidad vocálica asignificante, un balbuceo puramente fónico con el que se pretendería captar ese real en la voz del otro (autor, personaje); Stanislavski se acerca a su manera a la voz como pulsión invocante.

Si bien Lacan introducirá esta pulsión en su *Seminario 11*, hay algunos antecedentes que vienen por lo menos desde el *Seminario 3 Las Psicosis*. A los efectos de leer este episodio narrado por Stanislavski, me importa subrayar aquí la relación que Lacan hace de la voz del padre en sus comentarios sobre el shofar en el *Seminario 10*. Lacan parte del famoso libro de Theodor Reik, para quien el shofar es "ciertamente la voz de Yahvé, la del propio Dios" (*Seminario 10* 269). Sin dejar de cotejar todas las citas bíblicas en que se menciona el shofar, Lacan va a referirse a continuación a un comentario de Conrad Stein sobre *Tótem y Tabú* de Freud; Stein señala la existencia de significantes primordiales y procede a utilizar la palabra "acto"—que Lacan aprecia y decide sostener—como el significante, no tanto por su ligazón a otros en la cadena, sino porque "es emitido y vocalizado" (*Seminario 10* 270), agregando "que esto nos sitúa ante cierta forma, no del acto, sino del objeto *a*" (*Seminario 10* 270). La fonemización no constituye, sin embargo, el soporte del objeto *a*, puesto que dicha fonemización resulta de las oposiciones diferenciales del sistema lingüístico. Y entonces Lacan se pregunta: "¿En qué sumerge *corporalmente* la posibilidad de esta dimensión emisible?" (*Seminario 10* 270, el subrayado es mío), con lo cual pasa a insinuar la relación entre pulsión y cuerpo, pulsión y zona erógena en la que lo vocal, no necesariamente fonematizado, va a tomar lugar. Se trata de la voz como objeto parcial, como órgano separable, que representa parcialmente la sexualidad, sin ninguna referencia a lo genital ni a la reproducción. En el *Seminario 11* Lacan subraya que el objeto *a* no satisface la pulsión; a nivel de la oralidad, el alimento puede satisfacer la necesidad (el hambre), el pecho satisfacer la demanda de amor, pero el objeto *a* permanece ligado al deseo. "La actividad de la pulsión se concentra en ese *hacerse*" engullir, hacerse cagar, hacerse ver y hacerse oír (*Seminario 11* 202-203). La pulsión se satisface en la reproducción de su propio recorrido, de su propia trayectoria alrededor del objeto *a*; conectadas a las zonas erógenas, que "están vinculadas al inconsciente" (*Seminario 11* 207), la pulsión invocante remite al oído, esa zona que, a diferencia de la boca, del ano y de los ojos, no podemos cerrar. El privilegio de la pulsión invocante "es no poder cerrarse" (*Seminario 11* 208).

La voz a la que se refiere esta pulsión no es una voz cualquiera, sino una que hay que situar "en la topografía de la relación con el Otro con mayúscula" (*Seminario 10* 271) y que sin duda los analistas refieren a las voces en la psicosis y a los imperativos superyoicos. Esa voz es la que está enmascarada, si se puede decir así, velada o camuflada bajo la función del ojo, bajo lo visual. No olvidemos que el objeto *a*, tanto para lo visual como para lo vocal, es una falta que no aparece a nivel especular, es decir, "no se puede aprehender en la imagen" (*Seminario 10* 275). Si "el deseo visual enmascara a veces la angustia de lo que le falta esencialmente al deseo", no sorprende entonces que el actor aparezca como un muñeco, una apariencia de lo vivo, del ser vivo: "Es lo que te impone—nos recuerda Lacan— que nunca puedas captar a un ser vivo cualquiera en el campo puro de la señal visual más que como aquello que la etología llama un *dummy*, una muñeca, una apariencia" (*Seminario 10* 275). Vamos, así, conformando un campo teórico propicio para abordar los textos stanislavskianos y, sin duda, la teatralidad del teatro.

Detrás, pues, de lo que vemos, hay que captar esa voz; detrás de lo visual que parece monopolizar lo teatral y que enmascara el objeto *a* tornando lo dado a ver en una mera apariencia de lo vivo, está también la voz "de ese campo de enigmas que es el Otro del sujeto" (*Seminario 10* 272). Se entiende entonces que Stanislavski quiera captar esa vida detrás de la apariencia que supone toda representación, que busque en ese más allá de la representación o la actuación convencional, la fluidez de la vida. En cierto modo, la cuestión pulsional es lo que nos permite acercarnos a la noción de cuerpo que tenemos en los textos del maestro ruso, aunque sin llegar a lo grotesco. Ese cuerpo pulsional es, en definitiva, lo que hoy comienza, no sin dificultades, a ser textualizado por el *performance art* y, como plantea Helen Spackman, constituye esa "affirmation of the right to appear, behave and speak in culturally "inappropriate" ways, as a means of both challenging and representing alternatives to the oppressive authority of definitions of the in/appropriate, particularly as regards that of obscenity, has continued to mark the burgeoning postmodern feminist/queer alliance apparent in contemporary live art" (14). Ese cuerpo pulsional, concebido incluso en su abyección, no deja de ser un re-nacimiento del cuerpo grotesco, tal como—nos dice Spackman—fue teorizado por Mikhail Bakhtin:

> The Grotesque image of the body is anathema to the aesthetics of the classical canon—the target of avant-garde attack throughout this century [XX]—which promotes an idealistic and sanitized view of the body as completed, closed, contained, and individual, displaying no orifices or "base" biological functions. By contrast, the materialistic, Grotesque body delights in its debasement and degradation, it celebrates the bodily functions and emphasizes the orifices, genitalia and other protuberances (belly, breast, buttocks and nose) and is incomplete, open, excessive, collective and cosmic". (Spackman 14)

Puesta la cuestión del cuerpo en estos términos, resulta evidente que ni Stanislavski ni Meyerhold fueron tan lejos en relación al canon clásico, a pesar del interés explícito del segundo por el grotesco. Sin embargo, la extensa cita y la referencia a Bakhtin sirven para tener un marco de referencia en el cual podamos ir situando nuestras propias interrogantes. Habrá que retomar estas cuestiones en el futuro, cuando enfoquemos la noción de cuerpo y su íntima conexión con la repetición en la teatralidad del teatro.

Volvamos a la cuestión de la voz y del shofar. Si Lacan convoca el shofar es porque, aunque podría haber tomado otro ejemplo, éste le resulta particularmente ejemplar en la medida en que su sonido se escucha durante las celebraciones judías en que se recuerda el pacto de la alianza de Dios con su pueblo, en que se intenta hacerle recordar a Dios su pacto. Su dimensión ritual nos remite también a la función de la repetición, tal como Lacan la trabajará en el *Seminario 11*, a partir de la *tyche* y el *autómaton*. Baste por ahora retomar estas sugerencias lacanianas para apreciar las consecuencias teóricas en el campo de la actuación tal como lo concibe Stanislavski. El trabajo con la voz, tal como lo diseña Stanislavski en *El trabajo del actor sobre sí mismo*, va a intentar acceder a ese real más allá de lo simbólico e imaginario del texto dramático y sobre todo más allá de la figura del autor. Es con y en ese trabajo con la pulsión y la repetición que Stanislavski ensaya "la única forma de transgresión permitida al sujeto con respecto al principio del placer" (Lacan, *Seminario 11* 190).

¿Qué busca Stanislavski en su psicotécnica? Sigamos leyendo este episodio de su temprana niñez para ver hasta qué punto allí podemos captar lo que más tarde va a desarrollar en su enseñanza. No es casual que la tía, en este episodio, se llame Vera, lo que conecta, a su manera, la verdad con ese litoral, esa orilla del lenguaje.[42] Stanislavski señala, además, que esta captura del sujeto por *lalengua* ocurre contra su voluntad, maquinalmente (*MVA* 6). Y esto va a plantearle esa certeza sobre un más allá de la conciencia que él denominará de diversas maneras: subconsciente, inconsciente, superconsciente. Si la conciencia tiende a configurarse como un repertorio de hábitos que amenazan el trabajo creativo del actor, también algo maquinal parece insinuarse del otro lado, del lado del subconsciente, de muy difícil acceso, según lo reconoce el mismo Stanislavski. El estatus de la máquina en Stanislavski, con sus contradicciones y paradojas, forma

---

[42] Obviamente, este juego con el significante surge de la traducción al español, pero también se da en ruso, tal como Eugene K. Bristow lo establece en su traducción de las obras de Chéjov. En su introducción a *Uncle Vanya*, Bristow nos dice sobre Sonya: "Her dead mother's name, *Vera*, is a Latin for "true" (54).

parte de una preocupación filosófica y económica mucho más generalizada en el contexto de su época.[43] Stanislavski enfoca este tema desde su noción de una doble naturaleza que tendremos que desbrozar más adelante y más detenidamente. Lo natural y lógico, como hemos visto, están del lado del inconsciente, de modo que no deja de ser problemático el estatus de una primera y una segunda naturaleza. Justamente por la razón de que lo que importa en la actuación está del lado del subconsciente, es que Stanislavski, a su manera, tal como lo plantea en su *Ética y disciplina*, convergerá con Lacan en la idea de que el estatus del inconsciente (o bien el de su subconsciente) es ético. Una vez que el inconsciente se muestra, "hay que ir a ver" (Lacan, *Seminario 11* 41). Y entonces la técnica analítica tal vez tenga algo que aportar a la discusión sobre el Sistema, en la medida en que tanto Freud y Lacan como Stanislavski se interrogan en cómo abordar esa otra escena más allá de la conciencia. Si el descubrimiento freudiano se basa en el hecho de que 'eso' que está más allá de la conciencia *piensa*, tendremos que explorar cómo concibe Stanislavski el subconsciente, donde yace—según él—la fuente de la creatividad. ¿Será que el subconsciente stanislavskiano también piensa, e incluso piensa mejor que el actor? En todo caso, tanto en Freud como en Stanislavski queda algo sin resolver: "la función de la consciencia" (Lacan, *Seminario 11* 65). El sujeto del inconsciente piensa y en la medida en que Lacan concibe—siguiendo a Freud—al inconsciente estructurado como un lenguaje, es decir, como una red de significantes, el trabajo analítico y actoral pueden justamente funcionar gracias a los cruces detectables en dicha red. Porque "los cruces se repiten" (Lacan, *Seminario 11* 53), el azar (en la interpretación de un sueño, por ejemplo, o en la lectura de un texto), no tiene lugar. Sólo esos cruces pueden validar una interpretación y si leemos cuidadosamente a Stanislavski veremos cómo intenta anudar significantes en la preparación del rol, en particular en su etapa final de análisis activo.

---

[43] Cotejar el capítulo II "Desde Marx: Cuerpo y máquina en la fábrica y en el teatro" en mi libro *Teatralidad y experiencia política en América Latina* y también el libro de Joseph F. Roach, *The Passion's Player*.

La escena con el padre va a tener un final que contrasta con el comienzo de la autobiografía, en la que dice ser hijo de padres maravillosos. La repetición maquinal de la frase, convertida progresivamente en un sintagma cuyos significantes van admitiendo para el padre variados sentidos, según el énfasis, tono y timbre de la pronunciación del niño, transforma al niño en un autómata (un niño sujetado al deseo del Otro, una pequeña marioneta del padre) y esto potencia su violencia refleja, el niño se hace espejo para el padre: el padre furioso, amenazante, golpea la mesa, y el niño-máquina hace lo mismo; el padre se pone de pie y el autómata lo refleja haciendo lo propio; el padre grita y el niño-actor-autómata capturado ya por el goce también lo hace. El padre decide enfrentar ahora al actor-máquina que lo imita con otra táctica: cambia el tono, lo suaviza, y aunque el niño reconoce sentirse conmovido, no logra sin embargo detener la repetición automática de ese sintagma, de ese intento de prohibirle algo al padre, ya que nuevamente siente que el otro/Otro se burla.

Esta captura por el goce parece producir un efecto cómico en el Otro, incontrolable para el actor-máquina, lo que promueve más violencia. El padre pronuncia una prohibición y el niño responde otra vez con la misma frase; el padre tira el periódico que está leyendo y el niño le arroja una servilleta. El padre apela al yo del autómata y aunque éste, dividido, desea que "esto termine pronto" (*MVA* 6), no puede detener el mecanismo, la compulsión. Es que no hay en esa maquinita infantil ningún yo para responder a esa demanda. La demanda fracasada del padre hace que éste pierda el control de sí mismo y con el resto de compostura de su rol que todavía le queda, casi perdido o vencido en este enfrentamiento, apenas logra concluir saliendo de la escena, abandonando la habitación y pronunciando una sentencia irreversible: "Mi padre se puso rojo, sus labios empezaron a temblar, pero enseguida se contuvo y salió rápidamente de la habitación, lanzando una frase terrible: —Tú no eres mi hijo" (*MVA* 6). En esa soledad, el actor-niño deja de ser un actor-autómata y se disculpa, pero el padre ya no está allí para escucharlo. No sorprende, pues, que Stanislavski ya quede, en cierto modo, libre para buscarse otro nombre, una filiación—aunque sea incluso la de un actor mediocre o de una bailarina—en el campo teatral, una vez que logre calibrar mejor ese ir más allá del padre.[44]

Las faltas del padre

Y ese nuevo nombre, Stanislavski lo asumirá como una paternidad en cierto modo teatral, la de un Otro más antiguo y potente que el linaje familiar. Este nuevo autobautizo no deja de tener un marco espurio, en tanto surge de una identificación con un actor de teatro de aficionados (Alexei Fedorovich Markov), apodado Stanislavski. Konstantin S. Alexéiev va a relatarnos las circunstancias absurdas en que adopta el nombre Stanislavski en medio de una escena dentro de otra escena, no menos absurda y hasta singularmente cómica. Su gran deseo de actuar lo llevan a aceptar papeles "en diversos espectáculos casuales, en círculos de aficionados que surgían y desaparecían rápidamente, en locales sucios, fríos y pequeños, en ambien-

---

[44] En la biografía escrita por J. Benedetti no hay demasiados datos sobre el padre de Konstantin; se desprende de ella, sin embargo, la imagen de un ser amable: "It was his father who provided the background of security and his brothers and sisters who gave him the affection and support he needed" (1990:8); sin embargo, esta amabilidad era una mascarada que le evitaba mostrar sus verdaderas decisiones frente a los hijos: no sólo se opone a que vayan a la escuela, sino que, por ejemplo, cuando sus hijas quieren ingresar a una escuela de ballet, el padre se las arregla para mostrarles que a petición de ellas escribió una carta de solicitud de ingreso, pero finaliza la carta con una oración en la que deja bien claro que no quiere que sean aceptadas. En relación a este incidente, J. Benedetti escribe: "Their father, indulgent as ever, preferred not to confront them [his daughters Zinaïda and Anna] with a direct refusal but dutifully wrote a letter of application which he assured them he had sent. His closing sentence was, however, sufficiently tongue-in-cheek to indicate his request would be granted over his dead body. No answer was ever received" (1990:11). Lo mismo ocurre cuando Stanislavski quiere asistir a una escuela de teatro. El padre no se opone, porque piensa que su hijo no va a tener el tiempo suficiente para asistir a las clases y a la vez trabajar para la empresa: "Sergei Vladimirovich did not seem averse to his son's attending theatre school as he has been, earlier, to his daughters' going to ballet school. Doubtless he believed the whole idea was impractical. It would be impossible for his son to work full-time at the office and attend classes. Lack of time was, indeed, the reason Stanislavski gave for quitting." (Benedetti 1990:21).

tes horribles" (*MVA* 85); se daban allí "espectáculos chapuceros" frente a un público formado por "gente sospechosa", mayormente formada por "jugadores fulleros y prostitutas" (*MVA* 85). En el escenario se ofrecían espectáculos de vaudeville, ese género fácil que, igual que la opereta, Stanislavski reconoce como una verdadera escuela para la formación de los actores jóvenes ya que le brinda la posibilidad de un ajuste de su técnica exterior (*MVA* 67) pero, a la vez, una proximidad a lo pulsional. En una oportunidad, como algunos actores de otro grupo no se presentaron, el productor del lugar los empuja sobre la escena para que hicieran cualquier cosa: "Salgan y digan lo que se les de la gana" es el mandato insensato, casi cercano al "¡Goza!" del mandato superyoico y al 'libertad o muerte" como *vel* de la alienación que estructura tanto la posición del amo como la del esclavo (Lacan, *Seminario 11* 227). El esclavo, nos dice Lacan, "se resuelve en un *no hay libertad sin vida*, y su vida queda para siempre cercenada de libertad" (*Seminario 11* 227). Stanislavski y su grupo, en la misma situación del esclavo, salen a escena y hablan "sin ton ni son" (*MVA* 85)—otra vez *lalengua*—lo que provoca la risa de todos: "Tanto nosotros como el público reíamos a carcajadas por lo absurdo de lo que pasaba en el escenario" (*MVA* 85). Nuevamente vemos a nuestro personaje enfrentado a otra situación absurda, lo que nos advierte de que algo de lo real comienza a asomar en escena. Este espectáculo, tan alejado de los encuadres mentales que organizan la estética de Stanislavski, casi descripto como un teatro de improvisación frente a un público que él descalifica, es lo que lo avergüenza, aunque se percate—y tal vez por ello mismo—del éxito que indudablemente demuestra cuánto todo eso satisface la demanda del Otro. Es, pues, en este tipo de ambiente y circunstancia que, para proteger su nombre familiar, para proteger al padre que lo desconoce como hijo, decide adoptar un seudónimo, con el que pasará a la posteridad:

> Y para mí, hombre con "una posición", director de la Sociedad Musical Rusa, el hecho de actuar en semejante ambiente era bastante riesgoso desde el punto de vista de mi

"reputación". Tenía que ocultarme bajo algún apellido inventado, me puse a buscarlo con la esperanza de que en verdad me resguardaría. En aquella época admiraba a un aficionado, el doctor M. que actuaba bajo el apellido Stanislavski. Este abandonó la escena, dejó de actuar, y yo decidí ser su sucesor, sobre todo, porque pensaba entonces que el apellido polaco me ocultaría mejor. Sin embargo, me equivoqué. (*MVA* 86)

En efecto, para sorpresa de este "recién nacido" Stanislavski, hijo de un aficionado, actor de espectáculos cuestionables, entre ese público de gente sospechosa, descubre nada más ni nada menos que a su triángulo familiar: padre, madre e institutriz, ubicados en el palco principal. La situación es completamente ridícula, tan absurda, tan insensata y tan de vaudeville como la que se representa sobre el escenario. No por nada Stanislavski dirá que odia el teatro dentro del teatro. Tenía que representar sobre el escenario escenas que "no podrían haber pasado por la severa censura familiar" (*MVA* 86), pero sin embargo eran escenas que su ahora 'sospechoso' triángulo familiar (casi un *ménage à trois*) no deja de consumir y, para colmo, desde el palco principal. Esta mirada desde el palco lo deja "petrificado de confusión y vergüenza" (*MVA* 86) y lo impulsa a volver a casa transformado (sujetado) en un chico modesto y educado, ya no audaz y despierto (son los adjetivos que emplea), lo que promueve la benevolencia del padre, de ese padre sorprendido, en cierta forma, en paños menores, que decide entonces financiar al hijo a costa de cubrir las faltas de ambos. El vaudeville familiar no deja ahora de darnos un trío de opereta, en el que, nuevamente, falta la palabra de la madre. Dice el padre (los subrayados son míos):

—Si quieres *actuar sin falta en otros sitios*, reúne un *círculo decente*, con un buen repertorio, pero *no interpretes cualquier inmundicia*, y *quien sabe con quién*. (*MVA* 86, el subrayado es mío)

El padre, sorprendido en su falta, aconseja actuar sin falta en otros sitios, con gente decente, como su esposa y la institutriz, a partir de un buen repertorio que no deje lugar a comentarios inmundos de gente sospechosa. El juego de espejos de esta opereta es verdaderamente deslumbrante.

A continuación, tenemos la palabra de la institutriz, no menos absurda e hipócrita:

> —Nunca, nunca hubiera pensado que nuestro Kostia, un joven tan puro, fuera capaz, en público... ¡Qué horror! ¿Por qué habrán visto esto mis ojos? (*MVA* 86)

Tal como sucede, como nos los dice Lacan, con "este lado *omnivoyeur* que asoma en la satisfacción de una mujer al saberse mirada, con tal de que no se lo muestren" (*Seminario 11* 83), el mundo, ese gran teatro del mundo en el que actúan el padre, la madre y la institutriz, también "es *omnivoyeur*, pero no es exhibicionista—no provoca la mirada", salvo en este caso, cuando el hijo actor, desde el escenario, "empieza a provocarla, entonces también empieza la sensación de extrañeza" (*Seminario 11* 83). Esa mirada, que sorprende tanto al padre como al hijo, muestra justamente lo que debería cubrirse con el manto de la decencia. Frente a esto, el sujeto, nuestro recién bautizado Stanislavski, no sabe a dónde va a parar eso que ha visto, no sabe bien de qué se trata, y se deja llevar, como dice Lacan, en este caso, con la no menos ridícula afirmación, invertida del orden tradicional, de que "no hay bien que por mal no venga" (*MVA* 86), sea la financiación del padre de su futuro proyecto teatral, sea el hecho de que allí, en ese campo teatral descalificado, conoce a personas que más tarde serán miembros destacados de la Sociedad de Arte y Literatura y luego del Teatro de Arte de Moscú.

Regresemos a la escena en que el niño le intenta prohibir al padre ir a lo de la tía Vera, hermana mayor de éste.[45] Al evocar, en su

---

[45] No nos compete analizar aquí a Stanislavski ni tampoco es posible, no estando él como sujeto hablante, presente. Sin embargo, podemos conjeturar que la prohibición de visitar a la tía Vera, dispara vectores hacia la forma en que el niño se posiciona en ese encuentro con lo real. Si cotejamos el recuerdo de su vergüenza como actor de vaudeville, como asumiendo la vergüenza de ver a su padre, madre

madurez, con gran nitidez esa escena infantil frente a su padre, Stanislavski *vuelve a sentir* el dolor de entonces. Ya emerge aquí esa palabra clave de su Sistema: revivir; rememorar es revivir. Esta escena no fue contada por ninguna niñera, de modo que tenemos aquí una nueva relación con la memoria. La escena del bautismo está mediada por el relato de la niñera y la imaginación del niño, pero Stanislavski no dice nada allí sobre ningún dolor o alegría, sobre ninguna emoción. Es la escena edípica por excelencia en la que el niño es bautizado, entra en la cadena de filiación y queda listo para iniciar la competencia con su padre. La escena del niño-invierno le advierte—en ese escenario lleno de significantes que constituyen la representación teatral familiar—sobre la falta en el Otro, que luego es puesta a prueba en el escenario doméstico para calibrar la castración del Otro. La repetición y el goce son los que se dejan leer en las entrelíneas de lo evocado y los que de alguna manera encadenan las tres escenas. Entre la escena inicial de captura del sujeto por el orden simbólico y la escena por cierta ilusoria "victoria" (*MVA* 6) sobre este orden, media *la escena teatral como un campo imaginario amenazado por lo real, que cuestiona la consistencia del Otro simbólico.*

Hacerse ver y la mirada del Otro

A continuación, Stanislavski nos relata un episodio en el que desafiará nuevamente al Otro; este episodio, de alguna manera, completa el círculo, ya que se trata de un recuerdo en el que el Otro parece ausentarse, pero no desaparece. No hay afánisis del Otro, pero habrá

---

e institutriz en un ambiente "sospechoso", con esa prohibición de que su padre no visite a la tía Vera, podemos percibir la forma en que ese real tiene ya para el niño connotaciones sexuales. Ese real le confirma de un goce interdicto que el niño—sin poder significar—quiere a toda costa, en lo posible, mantener recubierto por el fantasma decente de unos padres maravillosos, que se adoraron toda la vida. Este episodio tiene consecuencias muy fértiles en el Sistema: por un lado, esa dimensión ética de "ir a ver" lo subconsciente, donde se halla la clave de la creación que es, sin duda, la forma que tiene de hacer la pregunta no sólo sobre la reproducción—la máquina instintiva, el hábito, el instinto sexual—sino también la interrogación sobre la relación sexual.

afánisis, *fading*, esto es, desaparición del sujeto (*Seminario 11* 215). El niño-actor ya no es el que no sabe a dónde mirar, sino el que quiere captar la mirada del Otro y fracasa. Los hermanos lo acusan de ser miedoso, alegando pruebas de comprometidas situaciones anteriores en que fue cobarde y, frente a este desafío que lo compromete como varón, decide asumir no tanto la figura del héroe, sino probarse a sí mismo que no era miedoso y que podía sacarse dicho temor. Nuevamente la voz pasiva: el niño es vestido apropiadamente con botas, capucha, guantes para montar un caballo muy bravo llamado Negro. Se halla en medio de la oscuridad y comienza a sentir ruidos extraños por todas partes. Aquí, de alguna manera, hay angustia, en tanto la angustia no es sin objeto y el furioso caballo negro, que podría arrastrarlo como una astilla, según nos cuenta, se halla en alguna parte.[46] Todo a su alrededor se torna negro y amenazante. Aunque está solo, siente de todos modos la mirada del Otro; piensa que la mejor táctica para salir de este enredo, de este nuevo desafío, ahora desafío de sí mismo, en el que se ha metido, es quedarse mucho tiempo hasta que la desesperación se apodere del Otro y alguien venga a buscarlo. Nuevamente, lo primero que se le ocurre es desestabilizar al Otro y hacerle sentir la falta.

Siguen los ruidos, piensa que se trata del Negro que está golpeando la puerta del establo con sus patas, ruidos cada vez más cercanos, hasta que finalmente en medio del terror se le aparece su perro—una versión muy degradada de sí mismo en tanto siervo de un amo—quien lo reconoce y lo lame (como un obsecuente) y se acurruca en sus brazos, durmiéndose con el calor de su cuerpo, como él desearía hacerlo en el regazo de su madre. Roska, el perro, se adosa a su cuerpo como taponando una falta estructural. Imagina los remordimientos de los demás: "Deben estar muy avergonzados ahora. A mí, un niño pequeño, me arrojaron de la casa en medio del frío, parece un cuento…Nunca olvidaré lo que me hicieron" (*MVA* 8). Ya

---

[46] J. Benedetti, sin embargo, anota en la biografía que el padre compró una propiedad en Liubimovka, en 1869, Stanislavski "soon became an excellent horseman" (1990: 8).

no es la nodriza la que cuenta para fundar el mito de su filiación en la pira bautismal, sino que es él mismo que asimila su vida a un cuento en el que el héroe infantil vive su aventura terrible a partir del abandono paterno. Hay gente que viene y que va, pero en el momento en que desea finalmente rendirse, llegan sus primas y ya siente que no toleraría esa humillación frente a las mujeres. En la casa, la vida continúa normalmente, el hermano toca el piano, todo parece seguir su ritmo. Se reprocha a sí mismo: "¡Tonto de mí! ¡Inventar todo esto!" (*MVA* 8).[47] Es una situación cuyos rasgos, esta vez, parecen bastante obsesivos, como la de llevar a cabo acciones que al mismo sujeto le parecen absurdas pero, en cierto modo, orientadas hacia el 'ser o no ser' típico de esa estructura neurótica. ¿Cómo salir de este enredo en el que él mismo se ha metido, fingiéndose un héroe? Frente a los cocheros, se le ocurre la siguiente idea:

> Me les acercaré y les pediré que me den el Negro. No me lo darán, y entonces volveré a la casa diciendo que no me lo dan; esto será la verdad y una perfecta salida de mi situación. (*MVA* 8)

Stanislavski genera aquí su primer "como si": actuará como si fuera un héroe en circunstancias adversas; se trata de una justificación escénica defensiva en la que, sin faltar a la verdad, podría sin embargo salir airoso de una situación embarazosa, inventando un embuste. Este "como si fuera un héroe" tendrá consecuencias técnicas, en la medida en que posiciona al actor frente a un modelo ideal—para usar los términos de Diderot—de personaje, de héroe en este caso, que podría ser falso, carente de base o fuera del alcance del actor. Aquí tendremos luego que trabajar más la cuestión del yo ideal y del ideal del yo en la praxis teatral. Como lo dirá Stanislavski más adelante en su biografía, "es peligroso y dañino para un joven que carece de la técnica y preparación necesarias la pretensión de hacer

---

[47] Obsérvese que ahora el niño reproduce para calificarse a sí mismo la frase del padre, mediante el uso del vocablo "tonto".

papeles que superan sus fuerzas" (*MVA* 85), ya que eso lo obliga a inventar "toda clase de artificios" (*MVA* 85).

Su imaginación produce una escena en la que se negocia su realidad de niño abandonado y su deseo de mostrarse como un héroe valiente. Hará, pues, *como si* fuera 'realmente' un niño valiente; el *como si* articula lo que se es con lo que no se es, el yo con el yo ideal o, mejor, lo que se quisiera ser con lo que no se es, lo que no se alcanza a ser con lo que realmente no se es: es decir, el ideal del yo con el yo ideal. El ideal del yo, nos dice Lacan, "es el punto desde el cual el sujeto se verá, según dicen, como visto por el otro" (*Seminario 11* 276) y es el que articula la relación especular por la cual el sujeto alcanza el placer de ser visto por el Otro tal como él mismo quiere ser visto. Stanislavski lo dice claramente cuando habla sobre la desmesurada idea que el actor tiene de sí mismo "y se hunde en el cieno del halago y la lisonja. Siempre—nos dice, casi igual que Lacan—vence lo más agradable, aquello en lo que más se quiere creer" (*MVA* 95). Demás está subrayar que se trata aquí de un terreno muy resbaladizo que la técnica intentará ajustar dentro de sus posibilidades, dada la falta de una orientación teórica precisa del mismo Stanislavski.

El niño se imagina, pues, pidiendo el caballo y ahora, manipulando la lógica del Otro que tanto desafía, imagina que 'naturalmente' se lo van negar, ya que se trata de algo peligroso para un chiquillo. Ya listo para enfrentar esta escena realista, algo ocurre, una catástrofe, un accidente—la *tyche* otra vez—que alborota a todos los caballos y a los cocheros. Stanislavski dice no saber qué pasó. Se trata nuevamente de lo real, que ahora ocurre afuera y al que, como ya lo vimos antes, hay que sujetar: los cocheros, también arrastrados por *lalengua*, gritan: "Trrr, para, sujétalo, no lo sueltes…" (*MVA* 9). Este episodio accidental sume al sujeto en el olvido: "No recuerdo lo que ocurrió después" (*MVA* 9). Lo real amenaza en el escenario y fuera del escenario, en la realidad y en lo imaginario. Solamente recuerda que volvió a la casa, tocó la campanilla, el portero lo hizo entrar y "[p]or la puerta del vestíbulo asomó la figura de mi padre, y desde arriba miraba la institutriz" (*MVA* 9). Nuevamente el triunfo de lo simbólico y ese resto que queda del encuentro fallido con lo real: "Estaba tan descontento con el instante recién vivido de temor, que ya no me creía en el papel de héroe y de valiente. Además, *no había razón para seguir haciendo la comedia, puesto que todos, al parecer, se habían olvidado de mí*" (*MVA* 9, el subrayado es mío).

Lo real, entonces, irrumpe en medio de lo imaginario (cuyo estatus puede ser el reflejo especular, la imitación de un texto o el montaje de una escena monitoreada por el ideal del yo en lo simbólico, inventada para salir de una situación absurda). Ese real que destruye la creencia del sujeto en su papel es lo que Stanislavski va a tratar de dominar por medio de su Sistema. Sin la creencia en su papel, sin saber a dónde mirar y sin la mirada del Otro no hay comedia, no hay teatro, no hay actuación posible. La red significante de su texto rápidamente nos confirmará en esta lectura: ¿podría acaso ser azaroso que su primer objeto de amor, Elvira, sea una niña del circo que hace maravillas arriba de un caballo? Con el vértigo de todo sujeto que se acerca demasiado al objeto encubierto por su fantasma, Stanislavski nos cuenta:

> Al terminar el número Elvira sale a saludar y pasa corriendo junto a mí, a dos pasos. Esta cercanía me produce vértigos, quiero arrojar algo especial, y de repente salgo corriendo del palco, beso su vestido, y de nuevo vuelvo rápidamente a mi butaca. Me siento como si fuera un condenado, con miedo a moverme y a punto de romper a llorar. Mis camaradas me aprueban, y detrás de mí, papá se ríe: —Te felicito—bromea—. ¡Kostia está de novio! ¿Para cuándo la boda? (*MVA* 11-12)

Aquí el sujeto enfrenta nuevamente la burla paterna y su propia castración; busca algo para arrojar, pero como *no lo tiene*, se arroja él mismo. La pequeña niña sobre el caballo representa todo lo que él no es, ese objeto petit *a*, ese objeto perdido que lo dispara de la butaca, que dispara su deseo de sujeto condenado a la mascarada amorosa y heterosexual regulada por el deseo del Otro. Haciendo todo lo que no puede el niño hacer sobre el caballo y, para colmo, siendo mujer, la joven Elvira, exitosa en la escena y frente al público, se instala como "el objeto del deseo [que] es la causa del deseo y este objeto causa del deseo es el objeto de la pulsión, es decir, el objeto en torno del cual gira la pulsión" (*Seminario* 11 251). No deberá sorprendernos que al cierre de *Preparación del actor*, Stanislavski piense en el actor como una mujer encinta: "En el proceso creador está el padre, el autor de la obra: la madre, el actor preñado con el papel, y el niño, el papel que ha de nacer" (314).

SUBCONSCIENTE STANISLAVSKIANO
E INCONSCIENTE FREUDO-LACANIANO:
la cuestión de la (psico)técnica

> Vemos, oímos, comprendemos y pensamos de muy
> distinta manera, antes y después que hemos cruzado el
> "umbral del subconsciente".
> Stanislavski, *Preparación del actor* 286

E n *Preparación del actor* [en adelante *P.A.*], Stanislavski[48] termina su libro con una analogía entre el arte del actor y el parto:

> *Nuestro arte de* creación es *la concepción y* nacimiento *de
> un nuevo ser: el personaje en el papel. Es un* acto natural, *semejante
> al nacimiento de un ser humano.* (*P.A.* 314)

Pero para que haya concepción, parto y nacimiento, tiene que haber una escena primaria y Stanislavski se refiere a ella:

> En el proceso creador está el padre, el autor de la
> obra: la madre, el actor preñado con el papel, y el niño, el
> papel que ha de nacer. (*P.A.*314)

Luego viene una frase que hoy, leída bajo la lupa del psicoanálisis, nos preocuparía:

---

[48] Como es sabido, Stanislavski se desdobla en su texto en varias voces: primero, Kostya Nazvanov, el estudiante que asume la primera persona del relato y desde la cual se nos dan a conocer los hechos; en segundo lugar, está la voz del director Tortsov, el que sabe, y la de su asistente Rajmánov, el que cumple órdenes, y en un tercer lugar, la de los compañeros de Kostya. A los efectos prácticos, en general me referiré a Stanislavski, salvo cuando me sea necesario apuntar una distinción de voz.

Está la primera infancia, cuando el actor procura saber su parte. Luego intiman más, disputan, se reconcilian, se casan y conciben. (*P.A.* 314)

¿Es que Stanislavski nos está proponiendo, además de ciertas etapas madurativas, un método que supone el incesto? Autor/actor/papel en tanto padre/madre/niño parecerían configurar, más que un triángulo edípico, un incestuoso *ménage à trois* en el que el director "interviene como una especie de casamentero" (*P.A.* 314). Resulta que el actor es primero madre y se nos dice luego que es también un niño, ya que Stanislavski nos habla de su infancia. ¿Será, en cambio, la infancia de una niña, que después deviene madre o se trata de un transexual? ¿Es que el director—al menos en esta dramaturgia de autor en la que está interesado Stanislavski—ejerce su oficio en relación a la madre y al niño, pero descuida al padre? Y el nieto producto del incesto, ¿quién es? Porque se nos dice que el niño crece y luego intima, se reconcilia, se casa y concibe.

Llegados a este punto uno podría preguntarse de qué está hablando Stanislavski. Así como Jane Gallop se toma el trabajo de escribir un capítulo bastante extenso en su libro *Reading Lacan* para hacernos entender por qué los *Escritos* no son para ser leídos (*Seminario 20* 37), o mejor, por qué la lectura de Lacan es tan farragosa hasta promover la furia del lector, con Stanislavski tenemos casi el caso contrario. En efecto, al leerlo, se tiene la sensación—como ocurre con Freud—de que entendemos todo lo que dice, pero basta que uno se detenga en alguna palabra o frase cualquiera, para darnos cuenta de que el texto no se sostiene por ninguna parte, salvo en nuestro imaginario en el que pensamos que Stanislavski, cuando dice, por ejemplo, "emoción", piensa en lo mismo que nosotros pensamos. Si el barroquismo gongorista de Lacan nos hace trabajar duro, Stanislavski, en cambio, parece que nos llevara de la mano en la comprensión de su texto, parece que entendemos todo lo que dice, cuando en realidad todo es muy ambiguo, con un sentido tanto y más inapresable que en Lacan y con el agravante de que esa comprensión tan facilitada termina perdiéndonos como lectores. En Lacan, a pesar de todo, finalmente podemos dar con una estructura conceptual, teórica, pero eso no ocurre en Stanislavski para quien la palabra "teoría' corresponde, en general, a lo que más arriba hemos llamado la "aceptación intelectual de lo reprimido" a la que invita el analista. Superadas algunas dificultades, los conceptos comienzan a tomar lugar en la arquitectura de la enseñanza lacaniana, salvo variaciones en algunos casos según la etapa en que fueron proferidos; en Stanislavski, en cambio, es difícil saber qué relación tiene una noción con otra. No hay una elaboración pertinente de la base teórica y entonces, nuevamente, nos quedamos con cierto placer imaginario de haber entendido lo que dice.

Lo interesante, a pesar de todo, es que al final de su libro, Stanislavski sitúa su psicotécnica (como llama varias veces a su Sistema a lo largo del volumen) sobre una base sexual. La referencia a la concepción, parto y nacimiento, a la familia, no dejan de insistir en un fondo de pro-creación, es decir, en un horizonte sexual y, por esa vía, en esa "ley de la fecundidad" a la que se refiere Lacan en el *Seminario 6*, para plantear las relaciones del deseo con la ley (Clase 24 del 18 de junio de 1959). Y esto, si se quiere, es una buena entrada para fundar nuestra conexión entre la praxis teatral y el psicoanálisis, con la salvedad de que en éste último la sexualidad justamente está abordada en su dimensión humana, perversa, y no meramente animal, procreativa o reproductiva.

Vayamos ahora al comienzo de *Preparación del Actor*. Allí se nos dice:

> Nuestro subconsciente es inaccesible a nuestra conciencia. No podemos penetrar en su dominio, y si por cualquier razón conseguimos apoderarnos de él, habráse transformado en conciencia y, por ende, desaparecido. (*P.A.* 22)

Nuevamente, la cita nos parece a primera vista bastante clara. Sin embargo, es muy difícil, como veremos, inferir qué lugar "teórico" ocupa el subconsciente en Stanislavski. ¿Qué quiere decir con esa palabra? Se trata de una noción, no de un concepto. Una teoría requiere conceptos, como los cuatro conceptos fundamentales del psicoanálisis que Lacan despejó para nosotros como columnas de la estructura teórica del psicoanálisis. En Stanislavski, sin embargo, no es fácil establecer los conceptos básicos, fundamentales. El subconsciente stanislavskiano no puede ser asimilado u homologado al inconsciente freudiano.

El término inconsciente, designando lo que es opuesto a la conciencia, era conocido antes de Freud, pero es con Freud que esa noción vaga se convierte en un concepto preciso que ocupa un lugar bien delimitado en un sistema teórico, especialmente a partir de *La interpretación de los sueños*. Sin duda, Stanislavski parece oponer su subconsciente a la conciencia, siguiendo las tendencias corrientes de su época, de base filosófica, pero en Freud el inconsciente no es lo opuesto a la conciencia. Aunque la conciencia no tiene acceso al inconsciente, éste puede sin embargo mostrarse (pulsativamente, como dice Lacan [*Seminario 11* 40, 51]) en el sueño, en el lapsus, en el olvido de una palabra, en la agudeza, etc. Veremos en otro capítulo cómo la denegación será una manera de hacer pasar lo inconsciente a lo consciente, es decir, una forma de negociar entre lo consciente y el inconsciente. La conciencia no es, sin embargo, el consciente tal como Freud lo teorizó en su primera tópica. En la filosofía occidental, desde Descartes, Kant en adelante, la conciencia (empírica, transcendental, fenomenológica) es reflexiva y aparece como sede del sujeto, del yo, opuesta a la subconsciencia en la que encontraríamos fenómenos catalogados como irracionales o de naturaleza automática. La conciencia es asumida como sede de la razón (logos), opuesta a lo emotivo o pasional (pathos: pasión, pero también lo patológico, lo enfermo, lo anormal), con lo que se establece la díada razón o mente, por un lado, y el cuerpo y sus manifestaciones por el otro, concebidos estos últimos como algo irracional que hay que dominar o, en su defecto, excluir de la sociedad, como ocurre con la locura.

Sin duda, es sobre este panorama que hay que medir el descubrimiento freudiano del inconsciente, no como sede de los instintos (no hay aquí una relación con lo natural o la naturaleza, solo la pulsión está en el límite), sino como lugar del deseo y, en todo caso, como la sede de lo reprimido (aunque el inconsciente es más amplio que lo reprimido, que es apenas una parte del inconsciente). El consciente en Freud forma la primera tópica junto al preconsciente y al inconsciente (la segunda tópica, que aparecerá más tarde, cambia un poco el juego teórico al establecer el yo, el ello y el superyó). En el ensayo de Freud sobre el block maravilloso o el block mágico o místico, de 1924,[49] podemos ver cómo el inconsciente está constituido por huellas mnémicas, de alguna manera significantes (el 'representante-representativo' lo denomina Freud para indicar que son los contenidos del inconsciente adheridos al significante, razón por la cual pueden hacerse conscientes y representar a las pulsiones, que no pueden pasar a la conciencia; Lacan preferirá llamarlo "el lugarteniente" de ese real que en el sueño, por ejemplo, no tiene representación [*Seminario 11* 68]). La diferente cantidad de investidura pulsional determina por una parte lo que se conoce como el 'proceso primario", en el que encontramos esas "leyes" de la elaboración onírica, tales como la condensación, el desplazamiento y, por otra, el 'proceso secundario', que Freud designa como el preconsciente, más organizado y a cuyos contenidos la conciencia tiene acceso, bajo ciertas condiciones. Situado entre el inconsciente y el consciente, el preconsciente (Pcs) está separado del Inc. por una fuerte censura y del Cc. por una censura más leve.

Leamos otra vez la cita de Stanislavski. Si bien pareciera a primera vista haber un punto de contacto entre su subconsciente y el inconsciente freudiano, queda sin especificarse qué los separa. Stanislavski no dice nada respecto a la represión ni a ningún otro mecanismo de separación, división o límite. Tal como está dicho, pareciera que una vez que un contenido subconsciente pasa a la consciencia, ya deja de formar parte del subconsciente y, por ende, como veremos

---

[49] "A Note upon the 'Mystic Writing-Pad'" (1925 [1924]), en *The Standard Edition of the Complete Psychological Works of Sigmund Freud*, Volume XIX (1923-1925): 227-232, seguido en el mismo volumen por "Negation", de 1925, págs. 235 y ss.

luego, deja de ser artístico. Y si esto en parte es posible en el psicoanálisis, como en el caso de la denegación, no por ello resulta tan simple en el Sistema. Algunos contenidos pasan a la conciencia, pero la represión permanece; algunos contenidos son a veces aceptados intelectualmente, no sin un gran trabajo con la resistencia. Y como lo muestra el block maravilloso, la conciencia es discontinua en cuanto a la percepción, basta levantar la hoja de celuloide y todo se borra.

La frase "y si por cualquier razón podemos apoderarnos de él" requiere otro comentario, algún tipo de ajuste, al menos desde la perspectiva psicoanalítica. En Freud, y luego en Lacan, la conciencia no cumple el lugar de agente. El yo, como vimos, se mueve en el desconocimiento (de su deseo). Si el yo era el centro de las filosofías o psicologías de la conciencia, después de Freud el yo está descentrado y a merced del inconsciente, por eso Lacan habla de un sujeto del inconsciente, de un sujeto dividido y critica fuertemente a la Ego Psychology, o psicología del yo que, obviamente, se centra en el yo. Por eso, más que hablar, el yo es hablado por el Otro. Podemos, en todo caso, apoderarnos de algunos contenidos reprimidos, pero difícilmente del inconsciente (o del subconsciente) como tal.

Stanislavski insiste en que el subconsciente es la sede de la inspiración, de la intuición, de modo que entonces enfrenta la paradoja de que, al hacerlo consciente, "se acaba con él (*P.A.* 23); lo consciente resultaría así fuera de toda inspiración y poesía. No es, desde su punto de vista, artístico. La técnica que Stanislavski va a proponer que el trabajo creador consiste en hacer uso de la conciencia: "[c]uando el subconsciente, la intuición, participan de nuestro trabajo, debemos saber cómo no interponernos" (*P.A.* 23). El corolario aquí es que resulta imposible "crear siempre subconscientemente y con inspiración" (*P.A.*23). El ideal sería hacerlo, lo cual no deja de ser sorprendente. ¿Cómo sería eso posible? ¿Acaso el subconsciente para Stanislavski tiene algún tipo de organización o estructura que permitiría, en caso de ser posible, un trabajo actoral definido, reglado? ¿Es el subconsciente la sede de lo artístico como tal? ¿En qué se fundamenta eso? No imaginamos que Stanislavski esté pensando en un actor completamente desatado en escena, con arranques irracionales o abruptos, sin ningún tipo de control o autocontrol. ¿Y cómo sería esa estructura, ese subconsciente reglado? ¿Reglado en base a qué? ¿A-caso supone Stanislavski un tipo de sujeto del subconsciente que, idealmente, nos daría la mejor actuación? ¿Es un sujeto que *sabe* actuar? Si "[i]terpretar fielmente, significa ser correcto, lógico, coherente, pensar, esforzarse, sentir y actuar al unísono con el papel" (*P.A.* 23), es porque entonces hay que suponer un subsconsciente con algún tipo de racionalidad más allá de la conciencia, con un sujeto que está más allá del yo consciente. Estaríamos, en cierto modo, próximos a ese sujeto lacaniano que, en la escena inconsciente, piensa: "el sujeto del inconsciente [en Freud] se manifiesta [...] piensa, antes de entrar en la certeza" (*Seminario 11* 44). Más adelante Stanislavski utilizará la palabra "orgánico" para calificar a la psicotécnica que nos propone: "*las bases orgánicas de las leyes naturales en que nuestro arte está fundado, los protegerán* [a los actores] *de los caminos extraviados*" (*P.A.* 25, el subrayado es del autor). Esto se agrava precisamente porque Stanislavski nos dice que esa zona subconsciente, donde reside lo artístico, lo intuitivo, lo creador, es lo que él llama "la naturaleza", algo incognoscible, sobre la que no tenemos los humanos ningún poder. "Dado que no podemos entender ese poder rector [del subconsciente]—nos dice—y que nosotros, los actores, no podemos estudiarlo, lo llamamos simplemente la naturaleza" (*P.A.* 24).

La propuesta stanislavskiana se nos presenta así con cierta posibilidad de ser leída desde el psicoanálisis. De alguna manera, la conciencia parece ser hablada por lo subconsciente, en donde reside el verdadero potencial artístico. Llamar al subconsciente "naturaleza" ya es muy controversial; lo es tanto que Stanislavski prefiere, con prejuicio anti-teórico (cuyas consecuencias todavía se perciben en la formación actoral actual), dejar de lado la cuestión y conformarse con una no tan simple designación. Los actores no deben pretender ir, a su criterio, demasiado lejos en el camino del saber e incluso del conocimiento. Este perfil del actor ha marcado enormemente al siglo XX.

Sin duda Stanislavski carece de una teoría de la represión (o en todo caso de la separación y diferencia entre subconsciente y conciencia) y en cierto modo la psicotécnica que nos propone carece de estructura, de "sistema", y se configura así como una larga serie de ejercicios (muy eficaces, indudablemente), pero dados como una sumatoria a veces en función de cierto grado de dificultad creciente. Además, no olvidemos que Stanislavski circunscribe su psicotécnica a la imitación de la vida por medios artísticos, pero apegada a la representación realista y naturalista: "el realismo y hasta el naturalismo son esenciales en la preparación íntima del papel, porque pone en marcha el subconsciente y produce raptos de inspiración" (*P.A.* 24). Sin demasiada deducción lógica, Stanislavski parece ir lentamente tejiendo su discurso para sostener una estética determinada. Además, nos advierte que "si infringimos alguna ley de la vida orgánica normal y cesamos de funcionar correctamente, entonces—nos dice—el subconsciente, extraordinariamente sensible, se alarma y se retira" (*P.A.* 24). El subconsciente stanislavskiano ya no es la página de celuloide que se levanta y se borra, como en el block maravilloso, sino la base de cera que nos escamotea sus beneficios. No parece tener, por otra parte, ninguna lámina de protección. Sin embargo, Stanislavski elabora su "sistema" en función de vencer la resistencia del subconsciente; si el subconsciente es inapresable e inabordable en sí mismo, si sólo contamos con el capricho de su apertura hacia la conciencia, pues no queda otra salida que elaborar una técnica a nivel de la conciencia que, en cierto sentido, permita el acceso controlado a ese otro dominio. Así, para impedir que el subconsciente se alarme, se cierre y se retire, "se debe planear el papel conscientemente y luego representarlo fielmente" (*P.A.* 24).

Para el maestro ruso, el actor no sólo debe representar adecuadamente el exterior del papel sino también su vida interior, ambos en forma artística. Además de recurrir a la dicotomía del adentro y del afuera, cuyo soporte y límite no se establecen, Stanislavski recurre a términos que, otra vez, parece que sabemos lo que significan y sin embargo no sabemos a qué se refieren. "La meta fundamental de nuestro arte—afirma—es lograr la creación de esa vida interior del espíritu humano, su expresión en forma artística" (*P.A.* 23-24). Más allá de la existencia o no de ese espíritu (cuyo fundamento sabe dios dónde está), Stanislavski se ha referido antes al personaje y luego se refiere a él como a una "persona"; el actor debería vivir la vida de esa otra persona. Conviene consignar la cita, porque colocada al principio de *Preparación del actor*, me parece la base de múltiples confusiones en esta psicotécnica: la misión del actor "no consiste sólo en representar la vida externa del personaje, debe adaptar sus propias cualidades humanas a la vida de esa otra persona, y volcar en ello toda su alma" (*P.A.* 23). Dejemos de lado el término "alma" como una determinación de su época; sin embargo, los otros vocablos (vida, externa, adaptar) están suspendidos como en un limbo y podrían significar cualquier cosa. Lo cuestionable, en primer lugar, es la asimilación de un personaje a una persona. Stanislavski cede a la inercia del obstáculo epistemológico vitalista (Bachelard). En segundo lugar, es la sumisión del actor a esa persona/personaje. ¿Estamos ante una proyección neurótica en sentido psicoanalítico? ¿O se trata de una alucinación psicótica? ¿Se trata de una técnica que promueve la autosugestión del actor? Conocemos las críticas de Lacan a ciertas versiones de la práctica psicoanalítica basadas en la adaptación del yo del analizante al yo del analista, propuesto como paradigma de lo mejor, de lo hay que imitar; conocemos sus ataques a la psicología del yo, a esa necesidad de fortificar o fortalecer el yo. ¿Podrá servirnos esa crítica para acercarnos a Stanislavski? No dejemos tampoco de lado el famoso "estadio del espejo", que tendremos que explorar en el futuro, donde el yo emerge como una formación alienada, especular, imaginaria, en relación al Otro (en nuestro caso, el personaje, el autor, el texto).

En términos de dependencia, Stanislavski no se prohíbe nada: "para nuestra escuela de arte—nos subraya—es particularmente importante la dependencia del cuerpo con respecto al alma" (*P.A.* 25). La conciencia depende del subconsciente; el cuerpo, del alma. Sin embargo, inmediatamente surge la paradoja: "Es un hecho que no existe técnica teatral artificial—dice el maestro—que pueda siquiera compararse con las maravillas de que es capaz la naturaleza" (*P.A.* 25). Sin embargo, resulta que la "naturaleza"—en tanto subconsciente—no puede actuar sola y por lo tanto, si se hila fino, se cae en la cuenta de que el subconsciente depende de la conciencia y del cuerpo. Se debería explorar en detalle esta idea de "cuerpo" en los textos del maestro ruso. Nuevamente, creemos que pensamos lo mismo que él, que entendemos lo que dice, pero si pensamos en las dificultades que Freud tuvo para pensar el cuerpo y las conceptualizaciones que éste ha tomado después de Lacan—en Foucault o en Deleuze, por ejemplo—es probable que tengamos que deconstruir detalladamente el "cuerpo stanislavskiano". Y este capítulo 2 de *Preparación del Actor* se nos complica más, cuando Stanislavski ahora nos dice cómo concibe al subconsciente: "*Para expresar una vida subconsciente delicada, es necesario poseer el control de un aparato vocal y* físico *particularmente dócil y excelentemente preparado*" (*P.A.* 25, el subrayado es del autor).[50] Las dos palabras problemáticas aquí son sin duda "delicada" y "aparato". El cuerpo como un aparato resonador ya comienza a darnos pistas de cómo pensarlo y las consecuencias que supone imaginar un cuerpo de esa manera. Pero plantear que la vida del subconsciente es delicada, que el subconsciente está constituido por "los más delicados y casi intangibles sentimientos" nos llevará a cuestionar muchos aspectos de la aproximación que se nos propone.

Leo una obra de teatro escrita por un autor; allí hay personajes, seres de papel, actantes. Supongamos Otelo, para estar desde un

---

[50] La edición de Quetzal que utilizo adolece de algunos desajustes gráficos. Por ejemplo, en esta cita, la palabra "físico" no aparece en bastardilla y realmente no sé si es un énfasis de Stanislavski o un problema de imprenta.

comienzo listos para cotejar con lo que vendrá luego en *Preparación del actor*. ¿Cómo actuar ese personaje? ¿Se trata de una persona? Sólo si aceptamos que Stanislavski está aquí apelando a la etimología latina, donde "persona" significa justamente "máscara del actor, personaje teatral", según el *Diccionario de la Real Academia Española*,[51] sólo en ese caso, podemos resguardarnos de la alucinación o la proyección. Sea como fuere, la cuestión se plantea de la siguiente manera: ¿Cómo vivir al otro, como otro? ¿Cómo vivirlo en el arte desde la conciencia, si ésta, como se dijo, no tiene valor artístico? ¿Cómo vivir al otro desde el yo del actor si, como también se nos ha dicho, es un estorbo que se interpone en su tarea artística?

En la representación de una escena de *Otelo* que hacen dos estudiantes, Tortsov plantea que hubo momentos en que vivieron el papel, en que el subconsciente fluyó naturalmente cediendo a los actores la inspiración; se trata de esos "momentos en los que de pronto e inesperadamente alcanza uno grandes alturas de calidad artística y emoción en el público" (*P.A.* 26). Sin embargo, nadie podría mantener "tanto física como espiritualmente" los cinco actos de esa obra con la misma energía. Se necesitaría, dice Tortsov, ser un Hércules. Esos momentos no están a disposición del actor; dependen del subconsciente. Stanislavski usa aquí la palabra "accidentalmente". Aunque el inconsciente freudiano no es ni remotamente tan delicado como el subconsciente de Stanislavski, lo curioso aquí resulta que su aparición es repentina, pulsativa, accidental, más allá de la conciencia y del yo.

En Lacan, tal como lo plantea en su *Seminario 11*, el inconsciente no es ninguna profundidad críptica que hay que descifrar hermenéuticamente, como de alguna manera es a veces en Freud (quien nos habla de lo manifiesto y lo latente en relación al relato del sueño). En Lacan el inconsciente ni siquiera es personal, es transindividual,

---

[51] Lamentablemente, carezco de toda competencia en la lengua rusa, como para cotejar el texto original de Stanislavski y ajustar mis comentarios.

es decir, está "afuera", más allá del individuo, está en su relación con el otro/Otro. Estructurado como un lenguaje, el inconsciente lacaniano es tan evidente, tan patente, que está allí listo para aparecer como una sorpresa. Nada de profundidades en la perspectiva lacaniana del inconsciente. Lacan intenta cambiar de modelo de aproximación al inconsciente: si Freud pensaba en términos de energía con el modelo de la termonodinámica, Lacan prefiere el modelo lingüístico. Al igual que hicimos aquí con ciertos vocablos usados por Stanislavski, Lacan nos advierte que "ciertamente con decir que el inconsciente es un concepto dinánico […] con ello sólo se sustituye un misterio particular por un misterio más corriente, el de la fuerza, y la fuerza sirve generalmente para designar un lugar de opacidad" (*Seminario 11* 29). Más que del adentro y del afuera, Lacan nos propone la ecuación apertura/cierre. "El inconsciente freudiano—nos dice Lacan—nada tiene que ver con las llamadas formas de inconsciente que le precedieron, como tampoco con las que lo acompañaron o todavía lo rodean" (*Seminario 11* 31). En vez de referirse a la fuerza o energía, Lacan va a empezar a preocuparse por la causa, "la función de la causa" (*Seminario 11* 29).

La cuestión de la causa ha tenido desarrollos filosóficos desde Aristóteles. Se la ha tratado de racionalizar. Una ley, nos dice, se distingue de la causa. "[P]iensen—le dice a su público—en la imagen que ofrece la ley de la acción y la reacción. Forman, si se quiere, un bloque" (*Seminario 11* 29). Pero cuando decimos que las fases de la luna son la causa de las mareas o de la fiebre, "esto tampoco quiere decir nada, hay un hueco y algo que vacila en el intervalo. En suma— enfatiza Lacan—sólo hay causa de lo que cojea" (*Seminario 11* 30). El inconsciente freudiano se instala justamente allí en ese hueco, en esa hiancia, "entre la causa y lo que ella afecta, está siempre lo que cojea" (*Seminario 11* 30). Por eso, no importa si el inconsciente o la represión causan la neurosis: Lacan dice que Freud no plantea eso, que se ha lavado las manos ya que es probable que en el futuro se inventen medicamentes apropiados. Freud efectivamente, según Lacan, ha sostenido que "el inconsciente nos muestra la hiancia por donde la neurosis empalma con un real; real que puede muy bien, por su parte, no estar determinado" (*Seminario 11* 30). Lacan quiere sacarnos de entender el inconsciente en la versión arqueológica, como ese tesoro de símbolos escondido, lleno de arquetipos fijos en esa versión del inconsciente colectivo tan popular y fascista. El inconsciente lacaniano está "a la espera, en el círculo [...] de lo *no nacido*" (*Seminario 11* 30), y "pertenece al orden de lo *no realizado*" (*Seminario 11* 30). No es ni real ni no-real, sino no realizado.

Lacan va a poner en esa hiancia la ley del significante, no del signo. Eso le permitirá sacar al inconsciente de las versiones románticas, que hablan del inconsciente como sede de lo irracional, de lo primordial, de lo oscuro, de lo escondido en las profundidades. Atenido a *La interpretación de los sueños*, pero más cerca de *Psicopatología de la vida cotidiana* y *El chiste y su relación con el inconsciente*, Lacan va a plantearnos el inconsciente como una discontinuidad que emerge en el discurso del yo. Algo que es hablado por otro que el yo, algo en la dimensión del tropiezo, de la falla, de la fisura. Una palabra ha surgido en lo que se venía diciendo, una palabra inesperada, o bien se ha producido un momento en el que hemos olvidado un término. ¿Quién la ha pronunciado o quién la ha olvidado? No era lo que yo quería decir. Dije menos, pero a la vez dije más. "Allí—dice Lacan—una cosa distinta exige su realización, una cosa que aparece como intencional, ciertamente, pero con *una extraña temporalidad*" (*Seminario 11* 32-33, el subrayado es mío). Al menos, pues, dos temporalidades. Una es la del yo, cronológica; la otra viene de la "otra escena", responde a la temporalidad del deseo, a un tiempo lógico. "Lo que se produce en esa hiancia—insiste Lacan—en el sentido pleno del término producirse, se presenta como *el hallazgo*" (*Seminario 11* 33, el subrayado es del autor). Tiene el carácter de sorpresa para el sujeto, es algo que es más y menos de lo que esperaba. Pero lo hallado es en realidad re-hallado, se trata de un re-hallazgo de algo que ya estaba allí, esperando emerger y, sobre todo, "escabullirse de nuevo" (*Seminario 11* 33). Discontinuidad y vacilación son las formas en las que se presenta el inconsciente al psicoanalista. Como nos recuerda Jacques-Alain Miller, "el inconsciente en Lacan no sólo es el inconsciente de lo que no anda, de lo inaprehensible, de lo huidizo. El inconsciente construido por Lacan es también el inconsciente de los pequeños signos más y menos [...] cuya referencia es la memoria cibernética" ("Clínica y superyó" 132). Asimismo, cuando Grisha, en *Preparación del actor*, confronta a Tortsov afirmando que "los hábitos mecánicos son, en parte, subconscientes" (PA 312), Tortsov rápidamente responde, diciendo: "Sí, pero no de la clase de subconsciente que estamos tratando. Necesitamos un subconsciente creador" (*PA* 312), para subrayar justamente el aspecto pulsativo del subconsciente que irrumpe inesperadamente y rompe el discurso consciente. La discontinuidad, pues, es la forma en que se presenta el subconsciente para Stanislavski. También en *Preparación del actor* nos dice:

> Puedo citar innumerables casos que han sucedido en mi propia vida, donde *algo inesperado* se ha introducido en la anticuada rutina de la representación de una obra. Una silla que cae, una actriz que deja caer el pañuelo y debe levantarlo, o el asunto se altera de pronto. Esas cosas exigen necesariamente acciones pequeñas, pero verdaderas, porque son *intrusiones emanadas de la vida real*. Lo mismo que una ráfaga de aire fresco aligera la atmósfera en un cuarto mal ventilado, esas emociones verdaderas pueden dar vida a la actuación estereotipada. *Puede hacer recordar al actor la senda de la verdad, que ha perdido.* Tiene el poder de producir un impulso interior y puede convertir una escena completa en una etapa má creadora. (146, el subrayado es mío)

Y más adelante, también asumiendo el subconsciente como *la vida real*, del que emanan esas intrusiones inesperadas, Stanislavski insiste en que "lo *inesperado* es con frecuencia un factor de gran efectividad en el trabajo creador" (*P.A.* 169, el subrayado, esta vez, es del autor), y por lo tanto es del subconsciente del que "brotan [...] como estrellas fugaces" (PA 239).

El hallazgo o re-hallazgo del que habla Lacan es escuchado por el analista; ese hallazgo se da sobre el "telón de fondo" (*Seminario 11* 34), y en tanto ruptura, en tanto abre una ranura en la continuidad del discurso del yo, hace surgir la ausencia, la falta, "igual que el grito—dice Lacan—que no se perfila sobre el telón de fondo del silencio sino que al contrario lo hace surgir como silencio" (*Seminario 11* 34). Por todo esto, Lacan nos propone prestar atención a esos momentos cuando "en una interjección, en un imperativo, en una invocación y aun en un desfallecimiento, siempre es él [el sujeto de la enunciación] quien le afirma a uno su enigma" (*Seminario 11* 34). También nos recuerda cómo la censura borra un significante e inaugura el olvido. En todo caso, es a partir de allí donde tenemos que empezar a trabajar para conocer la verdad del deseo. El sujeto del inconsciente, que habita esa dimensión de la sincronía, está siempre indeterminado; el yo lo desconoce, y lo re-halla en el tropiezo.

> Así, el inconsciente se manifiesta siempre como lo que vacila en un corte del sujeto—de donde vuelve a surgir un hallazgo, que Freud asimila al deseo—deseo que situaremos provisionalmente en la metonimia descarnada del discurso en cuestión en que el sujeto se capta en algún punto inesperado. (*Seminario 11* 35)

Estando el yo en el desconocimiento de ese sujeto, de los pensamientos inconscientes, la captación por el sujeto de ese punto inesperado sólo es posible gracias a la mediación del otro. ¿Corresponde aquí que insistamos en la importancia de esta situación durante la improvisación?

Así como Freud tiene que plantearse la cuestión técnica de cómo abordar el inconsciente, Stanislavski también sabe que, amén del talento—que está del lado del subconsciente y sobre el que no tiene mayor control—requiere contar con "una técnica psicológica bien trabajada" (*P.A.* 27). Lacan va a dedicar su *Seminario 1* a los trabajos técnicos de Freud.

ACTOR Y PERSONAJE EN STANISLAVSKI:
Estructura familiar y complejo de Edipo

> si el psicoanálisis manifiesta en las condiciones morales de
> la creación un fermento revolucionario que sólo puede
> captarse en un análisis concreto, reconoce, para produ-
> cirlo, que la estructura familiar posee una fuerza que su-
> pera toda racionalización educativa.
>
> Jacques Lacan, *La familia*, 92

T oda técnica actoral tiene como objetivo brindar las estrategias necesarias para que el actor pueda preparar su
personaje. La relación entre el actor y el personaje no es simple y las
técnicas registran diversas etapas de complejidad y han respondido a
diversas exigencias estéticas. Los vocablos que habitualmente se usan
para calificar esta relación son "vivir el personaje", "encarnar el personaje", "mostrar el personaje". Con mayor o menor grado de fusión
o de distanciamiento respecto del personaje, el actor no puede dejar
de establecer cierto grado de identificación y, por razones de texto o
de puesta, no puede dejar de responder a cierta imitación con algún
tipo de verosímil vigente en la sociedad del espectáculo y la cultura
del espectador. Esa relación diádica, sin embargo, va a estar mediada
por la intervención del director.

El psicoanálisis no va a darnos una nueva técnica actoral, pero no obstante puede brindarnos la posibilidad de acercarnos a las ya
existentes con una batería teórica precisa cuyos conceptos nos per-
mitirán formular algunas preguntas; obviamente, si bien no todas po-
drán ser respondidas, al menos abrirán nuestra praxis teatral a nuevas
búsquedas.

Volvamos a la cita de Stanislavsky al final de su *Preparación del
actor*, en la que concibe el arte del actor como un parto, en una relación triádica de tipo familiar:

Nuestro arte de creación *es la concepción y nacimiento de un nuevo ser: el personaje en el papel. Es un* acto natural *semejante al nacimiento de un ser humano.* [...] En el proceso creador está el padre, el autor de la obra; la madre, el actor preñado con el papel, y el niño, el papel que ha de nacer. Está la primera infancia, cuando el actor procura saber su parte. Luego intiman, disputan, se reconcilian, se casan y conciben. *(P.A.* 314)

La cita coloca al actor—como ya hemos visto—directamente en el campo de la sexualidad. El arte del actor estaría concebido aquí en el encuadre de lo familiar y ya sabemos lo que Freud nos dijo acerca de lo familiar: es lo siniestro. Volveremos a esto luego, pero podemos ir ya abordándolo lentamente. Que el arte del actor—concebido como parto y, por lo tanto, como un evento doloroso—sea un acto "natural" sólo se entiende si retomamos la idea de lo natural que Stanislavski nos ha dado en otro lugar: lo natural como lo subconsciente, ese lugar al que el actor no tiene acceso, sobre el que no tiene ningún tipo de control, y que justifica la existencia de su psicotécnica. La idea de parto se liga a lo que Lacan denomina "souffrance" que—como ya dijimos—en francés tiene cierta ambigüedad entre sufrimiento y espera y, por lo tanto, le permite a Lacan acercarse a su conceptualización de lo real, como eso que, no siendo la realidad, es lo que ha quedado sin simbolizar, que no tiene representación simbólica y que, consecuentemente, está sufriendo en el inconsciente a la espera de aparecer como trauma, como golpe (el golpe de lo real), de insistir o repetir como discontinuidad o ruptura o disrupción el discurso consciente.

El actor es para Stanislavski una mujer preñada, un "actor preñado" (masculinización que habla de cierto deseo, tal vez de cierta envidia); y está preñado por el autor de la obra (la cual a su vez también podría ser concebida como producto de otro parto artístico; así el actor podría llegar a estar preñado por la obra, es decir, el hijo del autor en otro sentido que Stanislavski no enfatiza). El personaje, pues, es algo que sale del *cuerpo* del actor, no del padre y no tanto del texto de la obra, por eso es quizá que Stanislavski nos dice que se trata de un "nuevo" ser. Obsérvese que Stanislavski no dice que el autor crea personajes, sino solo preña a la madre/actor. ¿Qué debemos pensar aquí sobre el Otelo textual? ¿Cuál es su lugar en la perspectiva del Sistema? Siendo creación del autor/padre, no parece ser totalmente el Personaje, ya que éste es el hijo que nacerá de la madre/actor. ¿Cómo, pues, denominar al Otelo textual, si no es un personaje? Quizá conviene plantearlo como un significante, algo descorporalizado, un actante o bien como sujeto, en el sentido lacaniano de que un significante es un sujeto para otro significante. Lo cierto es que, entre ese significante y el Personaje, media el actor, el cuerpo del actor. Y aquí ya nos topamos no tanto con el deseo, sino con el goce; como lo dice Jacques-Alain Miller en "Clínica y superyó", "[e]l punto de partida, tratándose del goce, es el cuerpo" (144). Ese goce será, en la dramaturgia de actor, completamente fálico, con lo cual la dimensión delirante del ensayo está, en cierto modo, regulada por el texto dramático, por el Nombre-del-Padre que normaliza el deseo al sustituir el Deseo de la Madre, caprichoso y sin ley. Si más adelante podremos hablar de un deseo del Personaje, será en la medida en que, como dice Miller en "Clinica y superyó", "el deseo es el efecto de lo imposible del goce" (137). Sin duda, Stanislavski ha considerado ese deseo del Personaje, por cuanto, al tratar de las adaptaciones, nos dice que "una gran parte de esas adaptaciones provienen del personaje que están representando y no directamente de ustedes [los actores]" (*P.A.* 241).

El arte del actor sólo tiene que ver aquí con ese momento de concepción y nacimiento, en el que el padre/autor insemina a la madre/actor. Es curioso, como veremos, que luego Stanislavski se refiera a la "primera infancia" del actor, confundiendo a la madre con el hijo. En esa infancia, el hijo o la madre, jugarían a "saber su parte", de modo que estaríamos en una instancia pre-edípica. Y agrega—para nuestro asombro—algo que nada tiene que ver con lo que dijo antes: "Luego intiman, disputan, se reconcilian, se casan y conciben". ¿Quiénes? ¿El hijo y la madre? ¿La madre y el padre? Stanislavski no es demasiado claro, pero uno podría delirarse pensando en que se trata del incesto, como en *Edipo Rey*, consagrado por la ley del director. El hijo/personaje es el que deviene esposo, padre y hermano de su propia progenie. La serie verbal que utiliza (intimar, disputar, reconciliarse, casarse y concebir), no deja de tener el melodramatismo de una telenovela. Como en el caso de Edipo, no hay dudas que dicha telenovela se realiza, según parece, en el desconocimiento de la muerte o, mejor, del asesinato del autor/padre. Sea como fuere, sin forzar las ambigüedades típicas del maestro ruso, lo cierto parece ser que, para él, Shakespeare insemina al actor con su Otelo, con un significante. El Otelo de Shakespeare *no* es lo nuevo; lo que es nuevo, el "nuevo ser" realmente teatral, es el Personaje de Otelo que nace del actor que lo representa, el Otelo encarnado en el cuerpo del actor. El Otelo de Shakespeare, el textual, como significante, estaría vaciado de goce, no tiene vida, en todo caso solo hay que articularle otro significante ($S_1 \rightarrow S_2$) para hacerlo un sujeto, para interpretarlo. Pero es importante subrayar que la actuación no es la interpretación. Si la metáfora paterna toma aquí un sentido, al sustituir con el Nombre-del-Padre el Deseo de la Madre, tal como lo enseñó Lacan, el hijo/Personaje de Stanislavski deviene involucrado en la significación fálica, donde el deseo sin freno, caprichoso, de la madre/actor resulta ahora enganchado al falo como ley del Padre y regulado por él; como lo plantea Miller, "[e]s necesario el Nombre-del-Padre para que el goce desmedido se coordine con lo que no es más que semblante, el falo" ("Clínica y superyó" 141). El Personaje resulta entonces enganchado al goce fálico, que lo hace sujeto de una falta vía la castración simbólica y, en consecuencia, arroja su deseo metonímicamente por la cadena significante tras un objeto *a* perdido para siempre. En tanto significante, el Personaje "separa el goce del cuerpo" (Miller "Clínica y superyó" 145) y, paradojalmente (o no), a partir de ahí buscará, si seguimos a Stanislavski, el cuerpo en la madre/actor. Volvemos entonces al incesto, como destino trágico del Personaje, consumándolo en el desconocimiento, en el no saber. Si el actor, como madre, encarna al Personaje, en tanto lo pare de su cuerpo, la inversa es igualmente admisible y aleccionadora: el Personaje solo será a condición de encarnarse en el actor, corporizarse en el cuerpo del actor/madre, como empresa siempre incompleta, imposible.

Si admitimos que Stanislavski está situando la preparación del personaje por parte del actor (otra ambigüedad aquí: ¿preparación del actor o preparación del personaje?) en el triángulo pre-edípico, donde madre e hijo juegan con el falo imaginario que circula entre ellos, la fase terminaría al momento en que el padre/Autor castra al niño/Personaje, impidiéndole identificarse con ese falo imaginario. En esta fase, el niño/Personaje trata de identificarse con el falo imaginario que desea la madre/Actor. ¿Cuál es el falo imaginario que desea el actor como madre? ¿Y cuál el falo imaginario con el cual el Personaje no puede identificarse? ¿Quién será en este complejo edípico el padre real que oficia de agente de la castración simbólica? ¿Será el Autor? ¿Será el director? Stanislavski va a hablarnos del director, como veremos enseguida, como casamentero y como partero, alguien que atiende y sirve a la ley y al cuerpo.

Además, lo interesante en esta cita de Stanislavski, como mencionamos antes, es que se nos dice que el actor no está preñado por la obra en sí, sino por el autor. En tal caso, la idea de obra que podríamos elucubrar aquí—incluso en términos delirantes—es concebible sólo en términos seminales, en potencia, algo a la espera, tal vez una espera sufriente de ser puesta en escena. En este sentido, la obra estaría también del lado de lo materno, aunque en el lenguaje común solemos afirmar que se trata de la criatura del autor. ¿Cuál es entonces el estatus del texto dramático para Stanislavski? Podríamos sostener, sin forzar los términos del Sistema, que se trata de la producción significante de un sujeto y, como tal, incompleta, inacabada, que daría cuenta del fantasma del autor/Padre, de su relación con la falta y de la forma en que dicho fantasma tapona el goce. En cierto modo, el Personaje textual, como parte del fantasma del autor, es algo separado de su neurosis, algo que se opone a sus valores morales, la forma en que el autor ha transformado el displacer de sus síntomas en el placer de su fantasma o, como lo dice Miller, "un recurso contra su síntoma" ("Dos dimensiones clínicas" 75).

En esta cita que estamos comentando hay un cierto horizonte de imprevisibilidad, ya que el autor, el que insemina a la madre/Actor, puede estar muerto, pero sigue con la capacidad de procrear desde la muerte, como ocurre en esos bancos de semen donde los soldados dejan su depósito seminal para su esposa, en caso de morir en acción. ¿En qué lugar queda la obra aquí? ¿Cómo interrogar al padre, tanto si está vivo como si está muerto? ¿Qué tipo de temporalidad tenemos que suponer en este caso? La biblioteca teatral se nos aparece ahora como un enorme banco genético, espermático, en el que los autores, los padres, han dejado su semilla para más allá de su deceso. Si muchos directores tienen a veces serios problemas con la presencia del autor de la obra durante los ensayos, si muchas veces prefieren que no asista, ¿qué podrá decirnos el actor—en tanto esposa del autor y madre de su hijo—de su relación con el padre de la obra?

Sea como fuere el actor tiene que vérselas con la obra en la que ya hay—si se sigue esta serie asociativa—una prefiguración del hijo, es decir, del personaje como el hijo deseado por el padre. Ese hijo del padre ya ha nacido de alguna manera—o está más bien en un tubo de ensayo a la espera de un vientre fecundo—y la criatura a la que dará luz el actor puede o no responder al deseo del padre; además, resulta evidente que, como en el caso anterior (madre/hijo), ese hijo concebido por la madre, por el actor, tiene una consistencia ontológica diferente al hijo prefigurado en el deseo del autor. Sin embargo, ese "nuevo ser" no tendrá a su vez la misma consistencia ontológica que su madre: si el actor puede terminar su función y salir a la calle, no ocurre lo mismo con su Otelo, que se queda en un espacio cuya ontología deberíamos interrogar.

No hay que ir demasiado lejos en los textos de Stanislavski para darse cuenta dónde el maestro ruso busca sus certezas: por una parte, el texto de la obra, que lo lleva a investigaciones de todo tipo—históricas, antropológicas, sociológicas, etc.—y, por otro, el subconsciente del actor. Nos interesa aquí el hecho de que Stanislavski sitúe la preparación (¿del personaje o del actor?) en la "primera infancia" (¿del actor o del personaje?); la frase es ambigua y hasta paradojal si, como se nos dijo antes, el actor oficia de madre. Nunca estamos bien seguros de lo que Stanislavski escribe. Probablemente esta "primera infancia" no se refiera ni al actor ni al personaje, sino al momento inicial de los ensayos—al tiempo de "estar embarazado del papel" (Knébel 161)—cuando el actor—como madre y también como hijo, confundiéndose simbióticamente el uno con el otro—comienza a prepararse para el parto. El ensayo pasaría así a ser concebido como formando parte de ciertas etapas madurativas (oral, anal, fálica). Pero si eso es así, entonces el arte de la creación actoral va más allá de lo que se nos dijo, a saber, más allá de la concepción y el nacimiento. Y esa etapa, la del crecimiento y educación del niño, no parece estar a cargo del director, como esperaríamos de la analogía, ya que éste sólo cumple el rol de casamentero, es decir, el de legalizar la unión del autor y del actor, del padre y de la madre. El director, nos dice Stanislavski, "interviene como una especie de casamentero" (*P.A.* 314), y por lo tanto, después de los primeros cuidados a la madre y al niño, quedaría fuera de todo el proceso posterior al nacimiento. La edición castellana no agrega nada más, pero en la nueva edición en inglés, Stanislavski nos da una perspectiva más de la dirección. Además de plantear la actuación como "the conception and birth of a new living being, the human being/role" (*An Actors's Work* [*AAW*] 344), incluyendo el embarazo y parto del actor, a partir de la semilla del autor, además de decirnos que el director oficia de casamentero (*matchmaker*) uniendo al autor con el actor, Stanislavski agrega que el director oficia también de partero ("midwife or obstetrician" [*AAW* 345]), dejando a criterio del lector enfatizar el lado femenino o masculino de la dirección teatral.

La metáfora del embarazo, parto y nacimiento (legalizada por el director) no se detiene allí: en la versión en inglés se despliega delirantemente: hay nacimientos prematuros en la actuación, también abortos involuntarios y voluntarios, que dejan el trabajo sin terminar y, por lo tanto, el resultado podría llegar a ser un "theatrical monster" (*AAW* 345). ¿Habría que releer a Stanislavski para ver en qué medida o bajo qué términos vislumbra al superyó, como esa figura obscena y feroz, coordinada al goce y "como solidario de la división de lo simbólico mismo" (Miller, "Clínica y superyó" 139)?

El problema de la paternidad de ese "nuevo ser", queda en suspenso; obviamente, se nos ha dicho que es el autor, pero nada nos garantiza que el hijo que lleva el actor-madre en su vientre efectivamente responda a ese padre. El director, ni como partero ni como casamentero, puede garantizar la autenticidad de dicha paternidad; sólo puede certificar que el hijo fue parido por su madre bajo cierto régimen legal matrimonial. El hijo podría, pues, ser un bastardo, corresponder a otro padre que no es el invocado por la madre. El director representa al Otro simbólico, que garantiza legalmente la filiación del niño. ¿Cuál es su injerencia en el Edipo? El director está íntimamente ligado a la unión del padre-autor con la madre-actor, pero no puede garantizar la identidad del personaje. En todo caso, si no puede dudar de la maternidad, de la relación del hijo-personaje con su madre, puede en cambio dudar sobre la paternidad de ese hijo/personaje. El director nunca puede saber si el Otelo parido por ese actor es realmente hijo de Shakespeare. Tendremos que volver a Stanislavski para ver no tanto cómo el director ayuda al actor (para ello ha creado su psicotécnica), sino cómo establece en su Sistema la relación del director con el autor. Esta "novela familiar" del teatrista requiere de nosotros un abordaje por la vía del Edipo y también por la vía del estadio del espejo. Tal vez haya que imaginar la figura del director como la del analista que, aunque puesto como sujeto supuesto saber, debería conducir al actor a ese instante culminante del ensayo en que ya no puede funcionar como semblante del Otro y, por tanto, plantea su falta en tanto incapaz de ofrecer aquí ninguna garantía.

Lacan va a reconceptualizar el complejo de Edipo freudiano a partir de su interés en el significante y por el hecho de haber definido el inconsciente en tanto estructurado como un lenguaje. Al hacerlo, nos ofrecerá su reconceptualización de por lo menos tres aspectos cruciales en el psicoanálisis: el falo, el padre y el superyó. El complejo de Edipo—o bien el Edipo—es basal en la teoría psicoanalítica. Freud se inspiró en el *Edipo Rey* de Sófocles y luego fue reelaborando su aproximación al tema a través de su lectura de *Hamlet* de Shakespeare y, finalmente, de la novela de Dostoiesvski, *Los hermanos Karamazov*, de modo que desde entonces el psicoanálisis está ligado al teatro y a la literatura y, por ende, no debería resultarnos sorprendente que los teatristas recurramos a un diálogo con el psicoanálisis. El complejo de castración aparece al terminar el Edipo, que según Freud el niño atraviesa entre los dos y cinco años de vida, correspondiendo así a la fase fálica de la sexualidad infantil. En el Edipo—que obviamente se representa a nivel inconsciente—el niño parte del lazo sensual/sexual con la madre, a quien desea poseer, razón por la cual ve en su padre a un rival que se opone a sus deseos. El padre establece la prohibición de acceder a la madre y, de ese modo, no le deja al niño otra salida que identificarse al padre y por esa vía orientar su sexualidad hacia otro objeto. El Edipo aparece así como un complejo universal e inconsciente que explica, en parte, la prohibición del incesto. El Edipo tiene algunas diferencias para la niña. El niño sale del Edipo por el miedo a la castración y la niña en cambio entra en el Edipo cuando se apercibe de la castración, es decir, de que ella no tiene pene. De modo que la presencia/ausencia del falo va a tener aquí sus consecuencias. En la niña—y esto puede ser interesante para nuestra lectura de Stanislavski en tanto nos ha dicho que el actor es una madre, un "actor preñado"—el complejo de Edipo se manifiesta como un deseo de tener un hijo del padre. Algo similar podemos observar en la aproximación a la formación actoral, stanislavskiana o no. El actor quiere representar el personaje textual tal como el autor lo concibió, con la mayor fidelidad a lo que supone es el deseo de ese autor, cualquiera sea el fundamento que dé para justificar ese deseo y más allá de las transgresiones que le plantee la dirección y el plan de puesta en escena. En tanto actor/madre, el psicoanálisis nos plantea, para el lado de la mujer, una relación amorosa inicial con la madre; en la niña el Edipo comienza cuando justamente se separa del objeto del mismo sexo y desea tener un hijo del padre. El niño sale del Edipo por la identificación con el padre y la niña en cambio no procede a identificarse con la madre, sino que desea tener un hijo del padre para superar la envidia del pene; para ésta, el hijo del padre sería el sustituto de ese pene que no tiene. Ese hijo, ese Personaje tal como lo plantea el Sistema, equivale desde la perspectiva del actor/madre al sustituto del falo real del autor. En psicoanálisis, y en función de lo que nos interesa aquí, podemos decir que hay un Edipo positivo, que justamente nos relata la relación de amor con el progenitor de sexo contrario y de rivalidad con el progenitor del mismo sexo, y un Edipo negativo o invertido en el que la relación de amor está dada con el progenitor del mismo sexo y la de rivalidad con el de sexo contrario. Finalmente, habría un Edipo completo en el que se cumplen ambas posiciones.

En psicoanálisis se trata, como vemos, de un triángulo, como el que planteaba Stanislavski, y es probable que tengamos que interrogar más la cuestión, para descubrir alguna otra figura. No es éste el lugar de abordar las interpretaciones que tuvo el Edipo en las diversas escuelas psicoanalíticas, como la kleiniana, en la Ego Psychology y en el famoso anti-Edipo de Gilles Deleuze y Félix Guattari. Pero nos resultará sumamente útil centrarnos en la lectura lacaniana del Edipo, por el hecho de que tanto Lacan como nuestra praxis teatral hacen referencias directas a la cuestión del lenguaje. Antes de hacerlo, tratemos de ver qué preguntas pueden realizarse si pensamos la cita de Stanislavski que estamos comentando desde la perspectiva freudiana. Sin embargo, es importante señalar una cuestión más que no pasó desapercibida para Freud y sus comentaristas. En *Edipo Rey*, Edipo (el de los pies hinchados), al intentar evitar una profecía termina cumpliéndola. Hay un oráculo inicial, que es el que le hace saber a Layo que su hijo lo matará y luego se casará con su madre. De alguna manera, transferido a nuestro campo de la actuación a partir de la cita stanislavskiana, es como sostener—como sugerimos antes— que el personaje mata al autor para luego casarse con el actor.

Pero no hay que olvidar que Layo se había enamorado de Crisipo, el hijo de Pélope, rey de Olimpia, que lo había asilado cuando fue desterrado de Tebas por sus primos, que usurparon el trono.

Durante los Juegos Nemeos, Layo decide raptar a Crisipo, llevarlo a Tebas, donde sus primos—los que le impedían llegar al poder—ya habían muerto. Allí viola a Crisipo, quien luego se suicida. Pélope entonces maldice a Layo, quien durante mucho tiempo no había podido tener hijos con Yocasta; el rey de Olimpia le pide a Zeus que lo castigue no dándole descendencia masculina o, si eso ocurriera, que su hijo lo matara. Como vemos, en esta historia previa, que casi ningún psicoanalista menciona, aparece el tema de la traición, de la homosexualidad y de la maldición sobre la descendencia de Layo. Tenemos así el deseo homosexual de Layo que amenaza la descendencia (la no procreación), y luego tenemos la descendencia maldita, en la cual se sostiene el parricidio y el incesto. El goce y el superyó feroz marcan, sin que él lo sepa, los avatares trágicos de Edipo. El hijo es, pues, alguien que amenaza al padre, como tal vez el personaje amenace al autor; el hijo no es lo que el padre ha deseado, como el personaje encarnado por el actor no es lo que el autor ha deseado. El hijo carga con el destino trágico de una maldición, así como tal vez le ocurre al personaje encarnado por el actor.

Freud y otros psicoanalistas han efectivamente señalado que Edipo no *sabe*. El destino de Edipo, como en el block maravilloso, está escrito—desde antes—sobre una superficie oscura e inaccesible a su conciencia. El tema del desconocimiento del yo y del destino trágico inconsciente está aquí mostrado en todo su esplendor. De modo que el Edipo resulta, en este sentido, un ejemplo fundacional sobre el saber y el conocimiento. La acción de Edipo (matar al padre, casarse con su madre y engendrar hijos/hermanos) se realiza en el desconocimiento, pero también acarrea la maldición paterna ahora transferida a la totalidad de la estirpe. Para nuestra praxis teatral, la tragedia de Edipo es la tragedia del actor que hace las cosas sin saber, y donde su destino, su libreto, yace a nivel inconsciente. Puede *conocer* la obra, puede *conocer* la época en que fue escrita, puede *conocer* la biografía del autor y múltiples aspectos de índole cultural, pero no *sabe* de qué se trata el deseo del personaje y cuánto arrastra éste de la maldición paterna, de los deseos del autor. Todo el Sistema y su insistente apelación al subconsciente pueden leerse desde esta perspectiva.

Obsérvese que Stanislavski dice que es en la "primera infancia" cuando el actor "procura *saber* su personaje" (el subrayado es mío).[52] En parte, podemos leer su afirmación como si el actor fuera ese niño que al atravesar el Edipo va a dar con su elección de objeto y con su orientación sexual, la que aflorará en su adolescencia, después de un período de latencia. Pero también, en parte, podemos imaginar esa frase como un momento en el que el actor atraviesa su parábola edípico-teatral, trabaja con su inconsciente para saber sobre el deseo del Otro, del personaje y, por esa vía, del autor. Si esto es así, lo hace más como una niña que como un niño. Ya se nos dijo que el actor era "madre". El personaje deviene el hijo que depende de esa madre y del deseo de esa madre. Como niña o como madre, lo que desea es el falo, y supone que es el padre quien lo tiene. El personaje viene a ser para esa madre el sustituto del falo paterno. Ese personaje, que no puede ser sin la madre, que se encarna en la madre-actor, vive a costa de su relación con el cuerpo de su madre. Fácil es ver aquí por qué Brecht planteará después esa distancia entre personaje y actor, ese procedimiento por el cual el actor no encarna el personaje, sino que lo expone, no se confunde con él, muestra que está actuando a otro que no se confunde con el actor. Y es fácil comprender también a los extremos que llega la tradición stanislavskiana en Strasberg o en Grotowski, en donde habría la expectativa alucinada o (auto)hipnótica de una fusión total entre uno y otro.

Prosigamos; no abandonemos tan rápido nuestro delirio. Recordemos que el mismo Freud reconocía cierta verdad en el delirio. Si leemos el texto de Stanislavski desde la perspectiva del Edipo, resulta que el actor-como-madre, habría partido de la castración para entrar en el complejo y lo que busca en el autor es el falo que, en prin-

---

[52] Una vez más, carezco de competencia en la lengua rusa para cotejar los verbos relacionados con "saber, conocer" y conjeturar sobre posibles opciones lingüísticas a disposición del maestro ruso.

cipio, ella supone poder alcanzar en el personaje que ella debe parir. Como tal, debería pues proceder a identificarse con la figura del padre, del autor, para poder alcanzar el falo en la figura del personaje. Según esta lógica, no es el actor-como-madre el que estaría tentado de parricidio, sino el personaje. Es el personaje el que mata o desea matar al autor; es Otelo el que mata o desea matar a Shakespeare; ni el actor ni el director estarían involucrados en ese crimen. Se nos abre aquí una línea de trabajo sugerente y novedosa.

Llegados a este punto, podemos avanzar nuestra lectura a partir de la aproximación de Lacan al complejo de Edipo en Freud. En el *Seminario 16* Lacan nos dirá que el complejo de Edipo se trata de un sueño de Freud y lo pondrá en comparación con el asesinato del padre de la horda en *Tótem y tabú* y con el ensayo de Freud *Moisés y el monoteísmo*. En su enseñanza temprana, Lacan va a seguir a Freud, pero hasta cierto punto. A lo largo de su enseñanza fue ajustando algunos términos y también planteando algunos desacuerdos. Así, por ejemplo, si el falo es en Freud usualmente el pene, el órgano masculino, este término toma una dimensión diferente en Lacan, en la medida en que el maestro francés constantemente intenta teorizar tratando de ubicar lo biológico fuera del campo psicoanalítico. Y de igual modo a como ocurrirá con el falo (que para Lacan será no el pene, sino un significante de la falta, un objeto imaginario, real y simbólico [*Escritos II* 657]), lo mismo nos ocurrirá con el padre (que podrá ser también imaginario, real y simbólico). Frente a la conceptualización lacaniana del Edipo, vamos a tener que plantearnos aquí un ensayo teórico conjetural. Vamos a seguir la propuesta de Stanislavski, es decir, vamos a pensar lo lacaniano en términos de padre= autor, madre=actor y niño=personaje. Como se verá luego, algunas de las proyecciones teóricas de este proceder en el campo teatral van a parecer completamente delirantes y, sin embargo—insisto—no dejan de plantearnos interrogantes fundamentales para la praxis teatral.

Para Lacan, el complejo de Edipo tiene la función de permitir que la criatura humana realice su pasaje de lo imaginario a lo simbólico, es decir, el pasaje a lo social y a la cultura. De alguna manera, tiene un carácter normativo, en la medida en que promueve una serie de identificaciones estructurantes a nivel inconsciente en tanto provee al sujeto de una serie de imágenes y discursos, un guion, con los que tendrá que vérselas en el resto de su vida. El sujeto, como ya hemos dicho, no habla, sino que es hablado por el Otro. Del Edipo depende tanto la elección de objeto futura como la determinación de la orientación sexual del sujeto. Lacan justamente apela a lo teatral para expresarse respecto de la constelación de imágenes que plantea todo complejo; vale la pena dar la cita completa:

> Por la vía del *complejo* se instauran en el psiquismo las imágenes que informan a las unidades más vastas del comportamiento, imágenes con las que el sujeto se identifica una y otra vez para representar, actor único, el drama de sus conflictos. Esa comedia, situada por el genio de la especie bajo el signo de la risa y las lágrimas, es una *commedia dell'arte* en el sentido de que cada individuo la improvisa y la vuelve mediocre o altamente expresiva, según sus dones, desde luego, pero también según una paradójica ley, que parece mostrar la fecundidad psíquica de toda insuficiencia vital. *Commedia dell' arte*, además, por la circunstancia de que se la representa de acuerdo con un guion típico y papeles tradicionales. En ella se pueden reconocer los mismos personajes que han sido tipificados por el folklore, los cuentos y el teatro para el niño o para el adulto: el ogro, el fustigador, el tacaño, el padre noble; los complejos los expresan con nombres más científicos. (*Escritos I* 95-96, el subrayado es del autor)

Se ve entonces cómo Lacan piensa—en este trabajo temprano—el complejo como una constelación de imágenes que de alguna manera preceden a la entrada del sujeto en lo simbólico; el sujeto las encuentra ya dadas, y no las *imita*, sino que se *identifica* a ellas por diversas vías (*Escritos I* 94). Nos interesa aquí la idea de que la vida social—y obviamente del individuo—ya aparece de alguna forma como teatralizada: "actor único" dice Lacan; la vida es entonces una improvisación—bastante pautada, por cierto—ajustada a un guión dado con anterioridad. De modo que, en este sentido, lo que denominamos "teatro"—el drama de nuestra vida, nuestro destino—se instaura como una *segunda teatralización* ("segunda naturaleza" en términos de Stanislavski) que reproduce, de alguna manera, un tipo de comportamiento y ciertas máscaras-roles que ya hemos "naturalmente" asumido inconscientemente por medio de identificaciones. En este marco, deberemos repensar lo que Stanislavski denominaba "segunda naturaleza", porque si seguimos a Lacan, se trataría en el actor teatral de una "tercera naturaleza".

Si bien Lacan no lo piensa en términos de patología, el Edipo—que él plantea en tres tiempos—es un complejo que le sirve para calibrar las estructuras clínicas de neurosis, perversión y psicosis, y también la fobia. No hay un estado "normal" que pudiera oponerse a neurosis, perversión y psicosis. No hay manera de no pasar por el complejo de Edipo y solamente hay, en tal caso, sujetos que pasan o no los tres tiempos. Como veremos—y en parte lo mencionamos más arriba—Lacan va a insistir en la triangulación e incluso en el cuaternario edípico. Va a insistir en que no hay que quedarse en considerar relaciones diádicas, y por lo tanto va a plantearnos un primer tiempo preedípico, en el que estarían involucrados la madre, el niño (o el sujeto) y el falo en una relación imaginaria. Pero aun así, nos dirá Lacan, hay que suponer siempre el padre simbólico operando detrás de la madre. De modo que siempre tenemos cuatro elementos. Además, Lacan, a diferencia de Freud, plantea que tanto el niño como la niña entran en el complejo deseando a la madre, siendo el padre siempre—en este juego entre lo libidinal y la agresividad—el rival. El padre cumple siempre una doble función; por un lado, protege y, por el otro, prohíbe; su intervención es fundamental para permitir instaurar la ley y, por esa vía, orientar el deseo del sujeto hacia un objeto no incestuoso.

Vamos a ir contrapunteando esta perspectiva lacaniana del Edipo con las sugerencias de Stanislavski. No será una tarea fácil y habrá sin duda muchas sorpresas; algunas conclusiones aparecerán como completamente delirantes, pero basta esforzarse un poco para no eliminarlas o dejarlas de lado demasiado apresuradamente, sino que conviene tomarse un momento para apreciar su carácter provocativo en función de una teorización más ajustada de la praxis teatral. No estamos aquí para indicarle al artista lo que debe hacer. Ninguna teoría puede aplicarse ni va a dar por resultado una obra de arte. Estamos aquí para plantearnos una formación actoral y teatral con nuevos itinerarios; con estos ejercicios teóricos queremos abrir el juego de nuevas posibilidades para imaginar una nueva técnica de trabajo teatral que nos conduzca a nuevos descubrimientos y nos invite a una nueva lectura de Stanislavski. Un poco siguiendo a Diderot, no estamos interesados en el producto artístico; nos fascina más interrogar sobre lo que ocurre en ese momento que hemos denominado en términos generales "el ensayo", en el que se desarrolla la creatividad artística.

Los complejos son, pues, constelaciones (es la palabra usada por Lacan) de imágenes. En ese ensayo temprano sobre *La familia*, de 1938, Lacan va a hablar de tres complejos, aunque luego no volverá casi a referirse a ellos de esa manera. Aunque no voy a detenerme en ellos, me interesa mencionarlos, porque podrían marcar cierta escansión técnica en nuestra praxis teatral, especialmente durante el ensayo. Lacan habla del complejo de destete, del complejo de intrusión, del complejo de Edipo-complejo de castración. El complejo de destete supone una separación de la madre y un corte en relación a la imago del pecho materno, fuente de nutrición; este corte va a dejar en el sujeto una nostalgia por la totalidad. El complejo de intrusión supone la entrada de un hermano, que rivaliza la exclusividad del sujeto frente a los padres. De alguna manera, estos dos complejos—sin converger—van a estar sustituidos por lo que conocemos como "estadio del espejo". Resulta interesante ver estos complejos al final de todo taller o cuando el individuo avanza en sus estudios actorales. Lentamente el participante va reduciendo sus demandas de totalidad y aceptando la falta, sea en relación a sus posibilidades artísticas, sea en relación a los otros actores o el grupo en general, incluido director y técnicos, sea en relación al personaje, etc. Ya hemos mencionado la recomendación de Stanislavski de cuán "peligroso y dañino para un joven que carece de la técnica y preparación necesarias [es] la pretensión de hacer papeles que superan sus fuerzas" (*MVA* 85). Se puede leer en esta clave gran parte de *Mi vida en el arte*, para ir puntuando la caída de los ideales de totalidad iniciales. Además, sabemos que siempre queda esa nostalgia por lo que el espectáculo pudo haber sido en relación a una imagen inicial de puesta en escena. No vamos a detenernos en esto, pero me parece que sería una entrada teórica interesante para reconceptualizar no sólo el trabajo del actor y del director (al fin y al cabo, desde Diderot se viene hablando de un "modelo ideal" o "modelo inicial", a nivel imaginario) sino también comenzar a repensar la crítica teatral, para sacarla de ese estancamiento que supone analizar solamente el producto y no vislumbrarlo desde el proceso derivado de un posible "modelo ideal".[53]

Volvamos al complejo de Edipo. Entremos en sus tiempos, que no son instancias psicológicas ni fases madurativas, sino lógicas. El primer tiempo (llamado también pre-edípico) se da como un triángulo en cuyos vértices tenemos a la Madre, al Niño (o el sujeto) y el Falo. Se trata, nos dice Lacan, del falo imaginario (que Lacan representa con la letra griega φ). Ya hemos dicho que el falo no es el pene, sino un significante de la falta. Se trata en este caso de la imagen del

---

[53] En el teatro comercial o en el teatro universitario, especialmente en Estados Unidos, por razones de producción y particularmente financieras, el director debe ajustar su proyecto de puesta a un plan de trabajo excesivamente pautado temporalmente. En muchas entrevistas de mi colección *Arte y oficio del director teatral en América latina*, se puede observar la forma en que el director llega al ensayo con casi todo resuelto, a veces resuelto con meses de anticipación a la entrada de los actores.

pene, como un objeto parcial, es decir, separable. Los objetos parciales son aquellos que pueden ser separados del cuerpo, y por eso se habla de castración (representado por $-\varphi$). Obviamente, no es una castración corporal efectiva, como en el caso de los *castratti*. En este primer tiempo, el Niño desea a la Madre y cree que ésta también lo desea a él; la Madre, sin embargo, desea algo que está más allá del Niño y éste no tardará en percibirlo. El hecho de que Madre y Niño sean deseantes, significa que están marcados por la falta, por algo que les falta y por eso desean. Ambos se experimentan, se viven como incompletos. El Niño, que percibe que no satisface completamente a su Madre (el hecho de que ésta aparezca/desaparezca es importante y luego el Niño tratará de dominar esta situación, como ocurrirá con el famoso juego del carretel, conocido por los analistas como el *Fort-Da*), hace que el Niño quiera *ser* el Falo que le falta a su Madre y de ese modo sostener a toda costa la unión dichosa con ese Otro primordial que lo alimenta y lo cuida.

Al principio, la Madre es todo para el Niño, ésta aparece como omnipotente y por eso su deseo es para el Niño la ley, pero pronto empieza a darse cuenta de que la madre desea algo, y por lo tanto, le falta algo, por eso se ausenta. La ausencia de la madre genera en el niño angustia y por eso éste inventará un juego que él pueda controlar, que transforme el displacer en placer, para taponar la angustia. Ya nos detendremos en esto cuando hablemos del fantasma, como sustituto en el adulto del juego infantil. Al aparecérsele la madre como deseante, el niño se pregunta qué lugar ocupa él en el deseo de ella, es decir, en el deseo del Otro, lo cual va a introducirlo en cierta dimensión de la angustia. Luego, al registrar sus propias pulsiones sexuales, de tipo autoerótico, el Niño se da cuenta que no puede ser el falo para la Madre, que no puede engañar el deseo de su Madre, ya que para ello debería presentar un falo real, que está en posesión del Padre. Al no tener lo que la Madre necesita, la angustia del Niño se incrementa.

Antes de pasar a la analogía con las figuras propuestas por Stanislavski, conviene aclarar que Madre, Niño o Sujeto, Padre y Falo son en Lacan posiciones y no personas; de ahí que prefiera en este caso usar las mayúsculas. Esto significa que cualquier persona, de cualquier género sexual y no necesariamente los progenitores bioló-gicos del sujeto, puede ocupar alguna de esas posiciones. De acuerdo a Stanislavski, podemos jugar con este triángulo manteniendo su pro-puesta: Padre=Autor, Madre=Actor, Niño=personaje. Tropezamos ahora con el problema de no saber a qué atribuir el falo en el triángulo de Stanislavski. El maestro ruso nos dijo que el Padre era el Autor, pero el Padre no ha hecho todavía su aparición en el triángulo pre-edípico. Si tenemos en cuenta que para Lacan hay un falo imaginario, otro falo real y otro simbólico, y que también el Padre responde a esos tres registros (padre real, padre imaginario y padre simbólico), la tarea de jugar con el triángulo edípico en esta analogía se torna com-plicada.

¿Qué puede ser el objeto de deseo del Actor y del Personaje? ¿Podemos de alguna manera pensar en el 'deseo' del personaje? De hecho, la crítica literaria—incluso Freud y Lacan—ha podido ya usar la batería del psicoanálisis para hurgar en los textos a fin de trabajar el deseo del personaje. De alguna manera, el hecho de que la inter-pretación de un sueño lo sea de su relato, de su texto, no parece en principio plantearnos demasiados inconvenientes. En breve, pode-mos decir que, por regla general, es mucho más fácil conocer lo que quiere un sujeto (su *demanda*, aunque sea inconsciente) que su *deseo*. En general, el sujeto no quiere saber demasiado sobre su deseo, sobre el objeto de su deseo, que está reprimido. En Lacan, el objeto *a*—causa del deseo—es un objeto perdido para siempre y en la cadena significante, metonímicamente, puede admitir diversos 'representan-tes" temporarios. Ese objeto *a* forma parte de la fórmula del fantasma $\$\lozenge a$. De acuerdo a este primer tiempo, el objeto del deseo del Actor, como Madre, no es el Personaje, sino algo que se halla más allá del Personaje. ¿Qué puede desear el Actor más allá del Personaje? Esta pregunta no se responde tan fácilmente en el campo teatral. Tendría-mos que buscar un objeto análogo al falo, como significante de la fal-ta. Para nuestra praxis teatral, podríamos pensarlo como ese "modelo ideal" del rol—para usar la terminología de Diderot; en cierto modo, el modelo ideal es lo que no está a disposición del yo. Sin duda, entramos aquí en un terreno espinoso, que Lacan trabajará en su *Seminario 4* y que nos abre el camino hacia múltiples destinos: por un lado, el yo y el ideal del yo, por otro, las relaciones entre el ideal del yo y el falo y, finalmente, las relaciones—nada alejadas de nuestro campo teatral—entre el falo y la función del velo, entre el falo y el travestismo. Al final de su clase del 6 de febrero de 1957, Lacan nos invita a observar, siguiendo el esquema de Freud en *Psicología de las masas y análisis del yo*, cómo Freud plantea que varios sujetos pueden tener el mismo ideal del yo y, aunque cada ideal del yo se refiere a un objeto, los tres objetos remiten a un objeto exterior, que Lacan trabajará como falo. Dicho esto, vamos a jugar con las sugerencias de Stanislavski y el complejo de Edipo, postulando una relación—que luego habrá que profundizar—entre "modelo ideal", tal como la propone Diderot y que, sin duda, Stanislavski conocía muy bien—y falo. Me parece que hay que diferenciar, en la lectura del Sistema, el modelo ideal—que opera más en relación al personaje—de lo que Stanislavski denomina "el ideal del actor" (*MVA* 35), que sin duda corresponde más al concepto freudo-lacaniano del ideal del yo. Y ambos hay que diferenciarlos de otro ideal, "mi auténtico ideal" (*MVA* 37) lo llama Stanislavski para referirse al tipo de papel para el que cada actor está capacitado; tarea, sin duda, que se engancha nuevamente al tema del yo ideal y del "conócete a ti mismo": "Aprendan a tiempo, desde los primeros pasos—le aconseja Stanislavski a los actores—a escuchar, entender y amar la cruel verdad sobre sí mismos" (*MVA* 95), y casi como si pensara en el análisis y la transferencia, sabiendo que ese aprendizaje solo puede realizarse frente a otro, les dice: "Y conozcan a las personas que se las puedan decir" (*MVA* 95).

Desafortunadamente, Stanislavski, a pesar de que *La interpretación de los sueños* de Freud se tradujo al ruso en 1904, no parece acusar recibo del psicoanálisis, pero sin embargo no se le escapa que es frente a un sujeto supuesto saber que es posible hablar sobre el deseo: "Hablen mucho con ellas de arte" (*MVA* 95). No podemos reprocharle, por razones generacionales, desconocer a Lacan y a lo que éste nos enseñó sobre el lugar y posición del analista. De ahí que sólo pueda admitir la figura de eso Otro como una función paterna, sancionadora y autorizada, modelizante, ideal, como el psicólogo de la Ego Psychology: "¡Y que los regañen con frecuencia!" (*MVA* 95).

En cuanto al ideal del actor, no debería sorprendernos, de acuerdo a lo que venimos planteando, que Stanislavski lo sexualice, personalizándolo en María Nikolaevna Ermolova—a quien le dedica *Mi vida en el arte*. Nos topamos aquí con otra mujer, como Elvira y como luego será su Actor-Madre. Ermolova, incluso a pesar de su timidez y modestia enfermizas, encarna ese ideal del actor: tiene "condiciones naturales excepcionales", sus papeles "viven en la memoria con una vida independiente" y grandes dotes internas y externas. Conviene citar completamente el párrafo porque reúne el ideal del actor stanislavskiano al que el Sistema aspira y la sexualización del actor, concebido como mujer—ese "continente oscuro", tal como lo designó Freud—y que no estará lejos de la forma en que el maestro ruso entiende el subconsciente al llamarlo esa "tierra prometida del subconsciente" (*P.A.* 299):

> M.N. Ermolova forjó sus múltiples creaciones, espiritualmente diversas, *siempre con los mismos procedimientos de actuación, específicos de su arte*, con su típica abundancia de gestos, gran impulso, un dinamismo que llegaba a la agitación, lanzándose de un extremo al otro del escenario, con estallidos de pasión volcánica, que alcanzaban todos los límites, con una asombrosa capacidad para *llorar, sufrir y creer sobre las tablas*.
>
> Las dotes externas de Ermolova no eran menos notables. Tenía un rostro magnífico, ojos inspirados, un cuerpo de Venus, *una voz de pecho cálida y profunda, plasticidad, armonía, ritmo* incluso en la agitación y los impulsos, un encanto y *un sentido de la escena* ilimitados, gracias a los cuales hasta los mismos defectos se convertían en virtudes.

Todos sus movimientos, palabras y acciones, aun cuando fueran desafortunados o equivocados, estaban *animados internamente* por un sentimiento cálido, suave o llameante, conmovedor. Aparte de todos estos méritos la naturaleza la había dotado de una *sensibilidad psicológica excepcional* en todo sentido. Conocedora del *alma de la mujer*, conmovedora hasta las lágrimas, terrible hasta el horror, cómica hasta la risotada. (*MVA* 34, el subrayado es mío)

La extensión de la cita se justifica en sí misma, en tanto muestra a las claras el ideal de actor del Sistema y la sexualización del actor, que nos llevará, más adelante, a cuestiones de extremada relevancia teórico-técnica.

Ese modelo ideal, al que el Personaje no necesariamente puede corresponder, puede ser sin embargo el ideal del yo de muchos actores. Como nos recuerda Stanislavski respecto a los autores, pero sin duda aplicable a sus personajes, "Puschkin, Gógol, Molière y otros grandes poetas ya están vestidos desde hace mucho tiempo, de una vez para siempre, con los gastados uniformes de toda clase de tradiciones, a través de las cuales es difícil llegar a su naturaleza viva" (*MVA* 95). Esa materia viva, como un objeto siempre faltante y luego como un objeto perdido, es la causa del deseo que anima todo el Sistema.

Si observamos bien, vemos que en el triángulo de Stanislavski ese Personaje-hijo no es el textual, creado por el Autor-padre, sino el modelo ideal performativo, es decir, el creado por el Actor-madre a lo largo de la historia y de las tradiciones teatrales sobre un Personaje textual, nunca realizable por ningún actor, es decir, como un objeto siempre faltante. Cuando hablamos del modelo ideal, estamos, pues, hablando no del Otelo de Shakespeare como criatura textual, significante, nunca alcanzable o completamente realizable, sino del Otelo como modelo ideal, resultado de la creación de múltiples actores históricos. El Otelo de Shakespeare es siempre un objeto que falta en el modelo ideal, el falo que está detrás del modelo ideal como serie o tesoro de las creaciones actorales a lo largo de la historia.

Para introducirnos en nuestra praxis teatral, y para economía y comodidad de la exposición, vamos a trabajar con el modelo ideal como falo. Hay que recordar aquí—aunque no podamos desarrollarlo—la metáfora paterna; según Lacan, en el Edipo el Nombre-del-Padre sustituye al Deseo de la Madre y de ella dependerán todas las significaciones. Se habla así de que toda significación es fálica. El modelo ideal del que hablamos, corresponde así al falo imaginario del Actor: es un modelo imaginario en el que convergen no sólo las imagos que provienen del texto dramático (cuando lo hay), sino también las sucesivas teatralizaciones de ese personaje a lo largo de la historia. De modo que ese modelo ideal, objeto de deseo del Actor, se ubica más allá del Actor y más allá del Personaje concebido, realizado, creado por el Autor.

Lo interesante de este juego teórico a partir de la cita de Stanislavski, es que tenemos al Niño=Personaje en el lugar del Sujeto.[54] La Madre=Actor va también a subjetivarse en este triángulo pre-edípico. Es para ese Personaje—que se nutre del Actor—para quien ese Actor se posiciona como gran Otro (A), y no al revés. La Madre=Actor deviene sujeto por su relación con el significante falo (un sujeto es un significante para otro significante), que es justamente la que la hace deseante. El Actor desea ese modelo ideal como completamiento de su deseo y, en consecuencia, impone su deseo, su omnipotencia, su capricho sobre el Personaje. Como veremos, Stanislavski percibió bien esto y critica fuertemente en su obra esta sobreimposición del actor sobre el personaje. Ermolova dejaba en el espectador, según nos cuenta el maestro ruso, memoria de sus personajes, a diferencia de "otras actrices de su tipo [que] dejan en la memoria sólo el recuerdo de su propia persona, y no de los papeles, todos parecidos entre sí y a ellas mismas" (*MVL* 34)

---

[54] Usualmente, tal como se ve en gran parte de la bibliografía sobre Stanislavski, se tiende a pasar por alto cómo él dispone el triángulo. En efecto, muchos maestros o discípulos de Stanislavski trabajan el Sistema desde un triángulo diferente: Padre=Autor, Madre=Personaje, Hijo=Actor con consecuencias teórico-prácticas, obviamente, diferentes a las del maestro ruso.

Cuando el maestro ruso señala que hay momentos de inspiración y otros completamente convencionales en el trabajo del actor, de alguna manera está mostrando la forma en que el Personaje se angustia frente al deseo del Actor. El Personaje, a su manera, al no poder engañar al Actor, al no tener algo real que ofrecer, manifiesta su angustia haciendo aparecer y desaparecer al Actor, como si estuviera jugando con él al famoso *fort-da*, por el cual el niño arroja un carretel lejos de sí y luego lo atrae hacia él, elaborando esa angustia causada por la presencia-ausencia de su madre. Hay varios ejemplos en Stanislvaski de esta intermitencia, y tal vez el más paradigmático sea ese momento en que Kostya, en sus primeras clases, logra vivir su personaje al exclamar: "¡Sangre, Yago, Sangre!" (*PA* 19). Siente, en ese momento, que el Personaje habló por medio o através de él. Tortov se apresura a limitar el entusiasmo del joven actor con la siguiente admonición que, en parte, va a justificar la necesidad de una técnica capaz de asegurar continuidad donde no la hay: "Ya he dicho que durante toda la larga escena de Otelo hubo sólo algunos *pocos momentos* en los cuales consiguió vivir su papel" (*PA* 26, el subrayado es mío), es decir, en que Otelo realmente logró encarnarse.

Primer tiempo del Edipo: lo pre-edípico

Por otra parte, tenemos el deseo del Actor que puede amenazar la existencia del Personaje como sujeto con un deseo propio. En este primer tiempo, el Personaje creado por el Actor nunca está a la altura del modelo ideal; y es por eso justamente por lo que tratará de *ser* ese modelo ideal que no está a su disposición y que le permite la ilusión de ser el objeto de deseo del Actor. Stanislavski apunta en esta dirección cuando critica lo que él denomina "la escuela de la representación" o "el teatro de la convención" de Coquelín, el viejo (*PA* 30). También se pueden poner múltiples ejemplos tomados de *Mi vida en el arte*. En todos los casos tenemos la forma en que el Personaje es sometido a los deseos del Actor, sea por medio de adaptar su idea del Personaje a su propio cuerpo o por la "imitación servil" (*PA* 30) a sus propios ideales del Personaje o por copiar lo que hizo otro actor prestigioso. Si la figura del Padre=Autor no entra en escena aquí, se corren varios riesgos. Stanislavski no dejó de observar la pérdida de sentido que un actor puede experimentar y por eso nos advierte que "[s]abemos de momentos aislados, largos o cortos en su duración, cuando el actor está perdido en la "región del subconsciente" (*PA* 289). Presentimos la figura del Padre simbólico, del Autor, detrás del Actor en este triángulo preedípico, en la medida en que regula el deseo del Actor al encausarlo hacia el modelo ideal del Personaje, es decir, por las depositaciones performativas de la tradición teatral. La relación de Stanislavski con esa tradición teatral es doble: no se la puede desconocer, es lo simbólico que precede a la entrada del actor en el ensayo, pero a su vez apenas debe configurar una referencia para dicho actor, en la medida en que éste debe dirigirse más al subconsciente y, en cierto modo, ofrecerse a lo inesperado; Tortsov les dice a sus estudiantes que "[e]n lugar de tomar el material de recuerdos de la vida misma, lo han tomado de los archivos teatrales de vuestra mente" (*PA* 169). E inmediatamente subraya que el deseo del Actor respecto del Personaje no puede ser ilustrado con imágenes o recursos de la tradición y menos aun artificialmente provocado: "Lo que sucedió dentro de ustedes en la primera vez, naturalmente se tradujo en acción. Hoy, esa acción fue inflada y exagerada para causar el efecto deseado" (*PA* 169). El Personaje, obviamente, no logra ser ese modelo al que aspira el Actor como madre y, a medida que ese Personaje va dimensionándose durante los ensayos, va dando muestras de *no tener* lo que el Actor necesita para colmar su deseo. Veremos más adelante cómo hay un resto (de goce) de la operación por la cual el Nombre-del-Padre sustituye metafóricamente al Deseo de la Madre.

Si el Personaje queda identificado al deseo del Actor, es decir, si queda atrapado en *ser* el deseo del Actor, ser el falo imaginario, la consecuencia será un personaje *perverso*, dando lugar así a una "representación" fetichista y/o travestida. El Personaje, esa criatura parida por el Actor, va a ser un fetiche o va a ser un travesti. Podríamos decir, siguiendo a Octave Mannoni, que en todo momento el personaje nos estaría diciendo: "Yo sé que no soy el Otelo que deseaba el Actor, pero aún así..."; "yo sé que no soy el modelo ideal del Actor, pero aun así...". Lacan, a diferencia de Freud, insiste en que el fetiche es el sustituto del falo y no del pene; es el sustituto simbólico de lo que le falta a la Madre, al Actor. Ese Personaje que vemos es el resultado de la identificación con el deseo del Actor y con un modelo ideal; pero no es el Personaje del Autor. Por el contrario, se ha puesto las ropas que corresponden a la fantasía de ese Actor, con los ropajes-gestos-actitudes que ese Actor supone o atribuye al modelo ideal.

Stanislavski nos plantea un ejemplo preciso de esta situación cuando, al comienzo mismo de *Preparación del actor*, vemos a Kostya preparando su Otelo. Va a su casa y arrebatado por la lectura, con esas primeras impresiones, somete al personaje a su deseo, lo identifica con sus estereotipos de africano salvaje y hasta se siente, en cierto momento, demasiado "moderno y civilizado" (*PA* 10). Hasta decide "imitar el paso del animal" (*PA* 10) y hasta siente que ha logrado con ello un grado de perfección. Al llegar al teatro queda en manos de un maquillador quien, junto con el vestuario que le es dado, termina la tarea de travestización, dejando a Kostya completamente encantado. Sin embargo, esta captura del personaje en su modelo ideal o ideal del yo, no le impide decir su papel automáticamente ni moverse en escena (*PA* 17). El pánico escénico le impide hablar y mentalmente solo espera "terminar [la escena] lo más pronto posible" (*PA* 17). Demás está decir que su Otelo poco tenía del personaje shakespearano, más allá de los grotescos emblemas y estereotipos a los que Kostya lo sometió. Y este egocentrismo del actor ni siquiera pudo considerar la presencia de Yago, su compañero de escena. Si en un momento logra alcanzar un sentimiento, lo hace por su sensación de fracaso, y es justamente allí, cuando se olvida de Otelo, que logra decir las célebres palabras "¡Sangre, Yago, sangre!". "Sentí en ellas—nos dice—todo el dolor del alma de un hombre confiado" (*PA* 19), lo cual más que referirse a Otelo, habla justamente de sí mismo: se confió en que su personaje se identificaba con él, con el modelo ideal que él se hace de Otelo, pero que no necesariamente pasa por el Otelo del autor.

Lo mismo le ocurrirá a Paul con su Yago, aunque su caso es más peligroso, porque prepara su personaje frente a un espejo a fin de asegurarse que *sus* sentimientos—los de Paul, no los de Yago—se reflejaban exteriormente (*PA* 28). Tortsov interviene inmediatamente cuando Paul dice que su exterior reflejaba sus sensaciones: "Sus propias sensaciones, ¿o las sensaciones preparadas para su papel?" (*PA* 29). Paul parece sentirse orgulloso de haber sometido su personaje a sus propias sensaciones, que ni siquiera parecen pasar por el filtro de algún modelo ideal, al punto que, cuando el espejo deja de ayudarlo, recurre a imitar a una persona conocida "cuyas características parecían sugerir un buen ejemplo de perversidad y astucia" (*PA* 30). Intenta, además de someter a Yago a sí mismo, someter a dicho conocido también, lo que enfurece a Torstov que define la situación como "imitación servil" (*PA* 30), en la que conviene leer no lo que Paul servilmente imitó, si no que hizo imitar a Yago y al conocido a su propio yo, en este caso, su yo ideal. El mismo Torstov no parece tener una buena manera de enfrentar esta cuestión; remite a Kostya y a Paul a "asimilar el modelo" (*PA* 30), pero no el del yo ideal o el del ideal del yo, sino el modelo ideal en el sentido de Diderot. Los invita a estudiar la época, el país, el ambiente, como una manera de desubjetivizar la preparación, así como también estudiar la voz, el movimiento, los gestos del personaje—algo más difícil de imaginar y para lo cual carece de fundamentos—como una forma de "introducir el personaje en nuestros propios sentimientos" (*PA* 30). La situación, como se ve, es bastante ambigua y hasta paradojal. Tortsov rechaza la idea, sostenida por la escuela de la representación de Coquelin, de que cuando surge la imagen viva del personaje, el actor la transfiere a sí mismo, a su cuerpo, matándola y en cierto modo matándose; captura al personaje en una *imagen* supuesta y la reproduce cada noche. En esta operación vacía su cuerpo de goce, de lo vivo, llenándolo de los significantes de una supuesta imagen del personaje, y esto es coherente con el predicado de Coquelin, el viejo, para quien "el actor no

vive, representa" (*PA* 31), ya que su trabajo consiste en la reproducción escénica de las convenciones teatrales. En cierto modo, aunque
Stanislavski-Tortsov deberá todavía recorrer mucho tramo y enfrentar muchas dificultades, en estas primeras páginas ya plantea que su
aproximación es justamente contraria: nos propone que el actor debe
"encarnar" el personaje, es decir, pasarlo por el filtro de su cuerpo,
de lo vivo, por aquello que todavía queda del Deseo de la Madre después de la imposición del Nombre-del-padre en la metáfora paterna.
"Para reproducir—nos dice—los sentimientos se debe ser capaz de
identificarlos en el caudal de la propia experiencia" (*PA* 33). Al decir
que esos sentimientos corresponden a la experiencia del actor, admite
esa dimensión del goce que será la marca personal del artista en la
elaboración del rol y también el puente con lo subconsciente, a cuya
construcción dedicará toda su enseñanza. Por ahora, Torstov invita a
Kostya—y a sus otros actores—a trabajar esas imágenes espontáneas
a las que usualmente recurren los actores y, casi siguiendo la enseñanza lacaniana, propone atravesar el fantasma fundamental de
Otelo, en este caso, el fantasma cultural del salvaje negro africano
elaborado por la cultura occidental blanca e inscripta en el block maravilloso (y, en este caso, fascista) de la memoria del actor (*PA* 37).
Finalmente, Stanislavski nos dará un ejemplo del extremo más des-
preciable—y lamentablemente tan común: el de someter al personaje
al deseo exhibicionista del actor. Sonya quiso hacerse ver por el Otro,
y utilizó al personaje "con fines personales" (*PA* 39).

Segundo tiempo del Edipo

Pasemos al segundo tiempo del Edipo. Tenemos ahora un
triángulo formado por la Madre, el Padre y el Niño o sujeto. Aquí
vamos a ver aparecer la figura del Padre imaginario, cuya función es
imponer su ley al deseo de la madre y privarla del acceso al falo, al
tiempo que prohíbe al niño el acceso a la Madre. Esto lo hace no
tanto por sí mismo, sino por intermedio del discurso de la Madre y,
por esa vía, comienza ya a insinuarse el complejo de castración. Este
padre imaginario es un padre omnipotente, formado con todas las

imagos que el sujeto elabora en su fantasma sobre la figura del padre. No responde, por lo tanto, a ninguna persona en la realidad. Este padre imaginario, muy omnipotente, ha tomado diversas manifestaciones, sea como padre ideal en las religiones, sea como el padre de la horda primitiva que Freud explora en *Tótem y tabú*, que posee a todas las mujeres y prohíbe el acceso a ellas a los demás hombres. El Niño verá en este Padre a un rival en su disputa por el deseo de la Madre; sabe ahora que el objeto que la Madre desea está en el Padre y sabe también que ella no lo tiene, que ese objeto que él pensaba que estaba en la Madre, resulta que ahora a la Madre le falta. Y si la Madre no lo tiene es porque el Padre se lo ha sacado. El hecho de que el Padre prive a la Madre de lo que ella no tiene, hace que el falo pase de ser imaginario (φ) a la categoría de falo simbólico (Φ); a partir de este momento el falo será el significante de la falta de pene en la Madre. La intervención del Padre imaginario interrumpe la identificación del Niño con el deseo de la Madre, y de querer *ser* el falo pasa ahora a la dialéctica del *tener*: la Madre no lo tiene, entonces lo tiene el Padre. El Niño acepta o rechaza la castración; si la acepta, pasa a tener el falo simbólico, si es varón; siendo mujer, le falta el falo simbólico, pero de alguna manera lo posee. El niño aceptará que puede *tener* simbólicamente el falo, a costa de no tenerlo en la realidad. La niña acepta no tener el falo, pero fingirá serlo: es su mascarada. Lacan toma la idea de mascarada de un ensayo de Joan Riviere de 1929 titulado "Womanliness as a Masquerade" y desarrolla la actitud sexual femenina como un velo o máscara. La mujer finge ser el falo que no tiene. Sea como fuere, en los dos casos se debe renunciar a ser el falo imaginario de la Madre y devenir sujeto de la falta. Si rechazan la castración, quedan adheridos al deseo de la Madre.

Pasemos ahora al triángulo de Stanislavski. Tendríamos en este segundo tiempo un triángulo formado por la Madre=Actor, el Niño=Personaje y el Padre=Autor. Deberíamos plantearnos la presencia de un Autor imaginario que, por un lado, va a imponer su ley al deseo del Actor para privarlo del acceso al modelo ideal y, por otro lado, va a prohibirle al Personaje el acceso al Actor. Se interrumpe así la identificación del Personaje al Actor. Esto resulta interesante, porque estamos habituados a pensar que es el actor el que se identifica al personaje, pero vale la pena seguir este ejercicio teórico para ver si despeja algunas problemáticas de la praxis teatral que, por hábito o por flojera, no hemos elucubrado antes. Esta prohibición, como ya vimos, no la hace directamente el Autor, sino a través del discurso del Actor, en el que ya está respetada la ley del Autor. Este Autor imaginario es el resultado de la constelación de imagos de la figura paterna: como omnipotente, como ideal, como autoridad, como poseedor de la "verdad" de la obra, como gozador de todos los sentidos de la misma. Nuevamente hay que recordar que no se trata de ninguna persona en la realidad; se trata de un Autor imaginario omnipotente que acapara para sí mismo, que posee, que *tiene* en su poder todos los sentidos. Él *tiene* el "significado" de la obra. El Personaje ahora planteará su rivalidad con el Autor: esto es sumamente sugerente y no hay que devanarse los sesos para pensar en Pirandello. El Personaje sabe que el Actor no tiene el falo imaginario, no tiene el modelo ideal, sabe que el Actor nunca lo tuvo, que le falta y que en realidad lo tiene el Autor imaginario. El Personaje ya no querrá ser el modelo ideal del Actor, sabe que éste no lo tiene; va a desear entonces ese objeto que tiene el Autor y por lo tanto él también querrá tenerlo. El modelo ideal pasa ahora de imaginario a simbólico, y se localiza en el Autor imaginario. Ese modelo ideal será desde este momento el significante de la falta en el Actor. El Actor ha sido privado del modelo ideal y queda de ese modo bajo la ley del Autor; el Personaje, por su parte, podrá aceptar o rechazar la castración. Si la acepta, pasa a *tener* el modelo ideal simbólico (en caso de ser un personaje masculino); si se trata de un personaje femenino, aceptará la falta del modelo ideal simbólico, pero de alguna manera lo poseerá. En todo caso, el Personaje, femenino o masculino, procederá a renunciar a *ser* el modelo ideal del Actor; el Personaje ya no se identifica con el modelo ideal del Actor pero, si insistiera en hacerlo, quedaría adherido al deseo del Actor, y en consecuencia representado como fetiche o como travesti. En ambos casos, lo interesante es que se produce aquí una mujerización del Personaje (masculino o femenino) en la medida en que sobre el escenario y para el público, fingirá siempre ser el falo, el modelo ideal que no tiene.

Podemos entender ahora por qué en Stanislavski y en otros maestros, el personaje desea tener vida propia, sin confundirse con una imagen de la tradición o con una persona de la realidad. Una forma precaria de acercarse a él—tal como Stanislavski lo recomienda en el Sistema—es interesarse en la biografía del personaje, no solamente a partir de los datos que se manifiestan en el texto dramático, sino imaginar incluso lo que vivió antes de los acontecimientos narrados en la obra y después del final, en caso de que el personaje sobreviva. La idea del maestro es acercarse, con o sin el 'si mágico' a la vida, las circunstancias en las que el personaje se debate y pone en juego su deseo. De este modo, se limita bastante la posibilidad de encorsetarlo en las ropas provistas por la imitación de otros actores, por la tradición y hasta por lo ilusorio de imaginar que el sentido final está en el autor de la obra. Al renunciar a *ser* el modelo ideal del Actor y al rivalizar con el Autor sobre ese modelo ideal, sobre el sentido de su existencia como personaje, éste justamente se presenta como entidad bastante autónoma que reclamará su derecho a una vida escénica cada vez diferente y novedosa. Si ha habido, hay y habrá muchos Otelos es justamente porque son todos velos de un falo que no tienen, mascaradas de una falta, es decir, de un modelo ideal definitivo, que no existe. Es el Personaje, pues, el que no quiere ponerse las ropas del Actor o ser imitación de los depósitos culturales del pasado teatral contenidos en el modelo ideal, incluidos los provistos por el autor. Durante los ensayos, el actor vive esta situación con mucha tensión, en la medida en que "no encuentra" tácticas o estrategias de cómo aproximarse al personaje artísticamente.

En *Mi vida en el arte* Stanislavski nos cuenta una temprana experiencia en la que podemos ver cómo el Personaje se niega a vestirse con las ropas del actor. El actor vive esta situación como una falta y por tal razón enfrenta la imposibilidad de poder aprehender al personaje, que obviamente se le resiste. Cuando Stanislavski nos cuenta sobre su frustración durante el montaje del vaudeville *El anciano matemático*, nos dice precisamente que para ese papel él "no tenía modelo alguno y por eso me resultaba vacío, transparente, sin el menor contenido" (*MVA* 38). Su primera solución es buscar en el closet de la tradición teatral: "Tenía necesidad de un modelo escénico ya listo" (*MVA* 38), es decir, un "ready made", que no existe en ninguna parte, ni para ese personaje ni para ningún otro. Busca modelos autorizados para copiarlos y se pregunta: "¿Cómo interpretaría este papel ese artista cuyos métodos de actuación yo conocía y podía copiar?" (*MVA* 38). Recurre a muchos actores conocidos para imitar sus maneras y arma así un collage que, no obstante, es rechazado por el Personaje, porque ninguno le calza: "De tal modo en un solo papel yo actuaba con diez modelos, y en un solo hombre veía decenas de personas diferentes. Cada pasaje copiado tomado separadamente era parecido a algo, pero todos en su conjunto no se parecían a nada. El papel se transformaba en una manta cocida con andrajos, y yo me sentía mal en la escena" (*MVA* 38). Vemos cómo el personaje se niega a ponerse las ropas o los andrajos, cualesquiera fueren, y se resiste a encarnarse; ya sabe que el actor no tiene el modelo ideal y además no puede ya identificarse con el deseo del actor.

Tercer tiempo del Edipo

Podemos pasar ahora al tercer y último tiempo del Edipo. Tenemos nuevamente el triángulo Madre, Padre y Niño, pero esta vez nos la vemos con el Padre real, el que tiene realmente el falo que, por lo demás, no intercambia ni cede. Este es el Padre que efectivamente castra al niño, impidiéndole persistir en su deseo de ser el Falo para la Madre y dejándolo así fuera de toda competencia sexual, ya que el Niño no puede, en calidad de tal, tener lo que el padre ostenta. El padre real, dice Lacan, es el agente de la castración. Hay cierta ambigüedad en la forma en que Lacan plantea el tema del padre real. Por un lado, es el padre muerto, padre asesinado como en *Tótem y tabú*, que al morir ha dejado interdicto el goce de la madre para siempre y por ende prohíbe el incesto. Por otro lado, es el padre biológico del niño, el que gozó de la madre, o al menos el hombre del que se dice que es el padre biológico; y no tanto como parte del acoplamiento, sino incluso como espermatozoide. El padre real es el espermatozoide. Esto nos devuelve a nuestras reflexiones previas sobre la idea del autor en Stanislavski como padre, cuando nos referimos a la posibilidad de que el padre muerto todavía podría tener la capacidad de engendrar, y cuya obra sería como el banco de esperma de futuras concepciones escénicas. En este tercer tiempo, el niño se libera de la angustia que sentía cuando pretendía ser el Falo para la Madre y, como ya sabe que es el Padre quien tiene este objeto, procede a identificarse con su progenitor. Si la primera identificación con el Padre imaginario había tomado los tonos agresivos de toda rivalidad, esta segunda identificación, simbólica, lo coloca en posición de aceptar la castración, acatar la prohibición del incesto y sustituir el Deseo de la Madre por el Nombre-del-Padre, con lo cual entra en el orden simbólico como sujeto castrado, es decir, como sujeto de la falta. Si hay goce aquí, es en la medida en que es fálico, es decir, regulado por el falo. El complejo de Edipo deviene así lo que Lacan llama "la metáfora paterna": el Nombre-del-padre sustituye al Deseo de la Madre, aunque la operación deja un resto, una x, de un goce no articulable por el significante. Así, el proceso de entrada en lo simbólico, el proceso de simbolización es fálico. El falo, ese objeto perdido para siempre y que nadie tiene, queda ubicado ahora como el significante central a nivel inconsciente, como una falta. El falo tiene que estar de alguna manera velado (*Escritos II* 660) y a la vez fuera de alcance, lo cual hace al Niño un sujeto deseante que entra al campo de la significación. En este tercer tiempo el Niño se identifica al padre y por ello mismo se define como varón que orienta su deseo hacia un objeto otro que la Madre. Renuncia a la madre, se identifica con el padre y accede a otras mujeres. Para la Niña, la situación no es tan simple. Ha aceptado la privación de no tener el falo, ha aceptado que la madre tampoco lo tiene, ha convertido a la madre en su rival y, envidia del pene de por medio, ha esperado del padre la restitución de aquello que no tiene a través de procurarse un hijo. Freud tuvo problemas para explicar por qué la niña renunciaría al padre como objeto de amor y tornaría a identificarse con la madre como figura femenina. El niño podía salir del Edipo aceptando su castración, pero ¿cómo salía la niña del Edipo, ya que ésta había entrado justamente vía la castración? ¿Cómo entraba la niña en el orden simbólico si ella no podía salir más que esperando ese hijo del padre, es decir, cómo salía del Edipo si no podía desprenderse de su objeto de amor, como el niño lo había hecho de su madre? Freud lleva a estos callejones sin salida, al punto de designar la feminidad como el "continente negro". Demás está decir los innumerables debates que provienen de estas irresoluciones freudianas. Lacan va a intentar superar este atolladero, al plantear la cuestión del falo, ya no concebido como tener o no tener el pene, sino en cómo el niño y la niña se sitúan frente al significante de la falta o frente a la pérdida, es decir, cómo ambos sexos tienen que renunciar a cierta parte del goce. La aceptación de la castración significa que el sujeto renuncia al goce (se separa de la Madre, renuncia al goce de la madre y al goce materno), para poder entrar en el campo del deseo del Otro y en el orden simbólico. El goce queda así afuera, excluido de lo simbólico aunque éxtimo a él, y como constituyente de lo real (no de la realidad), al igual que las pulsiones. Lo real, como el goce, es imposible y resiste toda simbolización. El niño, al identificarse con el padre, puede pretender tener el falo para otra mujer, aún cuando el falo es inalcanzable. La mujer, por su parte, hace de semblante del falo, de lo que no tiene. Al final del Edipo, la niña tendrá que hacer un rodeo para renunciar a tener el falo, identificarse con la madre y llegar a ser objeto del Otro. Lacan nos dice:

> Por muy paradójico que pueda parecer estar formulación, decimos que es para ser el falo, es decir, el significante del deseo del Otro, para lo que la mujer va a rechazar una parte esencial de la feminidad, concretamente todos sus atributos en la mascarada. Es por lo que no es por lo que pretende ser deseada al mismo tiempo que amada. Pero el significante de su deseo propio lo encuentra en aquel a quien se dirige su demanda de amor. Sin duda no hay que olvidar que

por esta función significante, el órgano que queda revestido de ella toma valor de fetiche. Pero el resultado para la mujer sigue siendo que convergen sobre el mismo objeto una experiencia de amor que como tal (…) la priva idealmente de lo que da, y un deseo que encuentra en él su significante. (*Escritos II* 661)

El Nombre-del-Padre muestra en su misma designación que no se trata de nadie en particular, sino de la función simbólica como tal. No es un Sujeto, aunque algún sujeto quiera ocupar esa posición legislativa; sin embargo, no se puede ocupar esa posición por completo. En el campo teatral se puede ver dicha usurpación cuando el autor de la obra, el dramaturgo, o bien el director, se disputan ese lugar de sanción del sentido o de la verdad total del texto. Ese padre simbólico que pone una distancia entre la Madre y el Niño, nos permitiría un retorno a Brecht, en la medida en que él intenta instaurar esa función simbólica y por ende una distancia (alienación) entre el Actor y el Personaje. La falta de esta función en la psicosis va a tener consecuencias severas: lo forcluido va a regresar desde lo real, en forma de alucinación. La dramaturgia actual, que de alguna manera es consecuencia de esa caída de la función paterna en la sociedad contemporánea que Lacan había ya señalado en 1938, parece tomar ahora dimensiones impresionantes.[55]

Si ahora transportamos el tercer tiempo del Edipo a Stanislavski, tendríamos entonces un triángulo formado por el Actor, el Personaje y el Autor "real". Este Autor real sería el que tiene el modelo ideal y no lo intercambia ni lo da. Es además el que castra al Personaje, impidiéndole persistir en su deseo de ser el modelo ideal del Actor; el Personaje, a falta de ese modelo ideal, ya no puede competir con el Autor, pero se identifica con él. El Actor tiene que aceptar que no posee el modelo ideal y que, por lo tanto, tiene que

---

[55] Retomaremos esta cuestión en la segunda parte de esta investigación, a publicarse próximamente, cuando enfoquemos la máscara espectatorial a partir de las psicosis y la neopsicosis.

buscarlo en el Autor real. No por casualidad, volvemos a la afirmación stanislavskiana que hace del Actor una mujer, tanto como mascarada del falo durante el espectáculo, como deseando tener un hijo del padre. Resulta impresionante percibir aquí una invitación a imaginar una dialéctica interna del texto en la cual el Personaje ya no necesitaría ser el modelo ideal para el Actor, aún cuando, desde la perspectiva de la madre como mujer, es sustituto del falo. Y si esto es así, el Actor no tiene otra salida que aceptar y hasta someterse al modelo ideal que posee el Autor real. Se instaura así una vía de trabajo interesante: el Actor sólo puede alcanzar al Personaje no directamente, sino a través del modelo ideal del Autor y como este Autor no es un Sujeto, sino la función simbólica como tal, resulta que el Actor deberá vérselas con la falta en el Otro, tal como Lacan la ha planteado con el matema S($\cancel{A}$). Sin embargo, el Personaje, al aceptar la castración y entrar en el orden simbólico—a partir de lo cual puede empezar a actuar, a significar—articula su deseo hacia un objeto otro que el Actor y por lo tanto se transforma en sujeto de la falta. El Personaje entonces tiene que empezar a diferenciarse del deseo del Otro, de alguna manera, como insinuamos más arriba, ir más allá del padre. En tanto el inconsciente es el discurso del Otro, de ese Otro que también tiene una falta, el Personaje va a preguntarse qué lugar ocupa o quién es él en el deseo de ese Otro.

A nivel de la praxis teatral se abre aquí un espacio de trabajo fascinante, en tanto Otelo mismo se preguntaría qué lugar ocupa o quién es él en el deseo del Otro isabelino, del Otro-Shakespeare, del Otro-contemporáneo-a-la-puesta-en-escena. En tanto acepta el Nombre-del-padre y por ende el sistema de filiación, el deseo del Personaje se abre metonímicamente más allá del Actor, hacia otros actores. Stanislavski intuyó esta situación al plantear en *Preparación del actor* lo que él denomina "adaptación" y que, sin duda, desarrolló más en su última etapa con el análisis activo. El Autor real es el que ha engendrado al Personaje o del que se dice que lo ha concebido, y es el que definitivamente lo separa de todo incesto con el Actor. Se instaura así una radical separación entre Actor y Personaje, en la medida en que para el Personaje (y esto es sorprendente) el goce de la madre (es decir, gozar *al* actor y el goce *del* actor) es un real que le está interdicto para siempre. Hay que ver aquí cómo justamente lo que la ley prohíbe es a la vez lo que constituye el deseo, por eso se desprende aquí la figura del superyó como instancia que regula el deseo del sujeto pero que a la vez lo tienta con la transgresión, lo empuja a gozar, más allá del goce fálico, permitido por la ley. Es por ello que Lacan dirá en el *Seminario 20*, ya muy avanzada su enseñanza, que "[e]l superyó es el imperativo del goce: ¡Goza!" (*Seminario 20* 11). Allí donde la ley falla, el superyó emerge proponiendo un goce ilegal, prohibido. De este modo, la culpa no viene tanto de transgredir la ley, sino que está siempre presente por el mero hecho de desear esa transgresión misma. Tenemos, pues, en el superyó dos padres: el Padre del complejo de Edipo, que funda la ley y que también está sujeto a ella, y el Padre de la horda primitiva (otro mito) que deriva de *Totem y tabú*; es un padre que está fuera de la ley, que se ha apoderado de todas las mujeres, de todo el goce, que ha prohibido todo acceso a sus mujeres a todos sus hijos y rivales. El superyó, localizado en lo simbólico, es esa voz que promueve la destrucción de la ley, una moral insensata y que, en cierto sentido, resulta de cuando no se comprende la ley. Tal vez el divo—al ocupar ese lugar que, a pesar de sus esplendores, no ocula su dimensión sacrificial—sea el emblema de esta destrucción de la ley y de la moral insensata.

El Personaje también queda protegido de ser devorado por el Actor, ya que éste sólo puede alcanzar el modelo ideal, articular su deseo, sobre la figura del Autor. El Personaje retiene un resto, un goce, un real no simbolizable, que lo mantiene éxtimo a lo simbólico y, por esta vía, lo hace tentador para el deseo del Actor, que quiere de alguna manera dar la versión definitiva, cada vez. El Personaje, de alguna manera inalcanzabe, femenino en tanto semblante o mascarada del falo que no tiene, busca procrear otro Personaje como sustituto del modelo ideal del que el Padre la ha privado. En cada ensayo, cada vez que alguien intenta la preparación del rol, ocurre no tanto que el actor prepara un personaje, sino justamente lo contrario, es decir, un engendramiento del Personaje, por medio del cuál este último prepara al actor. Vemos así como todo el Sistema y hasta el título Preparación del actor responde a esta lógica o dramaturgia edípica.

Lacan plantea que el Padre ha sido antes un Niño y, por lo tanto, el Niño va ser en el futuro un Padre. Si llevamos esto al extremo de nuestra analogía, podríamos imaginar una progenie de Autores creados por los Personajes, lo cual no deja de ser una sorprendente manera de pensar la intertextualidad.

EL MODELO IDEAL:
de Diderot a Stanislavski, de Stanislavski a Lacan

¿Quién llenará, pues, nuestro deseo?

Denis Diderot, *La paradoja del comediante* 37

El palabrerío clásico que se enuncia con el término *paradoja* solo toma cuerpo si ponen ese *Yo miento* en
una hoja, en calidad de escrito. Todo el mundo percibe
que no hay nada más verdadero que pueda decirse, llegado
el caso, que decir *Yo miento*. Ciertamente, es incluso la
única verdad que, llegado el caso, no se quebranta.

Jacques Lacan, *Seminario 18* 14

D enis Diderot, en su famoso texto *La paradoja del comediante*, va a plantearnos la relación del actor con el
personaje como un proceso de acercamiento a un *modelo ideal*. Como
sabemos, el autor no favorece la idea de un actor guiado por una
inspiración temporaria y descontrolada, y tampoco avala la idea del
trabajo del actor como copia o imitación de la realidad. Muy por el
contrario, Diderot va a detallar una serie de argumentos que apoyan
su perspectiva en cuanto al actor profesional: se trata de un sujeto
que, contra lo que puede creerse, no siente (o al menos no siente más
que cualquier otra persona), o bien no basa su interpretación en la
sensibilidad o el temperamento, sino en un acercamiento progresivo
y racional a un modelo ideal del personaje, que captaría no los rasgos
particulares de un avaro, por ejemplo, sino la estructura de la avaricia
o, como él la llama, la estructura del Avaro, con mayúscula, lo que
podría llevarlo a considerar dicha estructura en relación con el deseo
y el objeto de deseo, tal como Lacan la sitúa en el *Seminario 6* sobre
El deseo y la interpretación. Aunque el gran tema de ese seminario es
Hamlet, como drama del deseo, no hay duda que Lacan tampoco descuida el lado cómico cuando postula al avaro, casi como paradigma,

en su relación al objeto de su deseo: "es justamente para guardar su vida que el avaro—y es una dimensión esencial, obsérvenlo—encierra en algo, en un recinto, al objeto de su deseo; y donde ustedes van a ver que por este hecho mismo este objeto se vuelve un objeto mortificado. En tanto esto está en el cofre, está fuera del circuito de la vida, sustraído de ella y conservado como siendo la sobra de nada que es el objeto del avaro" (Clase 20 del 13 de mayo de 1959).[56] Sin embargo, al querer guardar su vida, la pierde. Nuestro trabajo va a merodear la cuestión del rol del deseo en la composición del personaje y, en cierto modo, a ensayar algunas respuestas a la pregunta de Diderot que hemos puesto como epígrafe de este capítulo.

Según Diderot, la Naturaleza aporta lo suyo (voz, figura, criterio, agudeza), pero el actor tiene que aportar su trabajo, ir más allá de lo dado por la naturaleza: "Al estudio de los grandes modelos, al conocimiento del corazón humano, al trato de gentes, al trabajo asiduo, a la experiencia y al hábito del teatro tocan perfeccionar el don de la Naturaleza" (17).[57] Diderot, de alguna manera, parte de esa idea de la Naturaleza como un Otro que no es perfecto, que algo le falta y que por eso ofrece su don a fin de ser retribuido, es decir, a los efectos de cautivar al actor en un intercambio y, probablemente, más allá de la dialéctica del deseo y del amor, también atraparlo en lo sacrificial y en el goce. Así, lo artístico, lo simbólico, está por encima de lo dado, porque—como lo planteará luego Lacan al decirnos que el mundo sube a una escena atravesada por el significante (*Seminario 10* 43), también para Diderot "nada pasa en la escena exactamente igual que en la realidad [puesto que] los poemas dramáticos están todos compuestos con arreglo a un sistema determinado de principios" (17). De modo que el actor tiene que vérselas no con la observación de una persona en la realidad social—por ejemplo, un avaro en su familia o en su vecindario—sino con un personaje concebido a partir

---

[56] Cito por la versión en castellano no publicada del seminario, sin numeración de página, distribuida por la Escuela Freudiana de Buenos Aires.

[57] Todas las citas y páginas corresponden a *La paradoja del comediante* de Diderot.

de principios de composición dramática, lo que nos devuelve a Lacan cuando intenta abordar el objeto del deseo en la avaricia, es decir, la avaricia—digamos—a nivel de estructura. De alguna manera, si llevamos esto al campo del estadio del espejo y del modelo óptico lacanianos, es como decir que el personaje es una imagen virtual y no real.[58] Si el actor ha pasado por el estadio del espejo y el Edipo como cualquier otro sujeto social, si ha resultado ya cautivado por la imagen real del otro y del semejante que le ofrece este primer espejo (lo que los teatristas llaman 'primera naturaleza', aunque de *natural* no tenga absolutamente nada), si además luego queda involucrado con el Otro en cuanto al Ideal del yo que, sin duda, también lo enmascara, incluso con la incorporación de una técnica actoral que responde a ciertos protocolos del Otro (lo que Stanislavski denomina una 'segunda naturaleza'), y si finalmente se enfrenta al personaje, ese otro 'real' inventado por el dramaturgo que, mediante el espejo sólo se le ofrece al actor como imagen virtual, entonces podemos decir que el trabajo con el personaje constituiría una "tercera naturaleza".

Así, es posible que el personaje haya surgido de una especularización de un objeto real, pero esta imagen real es siempre el reflejo híbrido de lo imaginario y lo real (yo ideal) que no está, además, a disposición del actor, ya que él sólo alcanza la imagen virtual facilitada por el texto dramático, otro espejo mediado por el Otro, por lo simbólico, es decir, por el sistema de principios estéticos. La actuación también estará mediada por ese Otro, en la medida en que se trata de un espejo simbólico que remite a contextos, comunidades y tradiciones de composición dramática diferentes: frente a un mismo texto dramático, comenta Diderot, un actor inglés no llega a la misma

---

[58] Solo Segundo, el interlocutor de Primero en el diálogo de Diderot, piensa que es la imagen real lo que llega hasta él como espectador: cuando el actor se olvida que está en un escenario, se irrita, se indigna, pierde la cabeza, no se da cuenta que está en el teatro. Solo Segundo cree en que esta imagen real es capaz de arrebatarlo como espectador, de arrastrarlo al punto de ignorarse a sí mismo (104). Primero, en cambio, piensa que aún admitiendo esta enajenación temporaria, incluso aceptando su belleza, el resultado es que no se podrá sostener ese exceso pasional durante toda la pieza y por lo tanto "vigorosamente disonarán en el resto" (105).

interpretación y representación que un francés. Incluso, un texto puede variar de sentido según la circunstancia espacial y temporal en la que es dicho (20).

Diderot, pues, parte de la idea de un actor que, justamente por enfrentarse al texto como espejo, es primero "un espectador frío y tranquilo", al que le reclama mucho *discernimiento* (20). Discernir es distinguir o señalar diferencias en una cosa, y sin duda, la tarea del actor, tal como la piensa Diderot, tiene que ver con esta posibilidad de distinguir lo imaginario, lo simbólico y lo real: no imitar como quien observa la realidad, sino practicar el "arte de imitar", es decir, imitar el modelo ideal (22) que no es el personaje tal como aparece en el texto dramático, sino la imagen virtual del personaje que, por un lado, viene de la tradición y, por otro, emerge del trabajo artístico del actor racional—"[n]o es su corazón, sino su cabeza, la que hace todo" (26)—que sabe estudiar fríamente y, además, sabe esperar la irrupción de lo inconsciente. Por eso el modelo ideal es también para Diderot, como lo será para Stanislavski, un modelo *interior*. El actor, una vez en contacto con la obra, "[t]endrá que trasladarse *mentalmente*" a esos lugares en los que ocurre la acción (incluso podrá nutrirse de la pintura y todos los materiales que estén a su disposición), "[e]n una palabra—dice Stanislavski—deberá crear y ver en la *pantalla* de la visión *interior* todas las ficciones creadas por la imaginación" (*El trabajo...* 89, el subrayado es nuestro). No se trata, pues, de recorrer concretamente las calles por donde camina el personaje, sino de recorrerlas, como la actriz de Diderot, con los ojos cerrados, mirando la pantalla interior. Stanislavski está indudablemente pensando en el cine y aconseja al actor mantener esa película presente al momento de la actuación:

> Por eso que nuestra preocupación inicial consiste en que mientras estamos en el escenario reflejemos constantemente, con la visión interior, las imágenes que corresponden a las imágenes del personaje representado. Las visiones interiores de lo que ha concebido la imaginación, las circunstancias dadas, que dan vida al papel y justifican sus actitudes, aspira-

ciones, ideas y sentimientos, retienen y fijan bien la atención del artista en la vida interior del personaje. Hay que utilizar esta condición para ayudar a una atención inestable, hay que atraerla hacia la "película cinematográfica" de la parte y guiarla por esta línea (*El trabajo...* 93)

Como ese arte de imitar el modelo ideal o modelo interior no se alcanza espontáneamente, queda eliminada, según Diderot, toda apelación a un exceso de sensibilidad, llámese inspiración o iluminación. No es que la inspiración quede descartada, sino que no logra garantizar ni la formación actoral, ni la continuidad del rol, ni la unidad estilística y tampoco el nivel artístico del actor; a Diderot le preocupa "la desigualdad de los actores que representan por inspiración" (21); según él, lo que hacen bien en una función, les sale mal en la próxima.

Aquí entramos en la cuestión más espinosa de toda teoría de la actuación: ¿quién es ése que el espectador está viendo sobre las tablas? ¿Quién ése que está representando en el escenario? ¿Se trata del actor o del personaje? ¿Cómo podría dejar de ser el actor? Cualquiera sea la respuesta que se dé a esta pregunta, Diderot tiene claro que incluso si el actor quiere dejar de ser él mismo para ser otro, para ser el personaje—y en el supuesto de que esto fuera posible—tiene que "comprender el punto justo en que es preciso se coloque y se detenga" (21). Stanislavski insiste que *comprender* es *sentir* (*MVA* 286, 290), de modo que, también para él, el objetivo de toda técnica estaría dado en llegar a ese autodominio del actor que le permite representar artísticamente y no quedar ofrecido a las "contorsiones y espasmos en el cuerpo" (*MVA* 271) que pueden irrumpir en plena representación, sin control del actor. Volvemos a encontrarnos aquí la figura feroz del superyó que le exige al actor gozar. Diderot aborda el tema de este exceso de sentimiento como un evento que limitaría las posibilidades expresivas del actor: ¿cuánto dolor podría soportar un actor en escena? ¿Cómo podría ocurrir que sintiera ese dolor, con la misma intensidad, en cada función? Nadie puede componer cuando se está próximo a una pérdida o a una catástrofe. "Se abandona uno al sentimiento—dice Diderot—y se cesa de componer" (58). Nadie puede componer cuando el yo se ha identificado al objeto perdido, en situación de duelo. El actor—insiste Diderot—se diferencia justamente del hombre sensible, porque atempera el grito de su corazón: cuando el individuo sabe atemperar o forzar ese grito, "ya no es él, sino un cómico que representa" (61). En fin, para el racionalismo diderotiano, el actor es alguien dueño de sí mismo (62) y justamente por eso, porque discierne con frialdad lo que hace sobre la escena, "puede quitarse y volverse a poner la máscara" (62). En consecuencia, si el inconsciente, por un lado, habla por medio de su irrupción pulsativa que rompe la continuidad del discurso consciente y esto es extremadamente útil para la técnica actoral; por otro lado, la técnica también debe asegurar que el inconsciente, en tanto superyó, no irrumpa descontroladamente durante el ensayo y la representación. Se hace, pues, necesario distinguir el nivel de construcción del personaje durante los ensayos del nivel de representación frente a un público durante una función.

Al imitar el modelo ideal gracias a la imaginación, la memoria, el estudio y la reflexión sobre la naturaleza humana, el actor logra, en cierto modo, configurar un programa de acción que asegura que sus representaciones, sean cuales fueren sus emociones del momento, sean todas igualmente perfectas, sin altibajos. Frente a tantos espejos, el actor también se convierte él mismo en un espejo para el público. Según Diderot, el actor se convierte en "un espejo siempre dispuesto a mostrar los objetos y a mostrarlos con la misma precisión, la misma fuerza y la misma verdad" (22), por eso logra que los espectadores se identifiquen. Podemos colegir que el actor como espejo ofrece una imagen virtual al espectador, ya que la imagen real no está a su disposición, en la medida en que está tamizada por la presencia del Otro, ese "fondo inagotable de la Naturaleza" (22) y, además, fuera de la sala teatral. Esa imagen que ofrece al espectador no es una imagen de la limitada "propia riqueza" de su yo (22), sino una que se acerca lo más posible al modelo ideal. El actor, frente a la obra, se hace un modelo ideal del personaje al que trata de ajustarse; este modelo es ideal porque no es imitación de la realidad, sino un modelo lo más alto, grande y perfecto posible, concebible, que ha sido tomado de la Historia o bien que ha sido creado por la imaginación del actor "como un gran fantasma" (23), diferente al actor mismo, es decir, que no es el actor. El actor trata, nos dice Diderot, de acercarse a esa idea, y no hacer que la idea esté a su altura, ya que eso desmerecería su trabajo y al teatro. Este modelo al que aspira el actor es, sin embargo, alcanzable y, una vez alcanzado, el actor puede reproducirlo a discreción, puede repetirlo sin emoción (24). De alguna manera, este modelo ideal alcanzado, incorporado ahora fríamente al actor como una máquina: "el alma de un gran maniquí que la envuelve [a la actriz]" (24), una especie de hábito o velo que la actriz ha construido con esfuerzo y conseguido "fijar sobre ella" (24). Es interesante que Diderot ya nos plantee este modelo ideal como un fantasma que emerge casi en un encuadre psicoanalítico y que, además, en este caso, se refiera a una actriz y no un actor; este fantasma parece admitir el sentido que Lacan le da como escena, en la cual el sujeto forma parte de la escena y es a la vez espectador de la misma:

> Reclinada indolentemente en su sofá, cruzados los brazos, los ojos cerrados, inmóvil, puede, siguiendo su sueño de memoria, oírse, verse, juzgarse y prever las impresiones que suscitará. En ese momento es doble: la pequeña Clairon y la gran Agripina. (24)

El pasaje es sumamente evocador y enigmático. Por una parte tenemos a Diderot o a Primero (el interlocutor de Segundo en *La paradoja*), que como un analista parece mirar a su analizante recostada en el diván; ella, por la otra, va desdoblándose entre aquello que supuestamente cree ser en la realidad y aquello que aspira a ser en la escena de su fantasma, es decir, en esa pantalla del fantasma donde *se juega* su deseo y se defiende o regula su acceso al goce. Es interesante que en ese momento, sobre el sofá, ella es doble, pequeña en su yo y grande en su fantasma. El hecho de que ese fantasma esté mediado por el personaje, le da la posibilidad de no avergonzarse de él: se trata del otro, no de ella. Y más interesante aún es que Diderot afirme que sólo en los momentos tranquilos y fríos, no en los de furia, es cuando un actor puede alcanzar los rasgos característicos de su personaje en "momentos absolutamente inesperados" (25). El modelo ideal se alcanza, por lo tanto, en el momento en que, en ese estado de tranquilidad (¿sobre el sofá?), emerge algo en la dimensión de la sorpresa: "No se sabe de dónde provienen esos rasgos; acaso de la inspiración" (25); lo cierto es que esa "súbita aparición les sorprende a ellos mismos" (25) y su consistencia es más firme que la de aquellos "sembrados al vuelo" (¿fuera del diván?) (25). Eso que los sorprende, ¿proviene del actor, del personaje, o bien de esa extraña mezcla que viene del actor y su doble? ¿Cuánto del actor hay en el personaje y cuánto del personaje en el actor? También Stanislavski sostendrá que "la improvisación y lo inesperado son los mejores estímulos de la creación" (*El trabajo...* 94).

El actor trabaja en un encuadre analítico (en la intimidad de los ensayos), entre la Naturaleza y el modelo ideal, mira hacia una y hacia otro, como el niño lacaniano, entre el espejo y su Madre, entre el otro y el Otro; trabaja, pues, entre su deseo y su goce, entre acatar la ley y transgredirla, mediado por el fantasma, esperando ese momento en que el inconsciente habla inesperadamente. Y esta tarea es "su secreto" (27). Es a esa racionalidad *otra*—que responde, como en Freud, a cierta lógica—a la que el actor presta o debe prestar atención, según Diderot, y no a los arrebatos del momento sobre el escenario, que apenas están a la altura de una gratificación autoerótica, narcisista. Por eso Diderot dice algo que parece enigmático: "Los hombres impetuosos, sensibles, están en escena, dan el espectáculo, pero *no gozan* de él" (26, el subrayado es nuestro). En efecto, se trata de que están guiados por el principio de placer para gratificar primitivamente su yo, y no trabajan para el Otro, no trabajan para el espectador. Son actores que quieren gozar lo menos posible; sienten que ir más allá de ese principio de placer los conduce a transgredir la ley y por esa vía al dolor, que quieren evitar. La *jouissance* es *souffrance*. El verdadero actor, en cambio, no sería el que acepta la castración rechazando el goce, sino que resultaría aquél que admite ir más allá de la prohibición de la ley (que a su vez hace pensar que el goce está más allá y es posible) y la transgrede. El verdadero actor sería, para Diderot, el que explora su deseo y su modo de goce o, al menos, el que es capaz de orientar su trabajo en función de lo real. No se trata de llegar a un actor mártir, que se deja arrastrar por la voluntad de goce del Otro y el superyó, como luego será imaginado por Grotowski, que se sacrifica para el goce del Otro, experimentando un dolor cuya función, al borde de lo místico, buscaría cubrir las faltas del Otro. Ya no se trataría de la voluntad de goce del Otro, tampoco de aquello de que "el teatro sabe", sino algo más imperativo: darse cuenta de que "el teatro goza", el teatro quiere gozarme, lo peor del teatro me devora y me quedo sin deseo. No habría en este sentido, para este actor, un más allá del teatro que lo habilitaría a reencontrar y no ceder en su deseo. El actor del deseo, y no el del goce, es el que puede admitir la falta de garantías del Otro, la falla en el Otro y, por esa vía, ser capaz de soportar esa falta y crear a partir de ella (Gerez Ambertín 148, 126).

Para Diderot el trabajo consciente con eso inesperado que surge en el ensayo, lo inconsciente, es el que asegura el poder del actor no sólo sobre el espectador, sino también *como* espectador, porque lo va haciendo más dueño de sí mismo y más perspicaz en su imitación artística: "Los grandes poetas dramáticos, sobre todo, son espectadores asiduos de lo que pasa a su alrededor tanto en el mundo físico como en el mundo moral" (25). Se vislumbra aquí en Diderot una cierta ética que no está lejos de lo que Lacan luego formulará para el psicoanálisis y para el rol del analista: jugar el muerto. Gracias a ese control frío de sí mismo sobre la escena, según Diderot, el actor es capaz de hacernos sentir a los espectadores: "Nosotros somos los que sentimos; ellos observan, estudian y pintan" (26).

Así, el mundo, la gran comedia humana, está llena de individuos que sienten; pero el artista teatral—dramaturgo, régisseur, actor—es el que mira esta comedia y al pintar sus extravagancias, hace reír a sus mismas víctimas de sí mismas y de su propio suplicio en ese mundo. Es "delante de un espejo" (29) donde, según Diderot, el actor toma los signos exteriores del sentimiento, los reproduce minuciosamente, los repite, los selecciona y los monta en una imagen cuyo objetivo es engañar al espectador. Porque "colecciona" estos rasgos (25), es capaz de utilizarlos exactamente cuando los necesita. Toda su actuación, con sus temblores y desmayos, con su patetismo, está previamente estudiada y calculada, almacenada en su memoria; como y porque dispone de esa colección a discreción, es que el actor queda libre de lo exterior y así dispone de "toda [la] libertad de su espíritu" (29) para expresar su papel. Por eso, una vez terminada la función, el espectador sale abrumado y, en cambio, el actor, despojado de su maquillaje y vestuario, aunque cansado, sigue su vida cotidiana alejado de las vicisitudes del personaje y de la obra. Hay una distancia (diferente a la que luego se referirá Brecht) entre el personaje y el actor. El actor sabe que "él no es el personaje, [sólo] lo representa" (30), y eso lo protege, ya que, de lo contrario, si esa diferencia no fuera posible, la vida del actor sería realmente penosa. Así, Diderot puede afirmar que la ilusión teatral es del espectador y no del actor. Por eso, casi anticipándose a *El balcón* de Jean Genet, Diderot pasa inmediatamente a comparar al actor con un "predicador incrédulo" (30), "un seductor", "un pordiosero" y "una cortesana", todos ellos tienen en común el hecho de apelar a una técnica para fingir con cálculo frente al espectador o al cliente.

Diderot está interesado en marcar la diferencia entre el efecto que causa presenciar una escena en el mundo, en la comedia humana, y el que promueve una escena teatral. No es lo mismo, nos dice, receptar una escena relatada que actuada: anticipándose a las acciones físicas, afirma que los movimientos impresionan más que las palabras, porque tienen mayor violencia: "He aquí el fundamento de una ley a la cual no creo haya excepción: desenlazar con una acción y no con un relato, so pena de frialdad" (32). Inmediatamente se da cuenta de que esta "ley" debe especificarse un poco más: la diferencia no parece estar entre relatar y actuar, sino más bien en el encuadre en el que dicho relato o acción toma lugar. Diderot trata de captar esa diferencia ontológica que existe entre una acción o relato en la realidad y el efecto de esa acción o relato sobre el escenario. Cualquier escena en la realidad, con su tono familiar, expresión sencilla, aire doméstico, gesto natural, resulta pobre y endeble sobre el escenario; asimismo, una escena realizada con los procedimientos teatrales que resulta adecuada al escenario, resultaría grandilocuente y pretensiosa en la realidad. Lo que hace verosímiles a los personajes sobre el escenario (y los haría ridículos en la vida o en la historia) es la convención teatral, "un protocolo de tres mil años" (34), pero también cierta perspectiva (visual) propia de la teatralidad del teatro, basada "en proporción con el auditorio y el espacio" (98), es decir, en otros protocolos convencionales. En *El trabajo del actor sobre sí mismo* Stanislavski se refiere al escenario no tanto como espejo sino como una lupa "que multiplica las dimensiones de lo que en la vida corriente pasa inadvertido" (32); en el teatro—agrega más adelante—"el actor es observado por millares de espectadores, como si fuera con lentes de aumento" (34). La "naturalidad" o el "realismo" de la escena dependen, entonces, de esta lupa y por eso la técnica, aunque debe precaver al actor de las exageraciones y estereotipos de la declamación, tiene que permitir no obstante ampliar los movimientos y evitar "los ademanes cortos, cohibidos [que] son inapropiados para la escena" (*El trabajo... 37*). Para referirse a esta diferencia, Stanislavski va a denominar "teatral" a los malos hábitos del actor, al recurso fácil promovido por la costumbre y los estereotipos; y llamará "escénico" a lo orgánico, que debe desterrar los convencionalismos del escenario. Nos dice, pues, refiriéndose al desplazamiento del actor sobre el tablado, que "no hay que confundir esta marcha teatral con la *marcha escénica*, que se funda en las leyes de la naturaleza" (*El trabajo... 50*). Aquí la palabra "naturaleza" toma otro sentido, con lo cual, como bien lo plantea Roach en *The Player's Passion*, no se puede avanzar demasiado en la lectura de Stanislavski, si no se establece el campo epistémico que sostiene sus afirmaciones y, además, agreguemos nosotros, si no se recorre la terminología en sus contextos y sus contradicciones.

De modo que la ilusión de realidad está dada en el teatro por el Otro simbólico y no por la copia, por más detallada o detallista que se haga, de una realidad externa. Por eso mismo, aunque el actor puede observar esa realidad, al momento de preparar su personaje se guía por el modelo ideal y no por su reproducción exacta de un particular. Justamente, para Diderot, "mostrar las cosas tal como son en la Naturaleza […] no sería más que la vulgaridad" (36). Para él, la única naturalidad escénica admisible, como para Stanislavski, está dada por "la conformidad de las acciones, del discurso, del rostro, de la voz, del ademán, del gesto, con un modelo ideal imaginado por el poeta y a menudo exagerado por el comediante" (Diderot 36). Es justamente este modelo el que modifica el tono, el paso y el aspecto del actor. Es interesante que ahora Diderot lo atribuya al autor de la obra, aunque en general parece sostener que es el producto de la imaginación del actor. El modelo ideal parecía ser algo imaginado por el actor, en todo caso, el actor imagina que el autor imaginó ese modelo ideal: así, el modelo ideal puede ser pensado como el falo imaginario en Lacan, dentro de la dialéctica del ser/tener. Una vez más, es el modelo ideal el que hace la diferencia entre el individuo en la calle y el individuo sobre las tablas. El actor, como el gladiador de la antigüedad, no tiene por función mostrarnos la muerte tal como aparece en la realidad, sino la *otra* muerte, de alguna manera sublimada por los protocolos poéticos del arte; así, no vamos al teatro para enfrentarnos a "la verdad desnuda, la acción desprovista de todo aderezo" (38), sino para apreciar la verdad "vestida", el semblante, la verdad tamizada por el modelo ideal, pero que, hay que insistir, no es la verdad universal, esencial, aparente o general, menos aún una verdad exacta en el sentido de reproducir al detalle algo que le fuera exterior, sino la verdad de un actor o un dramaturgo, de sus deseos, esto es una verdad singular mediada por la palabra, por su palabra y, por lo tanto, mentirosa y no directamente revelable. No hay que olvidarse que el objeto *a*, lo real no simbolizable, yace velado detrás de lo dado a ver en el montaje.

Y aquí es necesario insistir en que, tanto para Diderot como para Stanislavski, la verdad se muestra en la dimensión de la sorpresa y del error, en su aparente sinsentido, cuando el inconsciente habla en el accidente, el lapsus, el chiste. Lacan se referirá más tarde a la verdad como ficción, y nos enseña, al referirse al "modelo" pulsional en Freud y al concepto mismo de pulsión—que de alguna manera Freud proponía como su mitología—que debemos pensar dicha ficción tal como la entiende Bentham y que Freud, por aproximación, entiende como convención—usa el término alemán *Konvention*. Se nos conforma así un interesante campo significante, ya que, si Diderot habla del "modelo ideal", y si éste se configura a partir de las convenciones teatrales, entonces de alguna manera se nos conforma aquí un concepto fundamental (*Grundbegriff*): "un modelo—dice Lacan— no es nunca un *Grundbegriff*, ya que en un campo determinado pueden funcionar correlativamente varios modelos. No pasa lo mismo con un *Grundbegriff*, un concepto fundamental, ni tampoco con una ficción fundamental" (*Seminario 11* 170). De este modo, el modelo ideal de Diderot o el superobjetivo de Stanislavski podrían funcionar como una ficción fundamental para la praxis teatral, que a su vez admitiría otros modelos. Diderot planteará que, en esa relación con el modelo ideal o la ficción ideal, con la verdad, el actor se define como constructor de *distintos semblantes*: "la Naturaleza no le había dado más que el suyo; los otros los conseguía a fuerza de arte" (69). Stanislavski sostiene lo mismo en *El trabajo del actor sobre sí mismo* cuando afirma que "la estructura humana ideal no existe" (35); el artista, frente a la naturaleza, observa y la perfecciona, "es preciso—insiste Stanislavski—desarrollar lo que no hizo la naturaleza y mantener lo que formó afortunadamente" (35). Nuevamente tenemos aquí la idea de una naturaleza concebida como un Otro imperfecto. Lacan volverá a usar ese término "semblante" e incluso le dedicará un seminario, el 18. En ese *Seminario 18* nos dice que "la naturaleza está llena de semblantes" (16) y que "el semblante que se hace pasar por lo que es la función primaria de la verdad" (24). Aún en la dimensión del síntoma, el inconsciente habla, "incluso a los que no saben escuchar" (*Seminario 18* 24). De modo que "la verdad no es lo contrario del semblante" (*Seminario 18* 26). Hay que recordar aquí que este semblante está relacionado en Lacan con la teoría del significante y obviamente con los cuatro discursos (del amo, de la universidad, de la histérica y del analista). En Lacan, la palabra no representa algo que le sería exterior (una idea, la Idea, o un referente cualquiera). De modo que es en la cadena significante donde el inconsciente trabaja y donde—para decirlo en breve—la verdad se despliega. No se trata de que hay algo verdadero separado de la palabra, y que ésta opacaría, cubriría—vestiría, como piensa Diderot—dejándonos con la tarea de escarbar, como arqueólogos, los estratos lingüísticos para ver esa verdad en su pura plenitud. Es en el semblante (que ya no podemos traducir por la *apariencia*, como opuesta a una *esencia*) donde la verdad hace sus muecas. Lacan dice que él no es nominalista, en el sentido de creer que "el nombre es algo que se aplica, así, sobre lo real" (*Seminario 18* 27); tampoco es realista, a la manera de la Edad Media, "en el sentido de realismo de los universales" (*Seminario 18* 27). Se trata, por el contrario, de que el discurso científico, que no se preocupa del semblante, incluso que lo descalifica, lo degrada, en realidad "solo encuentra lo real por cuanto éste depende de la función del semblante" (*Seminario 18* 27). Lo real hace agujeros en el semblante, que se articula algebraicamente, tal como lo vemos en los cuatro discursos. El sujeto se defiende de lo real por medio del fantasma, de modo que lo real en psicoanálisis es diferente a lo real en la física. Es ese real del psicoanálisis, concebido como pequeño *a*, como plus-de-gozar, y separado del Sujeto barrado, lo que funda la fórmula del fantasma $\$ \lozenge a$. El individuo, animal o humano, al asumir una identidad de género, debe asumir durante el cortejo un cierto performance: tiene que "hacer de" hombre o de mujer, de hembra o de macho, tiene que "dar signos" al otro; con este "hacer de" y con este "dar signos", nos dice Lacan, "estamos de entrada en la dimensión del semblante" (*Seminario 18* 31). Obviamente, la diferencia con el animal es que en los humanos "este semblante se vehicula en un discurso, y que en este nivel del discurso—y solo en este—es llevado hacia, permítanme, algún efecto que no fuera del semblante" (*Seminario 18* 31). Si el semblante de alguna manera está involucrado en lo simbólico, siempre queda ese resto no simbolizable, que Lacan designa como lo real.

Diderot plantea precisamente que la sensibilidad verdadera (es decir, el semblante de la sensibilidad del ciudadano en la vida social) es diferente a la sensibilidad representada por un actor en el escenario. Si lo vemos desde el estadio del espejo, el ciudadano de alguna manera oficia como imagen real y el actor le ofrece, para identificarse, imágenes virtuales. Estas últimas son las que percibimos como más tamizadas por lo simbólico, pero ya sabemos que la imagen real, en su no autopercibirse como imagen, no está menos marcada por el Otro. "Las imágenes de las pasiones en el teatro—escribe Diderot—no son, pues, las verdaderas imágenes, sino retratos exagerados, grandes caricaturas sujetas a reglas convencionales" (90). Es justamente gracias a ese carácter exagerado, incluso podríamos pensar, en términos freudianos, fallido, o bien virtual, que el teatro nos interroga en la vida social.

No se nos escapa entonces la productividad de esta aproximación para la teoría de la actuación e, incluso, para la teatralidad del teatro. Todo despliegue de semblante sobre el escenario, todo esfuerzo por sostenerlo como tal, si se lo lleva a los límites del discurso (teatral), deja emerger lo real: "hay de tiempo en tiempo real" (*Seminario 18* 32). Diderot justamente plantea que el actor ya tiene un semblante dado por la naturaleza; diríamos ahora que no es la naturaleza, sino el discurso del Otro el que le pone esa máscara. Esta misma confusión entre naturaleza y registro simbólico está también en Stanislavski. Más allá del semblante animal que el ser humano no puede evitar, están los semblantes con que lo cubre el discurso del Otro.

Lo que nos interesa, en todo caso, si pensamos en ese modelo ideal como fantasma, como semblante del personaje, incluso como síntoma, es cómo concebir una técnica que nos permita, para usar los términos lacanianos, llevar el discurso (teatral) que funda dichos semblantes hasta sus límites para aproximarnos a lo real y la forma en que ese fantasma trata con él. Diderot afirma que "[c]uando todo es falso es cuando más se ama la verdad; cuando todo está corrompido es cuando el teatro parece más depurado" (86). Si ajustamos la frase desde la perspectiva lacaniana, podemos coincidir con Diderot, que cuanto más semblante, más concernidos estamos con la verdad; y por eso el teatro, al orientarse hacia ese plus-de-gozar, desmonta los semblantes de la corrupción social. El actor, según Diderot, engaña al espectador (es decir, lo conecta con la verdad) porque conoce e imita bien "los síntomas exteriores del alma revestida" (91) e, identificación secundaria de por medio, hace posible para el espectador apreciar lo que pasa en su corazón (91).

Tenemos que insistir: no hay forma de ejercer una percepción pura que nos capacitaría para conocer algo en su esencia, no hay forma de que el actor utilice la percepción sin que ésta no esté ya mediada por el discurso del Otro. Ese avaro que el actor ve en la calle y al que quiere copiar, es un semblante de avaro, que seguramente no es lo mismo para un personaje medieval que para un personaje del siglo XIX. En todo caso, es un avaro particular y lo que Diderot nos propone es trabajar directamente, no con el avaro de la calle, sino con el semblante del avaro, el modelo ideal, que como "fantasmas que le sirven de modelos" (97) ("fantasmas imaginarios de la poesía" o "espectros de la manera particular de tal o cual poeta" dice Diderot [34]) ha sido elaborado por el dramaturgo en relación al discurso del Otro. Stanislavski no se aleja demasiado de Diderot en esto, aunque no deja de reconocer los peligros. En *Mi vida en el arte* nos dice, haciendo una referencia indirecta al mismo ejemplo del avaro mencionado por Diderot, que al representar la avaricia "en general", como fue el caso en *El drama de la vida* de Hamsun, "el diseño interior no [estaba] desarrollado en sus detalles [sino que] se [daba] mediante amplios trazos de carácter general" (316); e inmediatamente plantea que "en nuestro arte lo más peligroso es precisamente este juego en forma 'general' [p]ues da como resultado una indeterminación de los contornos espirituales, y priva al artista de suelo firme sobre el cual asentarse con seguridad" (316). Sin embargo, el modelo ideal de Diderot no necesariamente debe pensárselo como una copia general ni tampoco esencial, sino—para usar una palabra de nuestra época—estructural, entendiendo por tal no los "rasgos característicos" sino los rasgos diferenciales, como en la fonología, o bien planteando la relación del sujeto con el objeto *a* en la avaricia, como vimos que hace Lacan. El *Avaro* y *Tartufo* han sido hechos tomando por modelos a todos los avaros y tartufos del mundo; pero no acumulado sus rasgos más generales y característicos, sino apuntando al rasgo diferencial que funda su tipo. En ese sentido, no es copia de ningún modelo particular, no es el *retrato exacto* de ninguno (64, el subrayado es nuestro). El artista desea justamente copiar ese modelo ideal formulado por el dramaturgo, y por eso rebajaría su trabajo al limitarse a realizar un retrato de un individuo particular. Porque el modelo ideal ya no es naturaleza, sino un producto del trabajo artístico que ha ido perfeccionando la naturaleza (Diderot 66) y cuyo registro está en el Otro. El actor, en todo caso, puede reproducir el modelo ideal vislumbrado por el poeta o ir más allá del padre de la obra, imaginando por sí mismo "un gran fantasma—dice Diderot—y copiarlo inspiradamente" (70). Si en el primer caso, al copiar el modelo ideal dado por el dramaturgo el actor se define como un intérprete, es en el segundo caso en el que el actor arriesga más como artista y se acerca más a ese "estado creador" que buscaba Stanislavski, al imaginar por sí mimo para su personaje un modelo ideal superior al del dramaturgo. Para Diderot, el único 'realismo' está en este trabajo con el modelo ideal, que en cierto modo es un semblante todavía concebido en términos nominalistas; en Stanislavski, por su parte, el realismo—como ya vimos—está más relacionado con lo real, con aquello no simbolizable, y no con la realidad.

Sin embargo, el resultado de la relación entre un actor y el modelo ideal de la pieza es, en tanto allí se juega su deseo, un resultado particular, que le pertenece sólo a ese actor. Ya sabemos que no hay manera de que el actor pueda reasegurarse, ni siquiera con las conversaciones con el autor, de que el modelo ideal a copiar, tal como él lo percibe en la obra, se corresponda punto por punto al modelo ideal que supuestamente el dramaturgo concibió.

Si el modelo ideal en Diderot remite al deseo del actor y se dirime justamente entre éste y el personaje, en Stanislavski parece plantearse la misma situación: "En nuestro arte, el artista tiene que comprender lo que se exige de él, lo que él mismo quiere y lo que puede entusiasmarlo en el sentido de las posibilidades creadoras" (*MVA* 316). Stanislavski introduce aquí la novedad: en términos lacanianos se traduciría ese "lo que se exige de él" como un "qué me quiere el Otro", es decir, qué lugar ocupo en el deseo del Otro, cuestión ésta no siempre tenida en cuenta en las escuelas de formación actoral. Como en Diderot, ese Otro stanislavskiano es también un Otro barrado, imperfecto, incompleto, inconsistente y por eso tiene un deseo y una demanda dirigida hacia el actor. Ese Otro puede ser el dramaturgo, la sociedad, la obra. Es en este sentido en que hay que entender el proyecto stanislavskiano de "que el artista debe saber trabajar no solamente sobre sí mismo [es decir, como nos dijo antes, "lo que él mismo quiere", por ende, su cuerpo, su demanda y su deseo], sino también sobre el personaje [esto es, el otro y el Otro]" (*MVA* 317). Y para esto, el maestro ruso sabe que, como lo supo Freud para el psicoanálisis, se requiere "un estudio especial, una técnica apropiada, modalidades, ejercicios y un sistema" (*MVA* 317).

Porque la cuestión del modelo ideal está en relación al deseo, es por lo que requiere ciertas aclaraciones. Si el deseo—que es una falta—está involucrado, lo importante es de alguna manera hacer al menos como la histérica: desear tener el deseo insatisfecho. ¿No es acaso ésa la definición que Stanislavski provee de lo que él denomina "el estado creador" para diferenciarlo de ese otro modelo conformado por (malos) hábitos escénicos? La técnica está elaborada para permitir el trabajo con el subconsciente—cuya definición es, como vimos, muy difícil de ubicar y determinar en los textos del maestro ruso, debido a la falta de una teoría de la represión. Según Stanislavski, el subconsciente es el lugar—tal vez mal llamado Naturaleza—en el que reside la inspiración y la creación. La técnica, a su vez, debe su efectividad al grado de automatismo que adquiera: es justamente porque es automática, maquinal, que le permite al artista sentirse liberado para expresar lo más sutil del papel. Un pianista que todavía está pensando en cómo mover sus manos para ejecutar adecuadamente una escala, no puede dedicarse a expresar los rasgos más sutiles—espirituales, sublimes, nobles, subconscientes, los llama Stanislavski (*MVA* 270)—de la partitura. La técnica tiene como misión desterrar los 'malos' hábitos y reemplazarlos por aquéllos adquiridos por un trabajo y estudio orgánico; la técnica es una máquina que provee de hábitos orgánicos que sustituyen viejos hábitos: "[h]ay que incorporar todo lo aprendido al uso diario—nos dice Stanislavski en *El trabajo del actor sobre sí mismo*—adquirir el hábito, convertido definitivamente en una segunda naturaleza" (78). Lo aprendido es diferente de lo heredado y asumido sin crítica y sin estudio, por eso "[s]ólo después de aprendido todo esto de modo que se haya convertido en hábito se puede crear" (*El trabajo...* 83, nota 19). La técnica, sin embargo, incluso basada en lo científico, no asegura la calidad artística: "La ciencia ayuda al arte solamente en los casos en que ambos se apoyan y complementan mutuamente" (*El trabajo...* 82). Le permite al actor trabajar con el modelo ideal, incluso profundizar su saber sobre las vivencias y las acciones humanas pero, en tanto automática, sólo sirve para liberarlo en la expresión de las vivencias y acciones del personaje o de la obra en cuestión. Por eso Stanislavki se queja de esos actores que, con cierta técnica, sólo se quedan en ese nivel. Yendo aparentemente un poco más allá de Diderot, el maestro ruso nos dice de un actor:

> Hacía el papel bastante bien, con bastante arte, imitaba las manifestaciones exteriores de las vivencias y acciones, pero no experimentaba ni la menor vivencia ni la necesidad auténtica de acción cualquiera. De un espectáculo a otro, o sea a través de los espectáculos, había elaborado el hábito mecánico de efectuar la gimnasia técnica establecida una vez para siempre, mientras la memoria muscular tan fuertemente

desarrollada entre los actores acababa de hacer lo demás, es decir, fijar sólidamente los hábitos y costumbres escénicos. (*MVA* 285).

Ese "no experimentar ni la menor vivencia ni la necesidad auténtica de acción cualquiera" es lo que justamente habla de la demanda y sobre todo del deseo; porque el actor debe resguardar ese deseo y no dejarlo ni dejarse sofocar por la técnica. No es por aplicar o adoptar la técnica analítica a pie juntillas que se hace psicoanálisis; se hace psicoanálisis cuando se trabaja con el deseo, cuando la técnica y el constante debate sobre la técnica están allí para permitirlo. Una cosa es, pues, el oficio, y otra muy diferente el arte (*MVA* 286). Ambos son necesarios, pero el oficio no garantiza la creatividad artística.[59] El oficio es justamente ese depósito de estrategias, de recursos escénicos y modalidades que, fijados en el inconsciente, auxilian al actor "cuándo éste queda inerme en el escenario, y con el alma vacía" (*MVA* 287). Pero ese oficio, insistamos, no garantiza la existencia del arte.

Stanislavski subraya el hecho de que el actor es un sujeto en escena que, a su manera, está dividido. No dividido sólo como cualquier otro sujeto en el sentido del psicoanálisis, entre lo consciente y lo inconsciente, sino además dividido entre lo que es y lo que debe representar. Stanislavski habla, pues, de "[e]sa 'dislocación' entre lo espiritual y físico" (*MVA* 287), entre la vida personal del artista y la vida escénica. En *El trabajo del actor sobre sí mismo* Stanislavski nos dice que "[e]l artista se desdobla en el momento de la creación" (130) y, refiriéndose al famoso actor Tommaso Salvini, cita sus palabras: "Cuando actúo, vivo una doble existencia; río y lloro, y al mismo tiempo analizo mis lágrimas y mis risas, procurando que tengan el máximo efecto sobre aquellos a quienes quiero llegar" (130). Esta división no es un obstáculo para la creación, para la inspiración, sino casi su constante estructural. No podemos aquí detenernos sobre la

---

[59] Por esta razón adopté el título de *Arte y oficio del director teatral en América Latina* para mi proyecto continental de entrevistas a directores de la región.

forma en que Stanislavski trabaja la cuestión del tiempo, en la escena y en la técnica. Sin embargo, tenemos que dejar aquí constancia de la forma en que la cuestión del modelo ideal o modelo interior está atravesada por la cuestión del tiempo, lo que Stanislavski denominará 'la perspectiva'. Perspectiva es *"la calculada y armónica correlación y distribución de las partes al abarcar la totalidad de la obra y del personaje"* (*El trabajo*... 131). Dicha perspectiva está unida en Stanislavski al propósito final de la obra, que él llama el superobjetivo. Y eso se involucra con el modelo ideal y el actor como sujeto dividido en la medida en que el actor sabe de antemano el futuro del personaje, pero en escena debe actuar su personaje como si no lo supiera. "El personaje—nos dice Stanislavski—nada sabe de la perspectiva, de su futuro, mientras que el mismo artista debe pensar siempre en esto, o sea tener en cuenta la perspectiva" (*El trabajo*... 133).

Este sujeto doblemente dividido puede apelar al oficio, pero a su vez requiere de una técnica especial que le permita preservar no el "estado anímico del intérprete", sino su "estado creador" (*MVA* 287). La técnica facilita la posibilidad de que este estado creador—que puede aparecer en diversos grados y frecuencias, según el tipo de actor—le llegue al artista "en forma automática en sumo grado y absoluta plenitud" (*MVA* 287). No es esto, sin embargo, a lo único que apunta la técnica o sistema del maestro ruso: lo que Stanislavski busca es cómo contar con una técnica que, estando a disposición del artista, no sólo facilite sino que provoque el estado creador (*MVA* 288). Comprende que su objetivo no es elaborar una máquina capaz de provocar ese estado artístico en forma artificial, lo cual iría en desmedro de su concepción del arte. Pero sí al menos pretende que esa técnica pueda incitar a voluntad del actor, si no la inspiración, al menos el clima o la atmósfera propicia para que ésta emerja. Y aquí Stanislavski tropieza con el obstáculo mayor: se pregunta cómo hacer para que el estado creador "no aparezca por obra del azar, fortuitamente, sino que pueda ser creado a voluntad del artista, como si dijéramos 'por encargo'" (*MVA* 288). ¿Es posible dominar el inconsciente a voluntad? ¿Cómo responden los psicoanalistas, que cuentan

con un concepto del inconsciente más y mejor desarrollado y trabajado teóricamente que Stanislavski, a esta pregunta? Las paradojas de
la aproximación stanislavskiana deben evaluarse desde esta, si se
quiere, no sólo utópica, sino siniestra y hasta monstruosa propuesta.

ACERCAMIENTO PSICOANALITICO A LA MEMORIA EMOTIVA

> Como ya saben, en el escenario vivimos sobre re-
> cuerdos emotivos de las realidades. A veces esos recuerdos
> alcanzan un grado de ilusión que los hace parecerse a la
> vida misma. Aunque llegar a olvidarse por completo de sí
> mismos y creer firmemente en lo que sucede en el escena-
> rio, es posible, ocurre muy rara vez. Saben de momentos
> aislados largos o cortos en su duración, cuando el actor
> está perdido en la "región del subconsciente". Pero du-
> rante el resto del tiempo, la verdad alterna con la verosi-
> militud, la fe con la probabilidad.

> Stanislavski, *Preparación del actor* 288-9

Recuerdos-pantalla y memoria emotiva

En su ensayo sobre "Recuerdos-pantalla" ["Screen Me-
mories"][60] de 1899, que se ha traducido al castellano
como "recuerdos encubridores", Freud va a ocuparse, como en otros
trabajos previos a la publicación de *Psicopatología de la vida cotidiana*
(1901), sobre la memoria, su funcionamiento, aparentemente caprichoso. Dice haber escrito este artículo con placer y por lo tanto, según él, esto profetizaba el mal futuro de ese ensayo; como casi nadie
lo menciona, me pareció interesante basar mis comentarios sobre él.
Además, al leerlo, imaginaba que estaba leyendo a Stanislavski, ya que
Freud no sólo parece hacerse las mismas preguntas que el maestro
ruso, o viceversa, apelando también a la estructura dialogada con su
supuesto paciente (en realidad, el recuerdo analizado allí es autobiográfico, tal como Ernest Jones [20] y James Strachey [*SE* III 301-302]
nos dejan saber)—en forma similar a como Stanislavski se desdoblará
también en *Preparación del actor*—sino también porque de alguna manera dicho "analizante" invoca ciertos recuerdos de infancia cuya

---

[60] *S.E.*, III, 301-322.

semejanza con los que Stanislavski plantea en *Mi vida en el arte*, y que ya hemos trabajando en este libro, son sin duda notables. Baste mencionar, por ejemplo, el hecho de que hay recuerdos que no corresponden a ninguna percepción temprana del sujeto, sino que han sido inducidos a partir de las descripciones realizadas durante la vida adulta por otros (la niñera, en el caso de Stanislavski, la niñera y los padres en el caso del paciente de Freud o de Freud mismo). Y luego hay otros recuerdos que efectivamente remiten a escenas de la niñez y que no parecen responder ni a una descripción de otra persona ni al hecho de haberse encontrado con ninguno de los participantes de la escena.

Además, el supuesto analizante de Freud—como Stanislavski con su "si mágico"—al relatar su caso, va a apelar a una serie de posibilidades que, como él mismo dice al contextualizar sus memorias infantiles con las circunstancias posteriores en que emergió el recuerdo, trataban más de *mejorar el pasado* que el futuro. El paciente de Freud se plantea, casi en los mismos términos que Stanislavski:

> If only the smash had not occurred. If only I had stopped at home and grown up in the country and grown as strong as the young men in the house, the brothers of my love! And then if only I had followed my father's profession and if I had finally married her—for I should have known her intimately all those years! I had not the slightest doubt, of course, that *in the circumstances created by my imagination*, I should have loved her just as passionately as I really seemed to then. (*S.E.*, III, 313, el subrayado es mío)

Claro está que Freud—o su doble en el diálogo—duda de la consistencia de sus recuerdos, mientras que Stanislavski en general nunca lo hace en su autobiografía[61] y, como Jean Benedetti ha demostrado ya, algunos recuerdos del maestro ruso en *Mi vida en el arte*

---

[61] Stanislavski no duda de sus recuerdos en su autobiografía, pero sí lo hará en *Preparación del actor*.

no se corresponden con la realidad o bien no ocurrieron en la fecha en que Stanislavski los sitúa en su relato; fueron recuerdos que han proyectado, *desplazado* hacia el pasado alguna circunstancia de su vida adulta posterior. Se podrían cotejar muchos otros paralelismos en la vida de los dos maestros, como por ejemplo la compleja relación con sus padres y la extremada fidelidad a sus esposas—'uxuriosos', como Jones ha dicho de Freud (90)—o bien la necesidad de la presencia de otro—capaz de ser a la vez, con toda la ambigüedad sexual del caso,[62] "un íntimo amigo y un odiado enemigo" (Jones 8), sea Fliess o Jung, Nemirovich-Danchenko o Meyerhold, respectivamente; lo mismo podría decirse de las relaciones con mujeres muy intelectuales decisivas, sean Lou Andreas-Salomé en el caso de Freud o Isidora Duncan para Stanislavski. No obstante, las diferencias que también podrían invocarse—Freud despreciaba el teatro y la música, por ejemplo— resulta especialmente interesante, además, ver la forma en que ambos van relacionando los acontecimientos de su vida con los desarrollos de sus propuestas a nivel profesional. No es éste, sin embargo, el lugar para intentar tal empresa. Contentémonos con atenernos al modo en que Freud va a trabajar para conceptualizar los mecanismos con los que opera la memoria y cómo Stanislavski se preocupa también por el rol de la memoria en el Sistema. La afirmación de Jones respecto a que Freud "was never satisfied with emotional solutions only"; [that he] had a veritable passion to *understand*" (13), podría también ser aplicable a Stanislavski.

Tratemos de aproximarnos, aunque sea brevemente, a la conceptualización freudiana en ese ensayo de 1899, que nos interesa tanto por la palabra "pantalla", a la cual además hemos recurrido frecuentemente en algunos capítulos de este libro, sobre todo cuando nos referirnos al fantasma; intentaremos también ver cómo Stanislavski intenta aproximarse a la memoria afectiva. En principio, conviene aclarar que el ensayo freudiano permite inferir hasta qué punto

---

[62] En una carta a Ferenczi, Freud escribe, hablando de su previa relación con Fliess: "A part of homosexual cathexis has been withdrawn and made use of to enlarge my own ego. I have succeeded where the paranoic fails" (Jones 273).

su teorización no coincide con la forma en que Strasberg cava en los recuerdos de sus actores.

Lo primero que atrae la atención de Freud es el carácter selectivo de la memoria. Al referirse a la relación de la memoria con la vida infantil, y basándose en unas investigaciones de V. y C. Henri (los Henris, como él los llamará a lo largo del ensayo), Freud trata de puntualizar la consistencia de lo recordado, tanto a nivel formal como de contenido. Señala que:

• Usualmente buscamos—sin mayores éxitos—entre nuestros recuerdos aquellas impresiones del pasado que suponíamos nos iban a influenciar toda la vida; nos sorprendemos de que apenas hallamos un número de rememoraciones aisladas de dudosa o enigmática importancia. En cierto modo, esta tesis es la que vamos a encontrar en los teatristas y por eso ellos vislumbran la técnica actoral como una excavación de la memoria para rescatar aquella carga afectiva ligada a la percepción original. Como veremos, nada más lejos de lo que Freud y Stanislavski van a plantearnos. Si la idea de excavación tiene algún sentido en Freud, es a costa de imaginar, además, que lo buscado nunca está allí donde se cava, siempre está desplazado o es inalcanzable.

• La mayoría de los sujetos presentan su memoria como *una cadena de eventos conectados*, sin aparentes discontinuidades, desde sus seis, siete o incluso diez años. Sin embargo, como lo demuestran los neuróticos, se trata en general de recuerdos fragmentarios cuando remiten su más temprana infancia, justamente los que van a dejar mayores huellas en lo más profundo de su vida psíquica y los que van a tener mayor relación con la vida patógena adulta. Según los Henris, aquellas personas cuyos recuerdos son de muy temprana edad, incluso de su primer año de vida, son también aquellas que disponen de recuerdos más detallados de su vida posterior y pueden ser más tarde capaces de *reproducir sus experiencias como una cadena continua* de recuerdos desde su temprana infancia, más o menos desde los cinco años.[63] Freud nos llama la atención sobre el hecho de que la función de la memoria puede estar avanzada o retrasada, según los casos.

• Cierto imaginario de la memoria nos lleva a pensar en una relación directa entre la significación psíquica de una experiencia y su retención en la memoria. Si se recuerda algo por mucho tiempo, podemos suponer que tuvo un fuerte impacto o consecuencias determinadas en la vida del sujeto; por el contrario, si el sujeto lo juzga sin importancia, lo olvida. En general, según los Henris, el contenido de los recuerdos infantiles está ligado a situaciones de miedo, vergüenza, dolor físico, o bien a acontecimientos específicos como una enfermedad, las muertes en la familia, etc. Pero esta regla, según Freud, no parece cumplirse siempre; a veces el sujeto olvida algo importante y, más sorprendente aún, a veces recuerda algo que le es completamente indiferente. El histérico tiene en general amnesia respecto a algunas o todas las experiencias que condujeron a su neurosis y por eso se puede homologar la amnesia patológica con la amnesia normal de la vida infantil. Si un niño de tres o cuatro años ya es capaz de exhibir una organización mental y emocional bastante desarrollada, que lo capacitan para realizar inferencias y comparaciones o para expresar sus sentimientos, parecería no haber razón alguna para que la amnesia afectase estos actos psíquicos infantiles diferentemente a los de una edad adulta.

• En cuanto al contenido de los recuerdos infantiles, además de los ya mencionados de situaciones de temor, enfermedades o muertes, debería suponerse que los recuerdos retenidos por la memoria deberían mostrar evidencia de una diferencia entre lo que atrae la atención del niño y lo que atrae la del adulto. Freud nos va introduciendo así, suavemente, en la perspectiva psicoanalítica que,

---

[63] Como estoy parafraseando y traduciendo a Freud directamente de la Standard Edition, me atrevo a subrayar aquellas frases que me resultan notables desde la aproximación que estoy intentando, es decir, de realizar una analogía con la perspectiva de Stanislavski.

como ya hemos dicho antes, nada tiene que ver con una metáfora de excavación; por el contrario, Freud va a situarse en el trabajo sobre lo verbal, sobre el significante y en dos mecanismos fundamentales, el desplazamiento y la sustitución, que tanto peso tienen en la *Interpretación de los sueños*. Nos dice, por ejemplo, que esa diferencia explica que una mujer recuerde claramente los accidentes ocurridos a sus muñecas, pero a la vez nada de los acontecimientos serios y trágicos que sucedieron en su vida durante ese mismo período.

• Es sorprendente que, contrariamente a las expectativas corrientes, muchos de los recuerdos de la infancia se refieren a la vida diaria y acontecimientos intrascendentes, que *no podrían producir ningún efecto emocional* ni siquiera en niños, y sin embargo, el sujeto los recuerda, y hasta con claridad, en todos sus detalles, más que algunos otros eventos contemporáneos a los anteriores que, según versión de los padres, habían impactado al sujeto por aquel entonces y que éste en su edad adulta no los registra. Aunque los Henris piensan que esto ocurre raras veces, Freud sostiene que es muy frecuente en los neuróticos. Las imágenes mnémicas resultan, así, misteriosas para el sujeto. Es probable que la escena que dio origen al recuerdo haya retenido incompletamente lo ocurrido y que las partes *omitidas*, más que olvidadas, contengan todo lo que resultaba interesante en la experiencia originaria. Freud postula que es ese carácter incompleto lo que muchas veces contribuye a que la escena infantil aparezca como inocente. El tratamiento psicoanalítico rescata esta parte omitida y restaura completamente el recuerdo, dejando en evidencia que lo omitido era sin duda lo más importante. Es por ello que la técnica y la teoría psicoanalíticas, tal como Freud las sostiene, más que aferrarse a sus resultados, insiste en cuestionarse acerca del mecanismo que opera sobre estos procesos psíquicos, especialmente por qué lo suprimido fue lo importante y lo retenido lo que resulta trivial o indiferente. Veremos cómo ese 'mejorar el pasado', recorriendo la cadena significante retrospectivamente, es también parte de la psicotécnica stanislavskiana.

• Hay que suponer dos fuerzas psíquicas, una que asume la importancia de la experiencia como un motivo para ser recordado y otra que le opone resistencia y previene de que lo importante se muestre en la imagen mnémica. Ambas fuerzas ni se cancelan mutuamente ni una domina a la otra; ambas llegan a una *solución de compromiso*: la imagen mnémica mostrará lo no relevante, acusando recibo del triunfo de la resistencia; lo recordado es un elemento estrechamente asociado con lo omitido, dando así crédito a la fuerza inicial que quiere conservar lo importante del acontecimiento. El resultado del conflicto es pues un compromiso en el que, en vez de la imagen original, propuesta por la primera fuerza, se produce *otra* imagen "asociativamente *desplazada*" de la primera; esta imagen *sustituye* a la primera, pero su aparente trivialidad resulta no de la imagen en sí, sino de nuestra apreciación, ya que estamos inclinados *a enfocarnos en el contenido de lo recordado*, perdiendo así la oportunidad de apreciar la relación entre lo mostrado y lo suprimido. Como dicen Laplanche y Pontalis, en la misma formación de compromiso, pueden satisfacerse "a la vez el deseo inconsciente y las exigencias defensivas" (161). Stanislavski también aconsejará a sus actores no quedar estancados tratando de recuperar o reproducir la emoción supuestamente ligada a un recuerdo presente.

• El caso más simple es el de los recuerdos infantiles, donde el elemento suprimido, lo esencial, es representado por elementos no esenciales. Freud también señala otros casos en que una insospechada riqueza de sentido puede estar oculta, disimulada bajo una aparente inocencia. En todo caso, lo fundamental es que se ha producido un *desplazamiento* sobre algo *asociado por continuidad y/o contigüidad*. Visto desde la perspectiva de la totalidad del proceso, se puede decir que se ha producido una *represión* acompañada de *sustitución* de algo proveniente de lo vecino en la cadena, sea cercano en el espacio o el tiempo. Hay una "intensidad psíquica"—como la llama Freud en este ensayo—que se desplaza de una representación (que es luego abandonada) sobre otra (que desde entonces juega la parte psicológica de la primera). Desde este punto de vista, el trabajo con la memoria afectiva o emotiva, tal como lo imaginan los teatristas, se complica bastante, ya que indudablemente si hay una carga afectiva, es casi seguro que no estará en relación a lo recordado, a la imagen mnémica que el sujeto recuerda y muestra en su improvisación, sino en conexión con lo suprimido u omitido. Veremos más adelante el ejemplo del 'trolley' en *Preparación del actor*.

• Un punto importante a tener en cuenta para trabajar analíticamente, es saber desde cuándo el sujeto tiene ese recuerdo, si lo tiene desde su temprana niñez o si emergió en algún momento posterior de su vida adulta. El 'paciente' de Freud, al recordar cierto episodio de su niñez en un tiempo posterior, procedió inconscientemente a "proyectar las dos fantasías, una sobre la otra, haciendo de ellas un recuerdo infantil" (*S.E.* III, 315). Freud le plantea la posibilidad de que, en realidad, no haya habido un recuerdo infantil, sino solamente una fantasía *actual* llevada o trasladada al pasado, a la infancia, retrospectivamente. El paciente insiste en que sin embargo esa escena evocada es genuina, con lo que Freud acuerda, en la medida en que el paciente ha seleccionado esa escena entre muchas otras de una clase—similar o no—y habida cuenta de que, en realidad, su contenido, en cierto modo, le es indiferente. La escena elegida resultó bien adaptada para representar las dos fantasías que son importantes para el paciente y en cierto modo hay que postular la existencia de una huella mnémica—unos significantes básicos ("raw material" llama Freud [*S.E.* III, 318] al color amarillo y al pan mencionados por su paciente)—que haya ofrecido a ambas fantasías un punto de contacto, a la manera de un puente ("connecting bridges" [*S.E.* III, 318]) y hasta haya modificado hasta cierto punto la escena infantil original. Muchas veces lo que conecta el recuerdo-pantalla con lo reprimido es una expresión verbal usada por el sujeto. Freud insiste en que no se puede confiar en los datos provistos por la memoria, ya que muchas veces resultan falsos. En el caso de este paciente, se trata de un "recuerdo-pantalla", cuyo valor reside en el hecho de que representa en la memoria impresiones y pensamientos de una fecha tardía cuyo contenido está conectado a los recuerdos de infancia por lazos simbólicos o similares. Lo reprimido de la experiencia adulta—como usualmente ocurre en los pacientes histéricos—pasa al recuerdo infantil, en tanto *los pensamientos inconscientes*, nos dice Freud, *son una prolongación de los conscientes*, certeza que, como sabemos, está también en la base del Sistema. El recuerdo de un pasado remoto está en sí mismo facilitado por algún motivo placentero inconsciente. En efecto, lo inconsciente busca transformarse en una escena que, por o gracias a sus visos de inocencia, puede hacerse consciente. El paciente se da cuenta, a esta altura, de que al producir una fantasía de ese tipo, él pudo proveer la satisfacción de dos deseos suprimidos (en su caso, desflorar a una niña y obtener beneficios materiales, sexo y comida, respectivamente). Si todavía algo parece no hacer sentido, conviene pedirle al sujeto que continúe asociando. Y es por esto, señala Freud, que si la fantasía [el recuerdo-pantalla, el recuerdo encubridor] no coincide completamente con la escena infantil, si solo parece conectada en ciertos puntos, es justamente porque la memoria infantil es genuina.

• Finalmente, Freud va a subrayar el hecho de que, en la mayoría de los recuerdos infantiles significativos para el sujeto, éste se ve a sí mismo en el recuerdo como un niño, sabiendo que dicho niño es él mismo. El niño se ve como si un observador lo viera desde un punto fuera de la escena—un niño-cámara para un niño-pantalla—lo cual demuestra que el recuerdo ha sido alterado, que no es una exacta repetición de la impresión perceptiva original; en aquel entonces, el sujeto estaba en el medio de esa situación original y no dirigía su atención hacia él mismo sino a lo que en ella estaba ocurriendo. Es decir, en el recuerdo el sujeto aparece como un objeto entre otros objetos y por eso hay un *notable contraste entre el yo que actúa y el yo que recuerda* ("between the acting and the recollecting ego" [*S.E.* III, 321),[64] con lo cual se hace evidente que la impresión original ha

---

[64] Más adelante veremos cómo esta cuestión aparece en Stanislavski; lamentablemente, los fragmentos que nos interesan no figuran en la versión castellana.

sido transformada. Es, nos dice Freud, "como si una huella mnémica de la infancia hubiera sido traducida retrospectivamente en una forma plástica y visual en fecha posterior—la fecha en que emergió el recuerdo" (*S.E.* III, 321). Y agrega un comentario que debería hacernos reflexionar otra vez sobre la forma en que se trabaja la memoria emotiva a nivel de la actuación: "Pero ninguna reproducción de la impresión original ha entrado jamás en la consciencia del sujeto" (*S.E.* III, 321). Sin embargo, no es que los recuerdos sean completamente inventados; son falsos en el sentido de que ellos han movido un acontecimiento a un lugar en donde éste no ocurrió, han reunido dos personas en una, han sustituido a una persona por otra o bien han combinado dos experiencias separadas. Todo esto puede, obviamente, ser pensado en términos de significantes. Se trata justamente de falsificaciones tendenciosas en tanto sirven a los propósitos de la represión y hacen necesario el reemplazo de impresiones que al sujeto le resultan objetables o desagradables. Los conflictos de la vida posterior del sujeto dan lugar al surgimiento de este tipo de recuerdos o fantasías retrospectivas—como las llamará Freud más tarde—y, por todo esto, lo cierto resulta ser que el material bruto de las huellas mnémicas de las cuales surgieron los recuerdos infantiles permanece desconocido para el sujeto en su forma original. Se puede discutir, entonces, hasta qué punto tenemos realmente recuerdos de nuestra infancia; en todo caso, como Freud nos advierte, los recuerdos infantiles nos muestran nuestros tempranos años no tanto como efectivamente fueron, sino como ellos aparecieron en períodos posteriores de nuestra vida, no tanto como esos recuerdos *emergieron* a la consciencia, sino tal como ellos se *formaron* en ese preciso momento de la vida adulta. Muchos son los motivos (sobredeterminacion) que, sin

---

Cuando Kostya relata sus recuerdos del accidente, enlazados por el significante 'trolley', va pautando la forma en que escribiría el hecho y cómo esa forma va cambiando con el tiempo, desde ser un mero reporte de prensa amarilla hasta alcanzar niveles poéticos. Es en esta *escena de la escritura* donde podemos observar ese contraste entre el yo que actúa, el yo que escribe, y el yo que recuerda.

responder a precisión histórica alguna, toman parte en la formación y selección de esos recuerdos.

A partir de Freud se nos complica a los teatristas la forma en que trabajamos en los ensayos la famosa "memoria emotiva". Es importante ver hasta qué punto Stanislavski a veces se detiene o queda atrapado en el contenido del recuerdo encubridor y en otras circunstancias, en cambio, emprende el recorrido retrospectivo por la cadena significante en búsqueda de lo omitido en el recuerdo actual. Faltándole una teoría de la represión, no llega a conceptualizar cómo la memoria emotiva puede ser un recuerdo-pantalla del actor y tampoco tiene los elementos teóricos para trabajar a profundidad la cuestión del deseo. Incluso en la improvisación, aunque puede describir los desplazamientos y sustituciones del caso, carece de una batería conceptual apropiada para afrontar cómo el actor inhibe su trabajo creativo debido a la potencia de la fuerza defensiva. ¿Y si el trabajo del actor sobre su memoria emotiva se queda atrapado por este recuerdo-pantalla al que supone genuino? ¿Qué clase de emoción busca el actor y cómo sabe que debe ir más allá del recuerdo-pantalla en su búsqueda de una emoción intensa y acorde con los requerimientos del papel? Después de todo, lo que Freud nos advierte es justamente que el valor del recuerdo-pantalla no reside en su contenido, sino en la conexión o relación que éste tiene con un contenido suprimido. En *Preparación del actor*, Stanislavski se da cuenta de esto, pero no logra conceptualizarlo. El recuerdo-pantalla, además de incompleto, está formado por residuos de la vida posterior del sujeto y puede ser tanto "regresivo", apuntando hacia el pasado, o bien apuntar hacia adelante, de acuerdo a la relación cronológica que establezca entre la pantalla y lo representado por la pantalla. ¿Y si el trabajo del actor queda entrampado en las falsificaciones de la memoria? ¿Quién o qué puede validar los recuerdos del actor proyectados sobre el personaje? ¿Cómo distinguir entre los genuinos recuerdos de infancia y los recuerdos-pantalla? ¿Quién asegura que los recuerdos del actor se corresponden a los del personaje o son los apropiados para dar vida al personaje? ¿Y si el recuerdo encubridor—como ocurre mayormente—no es el depositario de la carga afectiva necesaria para el personaje?

Los teatristas, cuando se refieren a la memoria, parecen más inclinados a pensar en aquello que los psicoanalistas denominan una 'reminiscencia', no tanto en el sentido platónico, sino como la experiencia de revivir algo del pasado. Lo peor aquí—y no faltan ejemplos en el campo actoral—sería enfrentarse con una alucinación, como en la psicosis, en la que el actor dice estar "posesionado" por el papel, que el personaje le habla, que escucha sus voces, etc. En la mayoría de los casos, la praxis teatral queda más atrapada en aquello que constituyó la etapa anterior al psicoanálisis, cuando Freud practicaba—siguiendo ejemplos de la psiquiatría de la época—la hipnosis. No deja de ser sorprendente el hecho de que, en 1913, cuando Stanislavski tenía 51 años y estaba preparando *La Locandiera* de Goldoni, abrumado por los problemas que tenía para preparar su personaje, haya escrito en una carta a Benois—según consigna Jean Benedetti—manifestándole que "I felt so awful all day that I decided to go [...] for hypnosis" (1990: 220). Incluso en *Preparación del actor* el maestro menciona la hipnosis (219). Aunque Benedetti nos deja sin saber quién practicó la hipnosis, el dato resulta sumamente elocuente para especular sobre ciertas prácticas que, en cierto modo, ya para esa fecha Freud había descartado. Roach señala hasta qué punto la hipnosis, como instrumento terapéutico—aún después del descrédito de Mesmer y el magnetismo animal—había regresado a las prácticas psiquiátricas de la mano de Jean-Martin Charcot, Hippolyte Bernheim y el joven Sigmund Freud (180). En el campo actoral, como lo ha investigado Roach, la hipnosis—siempre pensada como un instrumento para llegar al inconsciente en su versión pre-freudiana—fue utilizada por los actores "to attain a trancelike concentration on the role" (Roach 180), tal como lo había propuesto Max Martersteig en *Der Schauspieler: ein kunstlerisches Problem*, de 1990 (Roach 180). Se irá formando así una red de conceptos que repercutirán no sólo en Freud, sino también en el campo teatral, especialmente en Meyerhold y

Stanislavski, con todas las controversias imaginables: hipnosis, auto-sugestión (von Harmann) e inervación (Darwin).

Meyerhold va a criticar al Teatro de Arte por favorecer la autosugestión, esa "form of self-hypnotic narcosis" (Roach 197); Stanislavski de alguna manera la sostiene desde su "círculo mágico", ampliable progresivamente como instancias de concentración de la atención (*PA* 79 y siguientes), a fin de evitar que el actor sea absorbido por la atracción magnética del público, por el "hueco negro" (79) desde el que la mirada del Otro podría someterlo perversamente, llevándolo a reaccionar con el exhibicionismo.[65] Especialmente el director tiene un gran poder de seducción y logra sugestionar al actor al punto de ofrecerle un modelo ideal al que éste debería acceder, llegar o realizar. En este caso, como lo despejará Lacan técnicamente para el analista, el director debería atenerse a dirigir el proceso de trabajo durante los ensayos, sin ofrecer metas o modelos determinados del personaje o de la actuación; no debería haber aquí nada normativo, como quien dice: 'este' Hamlet es el mejor o es mejor que este 'otro' Hamlet. No debería el director imponer un 'significado' al actor, sino darle elementos para guiar su proceso de trabajo con el sentido o, mejor, como ya hemos mencionado muchas veces, con las ambigüedades y particularmente con esos momentos de apertura/cierre del inconsciente, en el que éste se manifiesta como sin-sentido, incluso cuando el hallazgo aparece como un "accidente" o bien como la irrupción de "un simple acontecimiento exterior que nada tiene que ver con la obra" (*PA* 289). Stanislavski insistirá, como veremos, en que el personaje solo puede vivir de las experiencias personales del actor. Muchas veces los directores usan todo tipo de

---

[65] Stanislavski va a introducir, con cierta precaución en virtud de la censura soviética, la idea del Prana de los hindúes, para dar cuenta de la energía vital y de la irradiación de rayos de energía como lo plantea el Yoga (*PA* 202); estas referencias al prana no figuran en la versión inglesa de Jean Benedetti, donde el título del capítulo no es "comunión" sino "communication". Carnicke, quien ha tenido acceso a documentos liberados últimamente por el gobierno ruso, desarrolla con mucho detalle la influencia del Yoga y las filosofías orientales en el corpus stanislavskiano (167-184), tal vez la parte más censurada de su obra.

estrategias de seducción para inducir ese estado de hipnosis o sugestión en el que el actor queda atrapado; en vez de trabajar la resistencia
inherente al proceso de trabajo y a los avatares de la creatividad, los
directores de la sugestión intentan cancelarla, produciéndose, en este
último caso, una violencia específica. Sin duda, la mayor sugestión se
produce cuando los actores entran en transferencia con el director y
lo ponen en el lugar de sujeto que sabría todo respecto de la obra o
del personaje. Esta situación se agrava si el director también cae presa
de esa sugestión, engañándose él también al ceder a la ilusión de que
efectivamente sabe todo respecto del personaje, de la obra o del actor. El ensayo teatral debería, especialmente en estos casos, desarrollarse como un análisis de la transferencia, es decir, de los supuestos
de esa sugestión. El director debería, en estas circunstancias, más que
favorecer, cuestionar cualquier identificación del actor con el modelo
ideal, colocado como ideal del yo (un determinado modelo de actuación) o como objeto *a* (un inalcanzable ideal del personaje). ¿Qué nos
dice el Sistema sobre estas cuestiones? ¿Cómo se plantearon estas
cuestiones, a partir de ciertas versiones de Stanislavski, los directores
o maestros posteriores, sea Strasberg o Grotowski, por ejemplo?

Stanislavski y la cuestión de la memoria

¿Qué es lo que el actor busca a través del trabajo con la memoria? ¿Recobrar una emoción original, producida en ciertas circunstancias perceptivas del pasado? ¿Es esto posible? ¿Es lo que sostiene
Stanislavski? ¿Realmente se trata de un revivir o bien se trata de una
repetición cuyas condiciones deberíamos puntualizar teóricamente?
¿Y cómo asegurarnos de que esa emoción obtenida por la memoria
del actor efectivamente es adecuada a la circunstancia del personaje?
El recuerdo encubridor, en toda su falsedad, ¿podrá también ser inventado, de ficción? ¿Dará los mismos resultados trabajar sobre un
recuerdo de otro que sobre uno propio? Lacan señala que las leyes
de la rememoración y del reconocimiento simbólico son diferentes a
las leyes de la reminiscencia imaginaria (*Escritos* 406). Además, los teatristas—incluso por algunas conexiones que se han planteado entre

el Sistema y la psicología de Pavlov[66] e incluso remontándose hasta
Théodule Ribot (Carnicke 154)—suelen imaginar la memoria como
lo hacen los psicólogos con sus baterías de tests, sus investigaciones,
sus experimentos y mediciones estadísticas, es decir, se refieren a la
memoria desde un punto de vista biológico, como sería el caso, por
ejemplo, de Piaget. Lacan ha señalado la diferencia entre esa memoria
de los psicólogos y la memoria del psicoanálisis; subraya el hecho de
que el descubrimiento inaugural en Freud es el del inconsciente concebido como una memoria (*Escritos* 54), pero insiste en que se trata
de una "memoria simbólica" (*Escritos* 406), es decir, concebida como
un reservorio de cadenas significantes, aunque el trabajo sobre dicha
memoria pueda (solo) eventualmente producir descargas emotivas.
Sin embargo, en el "Seminario sobre 'La carta robada'"—poniéndose
más de parte del ensayo de Freud sobre "El block maravilloso"—
discierne entre memorización y memoria, desalojando a esta última
del campo psicoanalítico y poniéndola del lado de lo biológico, en

---

[66] Carnicke nos advierte que las relaciones entre el Sistema y la psicología de Pavlov
son producto de la manipulación del Estado Soviético; los archivos soviéticos demuestran que no hubo referencias entre ambas disciplinas, aunque Stanislavski, por
razones de censura, haya sometido sus manuscritos a la lectura de Pavlov (Carnicke
163). Por su parte, Joseph R. Roach ha trabajado el Sistema desde una serie inter-
textual que comienza con Diderot (*La paradoja del comediante*, pero también *Eléments
de Physiologie*), Ribot, Lewes, James, Sechenov, Bekhterev y Pavlov. Si Meyerhold
se interesó más en los aspectos físicos, Stanislavski enfatizó la dimensión psicofísica: "Meyerhold had less interest than Stanislavski in the psychological content of
motion" (Roach 202). Sea como fuere, aunque sin contradecir completamente la
perspectiva de Carnicke, Roach nos da buenas razones para pensar que la idea de
cadenas asociativas formadas por unidades que van sucesivamente estimulándose,
sea a nivel nervioso o psíquico—y que recorren las investigaciones de los autores
mencionados más arriba—era una referencia científica ineludible en el contexto en
que Stanislavski realiza sus descubrimientos y ejercicios, buscando siempre la forma
de crear estímulos apropiados para promover en el actor las respuestas reflejas necesarias a su trabajo. El recurso a la cinematografía, que permitió a Pavlov estudiar
en cámara lenta los movimientos del gato (Roach 201-202), no parecen estar aleja-
dos del ejemplo del gato sobre el almohadón que Stanislavski propone en *Preparación del actor* (106 y siguientes).

tanto "sería propiedad de lo vivo" (*Escritos* 51).[67] En otros textos, incluso de la misma época, Lacan va a concebir la memoria como una cadena significante que está en relación a la historia del sujeto. Es más, en "La instancia de la letra", nos invita a pensar la memoria psicoanalítica como la memoria "de nuestras máquinas modernas de pensar (fundadas sobre una realización electrónica de la composición significante), donde reside esa cadena que insiste en reproducirse en la trasferencia" (*Escritos* 485).

Estas cuestiones van a aparecer, sin duda, en Stanislavski, no sólo en cuanto a las cadenas asociativas, sino también en directa referencia a la maquinización, a la automatización del hábito, indispensable al actor como artista y a su 'segunda' naturaleza. Como nos dice Lacan en el *Seminario 3*, lo que importa desde un principio en la experiencia analítica es explorar "el registro de la rememoración y sus trastornos" (151) y para ello hay que valerse de la verbalización que el sujeto hace de su "pequeña historia" (*Seminario 3* 151), la forma en que la articula en palabras.[68] Lacan insiste, refiriéndose a esa solución de compromiso que hemos mencionado antes, en que "todo el tiempo se olvida que no basta que una cosa ocupe el primer plano para que otra no guarde su valor, su precio, en el seno de la regresión tópica" (*Seminario 3* 152), puesto que es "allí donde los acontecimientos adquieren su sentido comportamental fundamental" (*Seminario 3* 152). Nos deja bien claro que lo vivido por el sujeto no va a surgir y que además, si sucediera, no es tampoco lo que importaría. Contra la reminiscencia o el revivir, que Freud y Breuer habían intentado con el método catártico, y que luego Freud descartará, Lacan nos dice que "[l]a continuidad de todo lo que un sujeto ha vivido desde su nacimiento nunca tiende a surgir, y no nos interesa en lo más mínimo" ya que "[l]o que nos interesa son los puntos decisivos de la articu-

---

[67] Habría que reconectar esta memoria como propiedad de lo vivo con la enseñanza posterior, donde cuerpo y goce toman mayor consistencia teórica.

[68] O bien la forma en que la manifiesta en el *acting out* de la transferencia. En Stanislavski este registro tiene un peso específico: las acciones físicas que son acciones psicofísicas.

lación simbólica, de la historia" del sujeto; es decir, nos interesa lo que el sujeto cuenta, no su pasado sino *cómo lo reconstruye, lo que en definitiva resulta verdadero para él*, con la salvedad de que lo contado "proviene de una reorganización posterior, o bien ya comienza a tener una articulación en el momento mismo" (*Seminario 3* 161-162). En consecuencia, el Hamlet que produce un actor—lo sepa o no—está siempre situado históricamente, es decir en la historia "psíquica" del actor. Para Lacan, "la rememoración pertenece forzosamente al orden simbólico", al orden de la palabra, del significante, aunque subraya el hecho de que el descubrimiento del narcisismo supone la existencia de modificaciones en la estructura imaginaria del mundo que, obviamente, afectan la estructura simbólica.

Y esto debería alertar a los teatristas, en especial el hecho no tanto de la posibilidad de recordar, sino de la posibilidad de trabajar—especialmente durante las improvisaciones—ese preciso momento en que la memoria del sujeto falla, en que la verbalización tropieza, en que hay algo que se escapa, en que se percibe que hay algo omitido. Así, si concebimos la memoria como una cadena de significantes, nuestro trabajo actoral debería enfocarse en aquello que resulta elidido y no en sugestionar al actor a que 'reviva' algo que justamente escapa a su rememoración.

Si en Freud teníamos la selección, la concatenación de imágenes y la necesidad de desandar el camino de la represión para arribar a lo reprimido en el recuerdo actual, Stanislavski, en cambio, va a poner el énfasis sobre la eficiencia de lo recordado y la selección voluntaria que puede expandir el campo o programa de la memoria. Vamos a intentar puntualizar la aproximación a la memoria emotiva que Stanislavski hace en *Preparación del actor*.[69] Nuestra perspectiva no va a enfatizar la relación con la reflexología o la serie científica que Joseph R. Roach ya ha explorado, sino—contra lo afirmado por

---

[69] A continuación, todas las páginas corresponden a este texto, salvo indicación en contrario. La versión inglesa recientemente publicada por J. Benedetti tiene algunas diferencias con la versión española; voy a referirme al texto en inglés cuando lo considere necesario.

Strasberg[70]—vamos a seguir acercando el corpus stanislavskiano al corpus freudo-lacaniano, aun cuando no hubiere documentación testimonial probatoria de hasta qué punto el maestro ruso haya realmente conocido la obra del maestro vienés.

Según Stanislavski:

- El actor requiere de una memoria "fotográfica", fiel, que le permita reproducir lo que ha ensayado antes del estreno y lo que hace al momento del estreno. Esta memoria 'exterior' no es, sin embargo, lo que el espectador percibe o lo que al espectador le interesa; por el contrario, al espectador le interesa saber lo que pasa dentro del actor, en tanto ese sentimiento con el que da vida al personaje es, a la vez, el sentimiento que llega hasta la platea. El espectador está interesado en esa memoria 'interior' que le permite al actor producir o reproducir el sentimiento a discreción en cada función. En el trabajo actoral "el proceso recto y lógico" (168) es partir de la experiencia interna que después se reviste con formas exteriores. Como veremos, esta orientación de lo interno a lo externo va a cambiar en las siguientes etapas del Sistema, y resulta el punto de controversia entre los teatristas.

- La experiencia interior está íntimamente ligada a "ese toque de lo imprevisto" (169), a lo accidental, a lo que Roach denomina "happy accidents" (211) y Lacan la *tyche*, que surge y se desarrolla en ese espacio delimitado por la concentración y la atención que Stanislavski llamara "soledad pública". Obviamente, lo inesperado de Stanislavski no es siempre inconsciente, como la *tyche* lacaniana, y además puede ser completamente impostado, ficticio, manipulado. La experiencia interior es también interior al escenario, cuando el actor está concentrado en la acción, en los objetos, en el conflicto y en los otros personajes, y no observando el efecto que su trabajo

---

[70] Según Strasberg, "The emotional thing is not Freud, as people commonly think. Theoretically and actually, it is Pavlov" (citado por Roach 216).

produce en el espectador. Cuando la experiencia interna se somete a la mirada del espectador, las emociones surgen, pero mecánicamente, y lo que Stanislavski requiere en su psicotécnica es que cada vez, en cada función, los actores creen una escena nueva, vívida y, para eso, las emociones deben apelar a "recuerdos de la vida misma" (169) y no a los "archivos teatrales" (169) facturados/formateados durante los ensayos. Cuando se recurre a la experiencia externa, la emoción se torna artificial, exagerada.

- La memoria emotiva es la capacidad que el actor tiene de reconstruir retrospectivamente la cadena de significantes que van desde el sentimiento presente a la impresión original del pasado; aunque esa impresión original sea imposible de alcanzar, es siempre postulada conjeturalmente por acercamientos constantes. Stanislavski suele usar a veces, cuando habla de la emoción, la palabra 'revivir' y la diferencia de 'reproducir', pero a la vez muestra las limitaciones de ese revivir.[71] Su ideal pareciera ser *vivir* (no revivir, no reproducir) las emociones experimentadas por primera vez y poder en consecuencia actuar involuntariamente, en forma automática. La paradoja— como Roach lo ha señalado—resulta de formular una

---

[71] Desde las primeras páginas de *Preparación del actor*, Stanislavski planteará que el actor "debe vivir el personaje en cada momento y siempre que se lo esté representando" (28). Pero no se trata, como ocurre en el teatro de la representación, de *reproducir* las características externas ni tampoco de *imitar servilmente* a otro actor (a un modelo ideal del archivo teatral), ni de *revivir* lo vivido durante la preparación del personaje. Se trata de *encarnar* los sentimientos, de "ser capaz de identificarlos en el caudal de la propia experiencia" (33), de recurrir a las emociones genuinas de la vida del actor (155) y eso no es posible en la actuación mecánica con sus emociones teatrales que "son una especie de imitaciones artificiales de la periferia de las sensaciones físicas" (35). No se trata de que el personaje posea al actor, lo canibalice, sino de que el actor introduzca el personaje en sus propios sentimientos (30), en la cadena de su propia experiencia personal, y no a la inversa. En cierto modo, se trata de un intercambio con el otro, un dar y recibir (199), aunque el actor nunca olvida quién es él en el escenario: "esos sentimientos pertenecerán, no a la persona creada por el actor de la obra, sino al propio actor" (180). Más adelante, cuando sea necesario trabajar nuevamente en forma más sistemáticas, estas cuestiones van a complejizarse al introducir la dimensión del goce, de lo real y de la angustia.

psicotécnica capaz de estimular voluntariamente el subconsciente para automatizarlo por medio de un hábito adquirido durante un entrenamiento controlado—segunda naturaleza—a fin de hacerlo responder involuntariamente a discreción para brindar la *ilusión* de espontaneidad. Sólo cuando el actor puede ser capaz de adquirir estos hábitos por medio de la repetición, de automatizarlos y, en cierto modo, de olvidarlos, está en capacidad de usar su capacidad artística y dejar emerger la espontaneidad. "Habit creates—escribe Stanislavski en *Creating a role*—second nature, which is second reality. The score automatically stirs the actor to physical action" (62). El actor, como el pianista, puede prestar atención a las sutilezas de su expresión artística, despreocupándose de focalizar su atención en aspectos psicofísicos, técnicos, ya automatizados. Por eso, como Freud, Stanislavski está más orientado hacia el rememorar y, como plantea Lacan, en reconstruir un pasado verosímil, no necesariamente vivido. Nadie puede *re*vivir lo experimentado en forma completa, ni la memoria ni el sistema nervioso humano tienen esa capacidad: "¿Cómo podría tolerar la repetición de esos horrores, con todos los penosos detalles originales? La naturaleza humana no podría soportarlo" (*PA* 190). Hay, pues, una economía que supone niveles de tolerancia del displacer. La memoria emotiva "no es exacta copia de la realidad" (190); es, en cambio, como nos lo demostró Freud, un campo que se puede recorrer retrospectivamente recuperando intensidades emocionales casi nunca iguales a la intensidad de la impresión original; es, por el contrario, un campo significante que puede ser expandido y profundizado, en la medida en que las redes significantes permiten recorridos novedosos, dando lugar a nuevos procesos en los que se "llenan detalles incompletos o bien sugieren otros nuevos" (190). Además, el contexto de la impresión original puede provocar sentimientos completamente diferentes a los que causa la rememoración del episodio: "una persona puede mantenerse perfectamente serena en una situación peligrosa, y perder el sentido al recordarla más tarde" (190). Y eso fundamentalmente porque el recuerdo abre la red de posibilidades acontecidas y potenciales, no devenidas, y el campo imaginario que produce puede ser sumamente intenso, comparado con la impresión original. No es casual que en la última etapa de su vida Stanislavski pensara en forma similar el análisis activo: se trata de recorrer retrospectivamente la cadena significante de la obra, expandiendo la reconstrucción de los detalles que hacen al conflicto de la obra y acercándose progresivamente a ese núcleo, ese coágulo u obligo fundacional del texto. Es por eso que, con Carnicke, pensamos que las aludidas etapas del maestro ruso no forman una serie donde la anterior es descartable: la memoria emotiva por las acciones físicas, éstas por el análisis activo. Por el contrario, pensamos que hay que verlas como un proceso dialéctico en el que la etapa posterior supera a la anterior y la contiene. Por eso nos dice en *Preparación del actor*, sintetizando su propuesta (193), que la memoria emotiva resulta de un estímulo dado por la propia vivencia personal del actor, real o imaginada; por el análisis del texto en unidades y objetivos; por la atención hacia los objetos, inanimados o animados, del escenario y en el auditorio; por la acción física y su creencia en ella; por el texto de la obra y los pensamientos y sentimientos que surgen de la lectura y, finalmente, por los estímulos externos de la puesta en escena (luces, mobiliario, sonidos, etc.).

- Stanislavski necesita probar al menos dos aspectos: que la rememoración del actor produce una emoción que puede ser desplazada para sostener una escena que no tiene ninguna relación con el contexto de la impresión original; y que la rememoración es en sí misma un proceso de "acrecentamiento posterior" (190), de ahondamiento y expansión voluntaria, que depende del trabajo del actor. El primer aspecto, obviamente, es el que justificaría en sí misma la psicotécnica que nos propone, ya que ningún sujeto humano puede tener todas las impresiones originales ya archivadas en la dramaturgia universal: "es totalmente imposible que tengamos material emotivo suficiente en nosotros mismos como para suplir las necesidades de todos los papeles que en el curso de toda nuestra vida nos toque interpretar en el escenario" (192). El segundo aspecto es, si se quiere, un derivado necesario del anterior ("debemos estudiar a otros seres" [192]), por cuanto la memoria emotiva requiere de la voluntad del actor para incorporar lo no vivido personalmente o acrecentar y expandir lo ya vivido, sea como protagonista o como espectador de algo ocurrido a otra persona; el actor debe interpretar, además, no sólo la vida presente, sino también la de seres del pasado y hasta de una época imaginaria en el futuro. El actor debe contar con un "depósito psicotécnico de riquezas" (193), que es como una reserva de capital simbólico acumulado capaz de proveer emociones para el trabajo con el registro imaginario. El actor, como el capitalista, debe "engrosar constantemente su reserva" (194). En cierto modo, la memoria emotiva es también un supuesto no sólo para la formación actoral—para el actor como sujeto de la impresión o como espectador de lo ocurrido a otro—sino también para la categorización del público.[72] Sin ella, conformada como una *doxa*, el público sería incapaz de ser afectado por el actor, por la escena. Tortsov va, gradualmente, llevándonos de la rememoración de la impresión vivida por el actor o protagonista de una situación, a la rememoración de la impresión en un incidente observado en el que el actor no es el protagonista; de esta dimensión de la emoción del testigo, pasa a la emoción derivada de la lectura, de la conversación, de la visita a

---

[72] En un libro posterior hablaremos de la *doxa* y la relación del psicoanálisis con la misma, especialmente con motivo de la teatralidad del teatro en la presentación de enfermos que hacía Lacan.

museos, de los viajes, de la lectura de los libros de ciencia (194). Aunque capitalista, el actor no debe restringirse a la rutina y protocolos de la vida burguesa; por el contrario, como un aristócrata o hasta como un *flâneur*, "debe llevar una vida completa, interesante, hermosa, variada, excitante e inspirada" (194), por las ciudades, las áreas rurales, los centros culturales, los países y culturas extranjeras, las periferias, las fábricas, etc. La colección de emociones que obtenga, diferentes en cualidad, son imprescindibles para el actor en la medida en que son trasladables, adaptables, ajustables "a las necesidades del personaje que debe representar" (191). La antigua figura de la *simpatía*, en su atenuada forma como *empatía*, es la que opera en la identificación entre, por ejemplo, la víctima de un insulto y el testigo, entre el participante y el testigo, entre el actor y su público (201).[73] Se supera así la limitación inicial de la psicotécnica, que parecía limitada a las impresiones personales del actor (en el fondo, vemos aquí el famoso "yo [también] soy el otro" de Rimbaud, o el "yo soy yo y mi circunstancia", que Ortega y Gasset divulgará más tarde).

- El 'accidente', con toda su potencia productiva, no es repetible. El actor no debe buscar reproducir el sentimiento, aunque haya surgido de un accidente afortunado. Como lo explica Tortsov—acercándose a Freud—en su charla con un actor "que es también muy buen psicólogo" (187), el actor debe explorar y trabajar "sobre las condiciones que lo hicieron surgir [al sentimiento], sobre las condiciones que determinaron su existencia" (188). En vez de insistir en el sentimiento, en el resultado del accidente, conviene remontarse

---

[73] El público no es solo espectador, como en el teatro de la representación, sino es un testigo y por lo tanto participa del trabajo creador del actor (161), tal como lo prueban los cambios que se producen con su mera presencia, comparados a la actuación cuando se realiza frente a un teatro vacío (207). Otro episodio mencionado por Stanislavski, digno de un análisis minucioso y de un cotejo con *El chiste y su relación con el inconsciente* de Freud, que no podemos intentar aquí, es el del hombre abofeteado en público (*PA* 191ss).

retrospectivamente sobre lo que lo hizo surgir; de ese modo, se puede llegar a ese sentimiento o bien a otro, pero de igual validez. Tortsov, el doble o alter ego de Stanislavski, cuando cuenta sus problemas con el monólogo de *Los bajos fondos* de Gorki, recuerda los acontecimientos del día anterior (factura abultada del sastre, mal humor por perder la llave del escritorio, etc.). En vez de intentar repetir la experiencia afortunada en la escena después de ese día tan deprimente, intentó ir "desde las emociones hacia el estímulo original" (188). Así es posible para él "seguir la pista del sentimiento accidental, hasta la motivación primera, de manera que pueda volver a trazar el sendero desde el estímulo al sentimiento en sí mismo" (188). Como vemos, Tortsov no intenta "revivir" el sentimiento, sino *reconstruir la cadena significante* que lo motivó. Como nos enseñó Lacan, el psicoanálisis no intenta hacer que el analizante *reviva* su pasado, sino que lo reconstruya cada vez, es decir, lo renueve con cada nuevo significante que surge en el tratamiento. La acción externa, "el esquema físico del ejercicio" (170), más el trabajo con las circunstancias dadas del argumento de la obra, pueden dejar paso al recuerdo y por esa vía el actor puede alcanzar los sentimientos dormidos; una vez alcanzados debe, según Stanislavski-Tortsov, "entregarse a ellos como a una fuerza guiadora a través del resto de la escena" (170). La memoria emotiva es la que hace vivir las sensaciones que originaron el recuerdo. La memoria visual o auditiva tiene la capacidad de "reconstruir la imagen interior de algún objeto olvidado, lugar o persona" (171). Así, cualquier sugestión, pensamiento u objeto familiar convocan un recuerdo y pueden renovar las emociones originales, que pueden ser más débiles o más intensas, o incluso el *mismo* sentimiento de la primera vez, aunque—como también lo vimos en Freud—*bajo un aspecto diferente* (171, el subrayado es mío). Tanto el hecho de una manifestación física, corporal (enrojecer o empalidecer) o la evitación del recuerdo doloroso de un hecho trágico o displacentero, son formas también de la memoria emotiva.

- No se debe confundir la memoria emotiva con la memoria *sensitiva* (172). El artista es el que puede recordar no solo lo visto u oído en una experiencia real, sino también lo percibido por la imaginación. Lo captado por el resto de los sentidos (tacto, gusto, olfato) tiene un rol auxiliar para influenciar la memoria emotiva. Si en la obra hay un personaje o situación que tiene que ver con una comida exquisita, los actores deben convocar "un recuerdo sumamente vívido de alguna comida deliciosa" (173) para hacerle agua la boca al actor mismo y al espectador. Vemos aquí que el recuerdo, que no puede ciertamente ser el del personaje, funciona como un sustituto para el rol; es decir, el recuerdo personal del actor le permite vivir una experiencia propia originaria y de ese modo ponerse *metafóricamente*, gracias a la técnica, en el lugar correspondiente a la experiencia de la obra o del personaje. Ninguna *técnica* puede cubrir a la perfección el campo de la metaforización; la técnica apenas permite el "parcial dominio de nuestro complicado aparato creador" (173); sólo el *arte* de la naturaleza, es decir, lo no consciente, puede alcanzar la dimensión creadora.

- Stanislavski va a basar su aproximación a la memoria afectiva en los textos de Ribot que, según Carnicke,[74] fueron leídos vorazmente y anotados con diligencia por el maestro ruso (155). Stanislavski, influenciado por Tolstoi—quien hace de la emoción el contenido del arte—busca en Ribot las claves de una memoria de la emoción, es decir, de una *continuidad entre lo mental y lo físico*. En sus investigaciones, Ribot se ocupa de una emoción que tendría una base biológica, ya que su "memoria", para ser concreta, debía afectar completamente

---

[74] En lo que sigue, especialmente para resumir la aproximación de Ribot, sigo a Carnicke.

al cuerpo, casi con la misma intensidad con que lo había afectado la emoción original. Para Ribot, una emoción que no hiciera vibrar al cuerpo era solo un estado intelectual; daba lugar a un recuerdo falso y abstracto que apenas era "a sign, a simulacrum, a substitute for the real occurrence, and nothing more" (Ribot, citado por Carnicke 156). Ya vimos cómo Freud no partía de esta oposición entre concreto/falso y, aunque reconocía que había sustitutos con baja intensidad emotiva, aunque reconocía la indiferencia del sujeto en ciertos recuerdos-pantalla, sabía que estaban asociados a representaciones omitidas, reprimidas, cargadas de intensidad. Ribot reconoce que la memoria de la emoción es un hecho comprobado, pero evanescente; muchos sujetos confunden sus recuerdos abstractos con otros concretos, que requieren mucho más tiempo para activarse. De alguna manera, los recuerdos concretos son poco frecuentes y las personas en que emergen, del tipo afectivo, son una minoría. Stanislavski, en cambio, piensa que la memoria emotiva concreta es una cualidad que los actores poseen como seres humanos y, en consecuencia, cree que activar dicha memoria puede ser una vía regia para crear la vida del personaje sobre el escenario. Sin embargo, Stanislavski plantea que un recuerdo abstracto, esto es, inventado, puede no obstante tener los mismos efectos que uno concreto, realmente vivido. Carnicke nos aclara que Stanislavski usa en ruso la palabra "chuvstva", que se refiere simultáneamente a los sentimientos como a los cinco sentidos (Carnicke 157), de modo que recordar implica un doble registro, no sólo lo emotivo, sino también la posibilidad de la figuración visual, olfativa, táctil, gustativa, etc. Freud habló también de esa figuración en *La interpretación de los sueños*. Para Stanislavski, la memoria afectiva es como un sexto sentido, y por ello capaz de producir sensaciones físicas concretas y directas, de la misma forma que el tacto, el oído, el gusto, la vista y el olfato.[75] Por lo tanto, la memoria afectiva no se restringe al actor, sino que está funcionando a la vez para el público. Stanislavski experimentó durante los ensayos con los recuerdos personales del actor, pero comprobó rápidamente que este procedimiento tenía un efecto insalubre sobre los actores, por eso va a cambiar la perspectiva y, en vez de dirigirse al archivo personal, procederá a enfocarse sobre la imaginación y la empatía. Como ya vimos, ingresan por esa vía el otro y el objeto.[76] Stanislavski se da cuenta de que no se puede trabajar sobre emociones primarias, muy ligadas al subconsciente, porque resultan incontrolables; en el arte, hay que trabajar con recuerdos *repetidos* y secundarios, e incluso impostados o provocados, ya que resultan más controlables. Esa memoria afectiva que Stanislavski quiere para sus actores debe provenir de una exposición empática del sujeto con experiencias voluntarias o voluntariamente dirigidas, es decir, la asistencia a museos, a conciertos, lecturas de todo tipo, observación detenida, etc. Y, sobre todo, surgen a partir de las acciones físicas, pero acotadas por el análisis activo, es decir, engarzadas a la estructura del conflicto.

- Tortsov se interesa por el carácter sintético de la memoria y, basado en el relato de Kostya y en cierto modo aparentemente en contraposición a la posición freudiana, piensa que "las características más importantes quedan impresas, mientras que perdemos los detalles" (176). Sin embargo, aunque Freud nos había mostrado justamente que el residuo del proceso era un significante trivial, que sustituía a otro reprimido que contaba con cierta carga displacentera, Stanislavski no

---

[75] En un libro futuro veremos cómo Lacan va lentamente elaborando, desde su primera enseñanza basada en el significante, su concepto de objeto *a* y cómo va a ir planteando la cuestión de lo real y del goce y, por ende, de lo vivo y de lo corporal.

[76] Estas cuestiones (el subconsciente, el otro, el objeto) se han mencionado en otros capítulos de este libro pero requerirán de una aproximación más ajustada en el futuro.

deja de insinuar lo mismo, pero desde otra perspectiva: la purificación del significante, es decir, la memoria como un archivo de significantes puros, desprovistos de carga emotiva. En efecto, Tortsov se refiere a la memoria sensitiva, que acumula las impresiones y—como lo vimos en Freud—las *condensa*; cree que esa memoria sintética es "más pura, más condensada, más compacta, substancial y más aguda también que los hechos en sí" (176). Tortsov cuenta, según la versión inglesa, cómo al comparar sus impresiones del reciente viaje con los anteriores, se da cuenta que, aunque ha tenido buenas impresiones en el último viaje, éstas estaban amarradas a momentos irritantes, desagradables que suelen nublar el placer de cualquiera (*AAW* 206). Y que justamente al recordar sus viajes anteriores, esos momentos desagradables—que sin duda también ocurrieron—no aparecen, como si hubieran desaparecido. Es justamente lo desagradable lo que, como en Freud, queda omitido del recuerdo. La diferencia con Freud es que Tortsov piensa que lo que permanece en su recuerdo es lo importante: "Were it not so, minor details would overwhelm what was important, and what was important would be lost in a welter of trivia" (*AAW* 206). Y es justamente el tiempo el responsable de esta transformación.

- Lo que está en juego aquí es la superación de la idea de la memoria como experiencia fotográfica, y la postulación del carácter simbólico de la memoria o bien de la memoria como registro simbólico, inconsciente, transindividual. Los artistas se inspiran en la naturaleza, pero van más allá del reflejo (y aquí ya tenemos uno de los puntos controversiales para la sovietización del pensamiento de Stanislavski que plantea Carnicke), van más allá de la reproducción fotográfica; lo que toman de la realidad lo pasan por el filtro de su personalidad y también lo sustituyen por el material viviente que toman del archivo de la memoria emotiva. En ese sentido, el arte es lo contrario de la copia o imitación de la realidad; el realismo artístico no tiene sentido en el marco de una reproducción fotográfica (aunque hoy también sabemos que la fotografía, más que reproducir el objeto, da cuenta de la mirada del fotógrafo). Como lo había planteado Freud, cuando nos decía que hasta cierto punto era imposible tener recuerdos 'verdaderos' de la infancia, ya que el desplazamiento y la condensación, ayudadas por el tiempo, habían trabajado las impresiones originarias, ya que el material bruto del que surgieron los recuerdos infantiles iba a permanecer siempre desconocido para el sujeto, Stanislavski/ Tortsov sostienen lo mismo, es decir, la idea de que hay un límite subjetivo en relación a la realidad, un límite para el realismo, en la medida en que hay un 'real' de la naturaleza, un más allá de la realidad que se mantiene siempre perdido para el sujeto. Stanislavski, como Freud, no niegan que haya habido experiencias infantiles; de lo que ambos dudan—tal como lo plantea el epígrafe que pusimos a este capítulo—es de la 'veracidad' del recuerdo y de la capacidad de la conciencia de recuperar las impresiones originarias. "No hay posibilidad de recuperación—dice Tortsov, con la tristeza de que hay algo perdido para siempre—como no la hay en el ayer, en las alegrías de la niñez, ni en el primer amor" (178). Por eso la rememoración que Stanislavski postula con su memoria emotiva parte del axioma de que "[e]l lazo entre el engaño y el sentimiento es natural y normal, y debe emplearse ampliamente" (194).

- Ya Stanislavski había vislumbrado la relación entre tiempo y poeticidad en la relación del sujeto a lo simbólico como un tesoro significante. Que ese registro simbólico se le aparezca a Stanislavski como mucho más rico y más puro que la realidad es casi similar a la idea que Lacan se hace del registro simbólico como formado por significantes. "El tiempo — dice Tortsov refiriéndose a las historias y personajes que Shakespeare toma de la tradición o memoria simbólica—había clarificado y poetizado sus impresiones" (177). Desde aquí podemos llegar, sin demasiadas sorpresas, vía Roman Jakobson, al Lacan que retoma la condensación y el desplazamiento como metáfora y metonimia, respectivamente. Tortsov piensa que si los autores reprodujeran fotográficamente a sus villanos, tal como aparecen en la realidad, con todo el detalle realista que vieron y sintieron frente al modelo vivo, sus creaciones serían repulsivas (*AAW* 206).

- Aunque la memoria emotiva sea concebida como un archivo o un tesoro, no se llega a ella de la misma forma en que buscamos un libro en la biblioteca, recurriendo a índices orientadores; el único acceso a dicha memoria es, por el contrario, el accidente, el azar. En la memoria hay elementos accesibles y otros más difíciles de encontrar. Puede ocurrir que un día, por azar, el actor dé con la impresión correcta, la que llevaba la carga emocional; Stanislavski habla de la inspiración, como efecto pulsativo de apertura del subconsciente. Como esto no ocurre siempre, como no hay forma de controlar lo subconsciente, estas emociones generadas por su irrupción súbita, dejan al actor a merced del Otro: "Lo que tienen de infortunados esos instantes, es que no podemos controlarlas (sic), sino que ellas nos controlan a nosotros" (179). Como la impresión necesitada muy rara vez está a disposición del actor, se requiere de una psicotécnica que permita desde la conciencia poder encontrar la emoción adecuada al papel y a la circunstancia durante los ensayos, y la que mantenga renovado el personaje durante la temporada. Stanislavski va ir introduciéndo, lentamente, el punto vulnerable, el "principio cardinal" (179) al que su Sistema trata de responder: el poder de la conciencia frente al inconsciente, del yo frente al Otro. Podríamos decir que la distinción entre el yo y el sujeto ya están de alguna manera haciendo sus muecas en *Preparación del actor*. "Por medio de recursos conscientes se llega al subconsciente" (179). No tiene sentido, asegura Tortsov, insistir en recuperar la inspiración pasada; es mejor tener una técnica para provocar una respuesta nueva, fresca, del subconsciente, del que, no sin cierto estupor para sus actores, nada puede decir: "Yo no sé. Las cuestiones del subconsciente no entran en mi campo" (178). Consecuentemente, Tortsov afirma no parecerle realmente efectivo o seguro tener sentimientos originales, frescos, vívidos en el escenario; la apertura abrupta del inconsciente en medio de una escena, con todo lo deseable, tan irrepetible como pueda ser, corre el riesgo de ser también catastrófica; como cuando Stanislavski, siendo niño, personificando el invierno, casi incendia el escenario, aquí también se apercibe como estando, en cierto modo, en la zona de riesgo del *pasaje al acto*, es decir, como cuando durante una lucha escénica, dominado el actor por una emoción fuerte, presente, hace que una espada de utilería produzca una herida concreta de la que mana la propia sangre del actor. La zona más segura es la situada cerca al registro simbólico, la de los sentimientos repetidos de la memoria emotiva como archivo sobre la que el artista ejerce su *poder* de *selección* y ese registro no es una colección de recuerdos o imágenes arquetípicas de un supuesto inconsciente colectivo, sino una *experiencia* de lo transindividual.[77] Tenemos aquí las dos palabras claves: poder y selección; ambas determinan la zona de riesgo *de la conciencia* en su dimensión ética: "Un artista toma lo mejor que tiene dentro de sí y lo vuelca en el escenario" (180). El artista—

---

[77] Carnicke nos advierte del uso de "experiencia" ("experiencing" [Perezhivanie en ruso]) como uno de los términos basales del Sistema y que, en general, las traducciones no logran dar el sentido más amplio que tiene en su lengua original. Tomado de Tolstoy y a partir de la actuación de Tommaso Salvini, Stanislavski usa el término para indicar la forma en que el actor infecta al público durante un espectáculo, promoviendo a su vez la memoria afectiva de sus espectadores. Los matices del "experimentar" son "tener experiencia", "sentir", "vivir a través de", "sobrevivir". El Sistema da un sinónimo de este término con el famoso "yo soy", the "'I am', which stresses the actor's immediacy and presence on stage" (Carnicke 217-218). Hemos usado esa palabra en relación a lo transindividual, tal como Lacan define el inconsciente, para indicar una experiencia psicofísica total del actor en relación al registro simbólico, al Otro.

como ya lo había planteado Diderot—no toma lo primero que surge de sus sensaciones cotidianas; tiene la responsabilidad de investigar el arsenal de sus vivencias y sobre todo ponerlas en la perspectiva del registro simbólico. Stanislavski no hubiera avalado el psicodrama por más vivas y frescas que fueran las emociones resultantes; éstas no valen sólo por su intensidad, no valen por sí mismas desde el punto de vista artístico. Se necesita ponerlas en la perspectiva del arte, en la perspectiva de lo simbólico.

- La selección que el actor realiza sobre su memoria emotiva (es decir, sobre sus recuerdos personales filtrados por lo simbólico) son los que dan singularidad al personaje que representa, lo que diferencia al Hamlet representado por dos actores diferentes. Los sentimientos insuflados en el personaje "pertenecerán, no a la persona creada por el autor de la obra, sino al propio actor" (180). La técnica le ayudará, primero, a explorar su propio archivo de material emocional; en segundo lugar, le ayudará a "crear un infinito número de combinaciones de almas humanas, caracteres, sentimientos, pasiones, para sus papeles" (181). Y esto es posible si, como con el postulado freudiano de la bisexualidad, aceptamos el postulado stanislavskiano de que "nosotros tenemos los elementos de todas las características humanas, buenas y malas" (181). Tortsov va a recomendar a sus actores no perderse en el escenario, actuar siempre en su propia persona como artista (180). La vida del personaje depende de la vida del actor; si se pierde en el escenario, eso marcará "el abandono de la vida verdadera infundida al papel, y el comienzo de la actuación exagerada y falsa" (180). Pero también será el momento de un *pasaje al acto* mucho más peligroso: ser poseído por el papel enteramente, entregarse a la alienación en el otro, dejarse hablar por el otro. Ahora bien, si nos retrotraemos al triángulo edípico stanislavskiano, tenemos que es el actor-madre quien da vida al personaje-hijo y no a la inversa; la vida del personaje depende de la madre y, en cierto modo, aunque creado por el padre, el personaje es un hijo que nace también del padre, pero muerto. El autor de la obra es incapaz de dar vida al personaje, como el italiano era incapaz de alimentar al mono muerto (*PA* 176). El carácter general del hijo-personaje está dado por el padre, pero lo singular en la vida del hijo lo aporta el actor-madre.[78]

- Hay un tiempo de la experiencia interna, que de alguna manera corresponde en Stanislavski a la naturaleza; y otro tiempo del escenario, externo, que *comprime*, transforma y estimula la experiencia interna. Las veinticuatro horas del día pueden comprimirse en minutos y las estaciones del año pueden transcurrir en un par de horas. La experiencia interna también puede ser suscitada por el diseño espacial, sea por la disposición del mobiliario o cualquier otro arreglo (luces, efectos sonoros, accesorios, etc.) que despierten la memoria emotiva del actor. Tiempo y espacio deben corresponder al objetivo y modalidad del actor para que promuevan la concentración necesaria en el escenario—y no lo orienten hacia el público—y los estímulos apropiados para la memoria emotiva. El rol del director reside en su capacidad de brindar el contexto adecuado—el encuadre apropiado—para que el actor tenga el clima correcto para el trabajo con su vivencia interna. El director descaminado, por el contrario, puede obstaculizar el trabajo del actor con su diseño de puesta. En cierto modo, desde esta perspectiva, el director—concebido a la manera de un Pavlov con sus perros—intenta por medio de su diseño de puesta manipular los estímulos adecuados—como acciones o reflejos condicionales y/o condicionados voluntaria o involuntariamente—para alcanzar la acción en un escenario en el que cada elemento conforma una realidad

---

[78] Nuevamente nos topamos aquí con lo que Lacan trabaja como la metáfora paterna, a partir de la cual queda sustituido el deseo de la madre; de ahí las derivaciones teóricas sobre el objeto *a*, lo real y el goce.

diferente a la realidad que lo rodea; en cierto modo, desde esta perspectiva, la actuación es como una neurosis inducida que le permite al actor concentrarse en y gracias a esta dimensión imaginaria de la escena, y *denegar*[79]la existencia de esa otra "realidad" que está más allá, la del auditorio. En cierto modo, esta perspectiva convierte al ensayo en una práctica presidida por el fetiche: "sé que mi madre no tiene pene, pero aún así…". En el teatro comercial esta práctica no se impone sin violencia sobre la capacidad actoral profesional; esos directores que, por razones de producción y economía de tiempo y recursos, llegan al ensayo con el plan escenográfico, no dejan de perturbar y reprimir lo mejor que un actor puede descubrir y brindar en la construcción de su personaje. La denegación de lo que hay más allá de la cuarta pared es el corolario exigido de esta violencia de la dirección.

El episodio del 'trolley' como recuerdo-pantalla

Después de las notas sobre la memoria que hemos realizado, veamos un ejemplo en el que se capta la confluencia entre el Sistema y los recuerdos-pantalla freudianos. Entre líneas, se deja ver cómo proceder con ella a nivel del ensayo. La memoria emotiva se relaciona con la sensitiva pero, en circunstancias dadas, puede ahondar más en las impresiones originarias y producir, en consecuencia, un efecto más intenso. La visión de un accidente terrible (memoria sensitiva), al ser recordada en otras circunstancias, puede "ahondar impresiones" (174), puede transformarse (memoria emotiva) y provocar una serie de sentimientos que no estaban en la impresión original: al recordar el accidente varios días después al pasar por el lugar de la escena, pero donde todo había ya desaparecido, Kostya reconoce que

---

[79] Utilizo aquí el término 'denegar' en el sentido freudiano de la *Verneinung* y tal como fue comentado por Jean Hyppolite en el Seminario de Lacan (incluido en los *Escritos* de Lacan): el actor sabe que el público está allí, pero hace como que no lo sabe. Y esto no es necesariamente positivo. Nos ocuparemos de la denegación en el capítulo siguiente.

se sentía conmovido "pero en forma diferente. Repentinamente, me llené de indignación contra la crueldad humana, la injusticia y la indiferencia" (175), apreciaciones que no habían estado en la percepción del accidente. Esa transformación puede llegar lejos: "Y todo el panorama que antes fuera tan horrible, tan terrorífico, trocábase ahora en recio, majestuoso espectáculo" (175). La nueva circunstancia, con los vehículos que continúan marchando sobre el pavimento, cargados de pasajeros, marchando hacia lo desconocido, parece *desplazar* el horror hacia otro tipo de emoción.

Más tarde, en otra ocasión, al pasar por el lugar del accidente, Kostya dice recordar el vehículo solamente, que domina la escena de su imagen mental; sin embargo, no se trata del vehículo que motiva el accidente, "sino uno que se relaciona con una experiencia personal ajena por completo" (175) ocurrida un tiempo después. Se trataba de un *trolley* que una noche, al pasar por un parque desierto, "salió de sus rieles" (175) y obligó a los pasajeros a unir sus fuerzas para retornarlo al carril (lo que constituye casi una metáfora perfecta de la psicoténica). En ese momento pensó: "¡Qué enorme y pesado me pareció entonces, y qué débiles e insignificantes nosotros, en comparación!" (175). El accidente del hombre atropellado por un vehículo (memoria emotiva), que lo había llevado primero a pensar solamente que había "un ser humano menos en el mundo, y eso era todo" (175), se superpone o converge ahora con este otro recuerdo más lejano, anterior al accidente (memoria sensitiva). No hay duda que estamos próximos a los recuerdos encubridores, a los recuerdos-pantalla de Freud. Kostya se pregunta, igual que el paciente del padre del psicoanálisis: "¿Por qué, entonces, esta memoria sensitiva [la del *trolley*] resultaba más poderosa que la más reciente [el accidente que provocó la muerte de un hombre]?" (176).[80] Sin embargo, aunque este recuerdo encubridor es el responsable del cambio de vehículos en el recuerdo, hay todavía un recuerdo más arcaico que parece ser el depositario de la carga

---

[80] La traducción al español, al decir 'vehículo', pierde la dimensión del significante 'trolley', que parece ser, según la versión inglesa más reciente, el que permite la asociación y organiza la cadena de rememoración.

emotiva. En efecto, el recuerdo del anciano atropellado por el vehículo hace que su memoria lo lleve hacia otro hecho muy anterior. Vemos aquí lo que Freud nos planteaba respecto de *lo presente y lo omitido* en la imagen recordada y la necesidad de trabajar sobre la *cadena de asociaciones*, para no quedarse con lo que aparece representado en el recuerdo, sino con *lo que ha sido desplazado*. Conviene copiar la cita completa:

> Mucho tiempo atrás, me encontré en la calle con un italiano que lloraba sobre un mono suyo que había muerto. Lloraba al tiempo que trataba de empujar un gajo de naranja en la boca del animal. Parecía como si esta escena me hubiera afectado mucho más que la muerte del anciano [del accidente callejero]; hallábase sepultada más profundamente en mi memoria. Y creo que de tener que representar la escena del accidente, buscaría la materia emocional en el recuerdo de la escena del italiano con el mono muerto, más que en la tragedia misma. Me pregunto cuál es la razón. (176)

La escena de querer alimentar a toda costa un cuerpo muerto, con todas las connotaciones sexuales y la violencia física y de género que le son inherentes—y comparada con los recuerdos de Leo mencionados en el texto—forman parte de un subtexto que no vamos a desbrozar aquí, porque sin duda integran un análisis imposible de hacer, en la medida en que Stanislavski está ausente. Baste decir que, tanto en Freud como en Stanislavski, la memoria emotiva conduce a un sustrato sexual ineludible.

Hay un error de traducción o de impresión en la versión española del párrafo citado que he dejado de lado. En la versión inglesa, la visión del accidente detalla el cuerpo fragmentado del pordiosero atropellado; el vehículo que lo atropella es también un *trolley* que parecía enorme y terrible, que exponía sus dientes y silbaba como un animal ("It was baring its teeth and hissing like an animal" [*AAW*

203]). Benedetti traduce utilizando el verbo "to hiss", que es también el que se utiliza—al menos en inglés—para referirse al silbido del público a fin de que el actor se retire de escena. Los niños que en la versión española solamente juegan, son los que se deleitan con el agua y la sangre en la versión inglesa y disfrutan viendo la sangre derretir la nieve y formar una corriente rojiza. El espectáculo es calificado por Kostya como "realistic-naturalistic picture" (Benedetti 2008:203), que es el que produce una impresión aterradora y demoledora; el recuerdo posterior de este accidente, a la noche, le demuestra que "the tragic accident seemed more awful in memory that it had been in reality" (*AAW* 204). La versión en inglés nos abre la discusión a la relación entre memoria y estética en Stanislavski. Al pasar dos días después por la escena del accidente, los *trolleys* ya no mostraban sus dientes ni silbaban como animales, sino que hacían sonar sus campanitas airosamente. El recuerdo del cuerpo fragmentado de la víctima que había sido "crudely naturalistic" (*AAW* 204), asoma ahora nuevamente—y Stanislavski enumera otra vez morosamente sus partes. La repulsión inicial se transforma en indignación. Kostya se imagina *la escena de la escritura* de ese accidente, y esto falta completamente en la versión española: si hubiera tenido que escribir la escena inmediatamente después de ver el accidente, hubiera escrito un artículo cáustico típico de un reportero de la calle; sin embargo, si tuviera que escribir ese artículo dos días después, hubiera escrito un artículo apasionado sobre la crueldad de la vida, *ya desentendido de los detalles naturalistas* (*AAW* 204). La escena de la escritura es aquí fundamental para entender no sólo la relación con la perspectiva freudiana, sino para entender el funcionamiento de la memoria en la escena psíquica stanislavskiana. Una semana después del accidente, al pasar por el mismo lugar, los *trolleys*—ese significante clave en el texto—le parecen las generaciones transitorias del hombre dirigiéndose hacia la eternidad y esto es lo que transforma lo aterrador en majestuoso. El tiempo—ese "gran artista" (176)—y la represión van generando su trabajo transformacional en esta cadena de asociaciones que van de la experiencia y la impresión original a la puesta en escena (psíquica) del acontecimiento, que a su vez repercute sobre la escena de la escritura: el artículo periodístico que hubiera escrito en los primeros días, se va tornando más filosófico y finalmente, "today I was inclined to poetry, verses, celebratory lyrics" (*AAW* 204). La escena de la escritura va llevando a un texto poético, menos impresionado por el espanto y con una intensidad menor a la visión del accidente. Este camino es el que el actor debe recorrer, como en el análisis freudiano, *retrospectivamente* al trabajar la memoria emotiva. A continuación, Stanislavski incorpora tres párrafos que faltan en la versión española y que se refieren a un incidente en la vida de Leo con una muchacha a la que llaman Dulcinea. No vamos a comentarlo aquí, pero es decisivo para entender la concepción stanislavskiana de la memoria emotiva en sí y en relación al psicoanálisis. La dimensión sexual de estos párrafos, en cierto modo parecidos a los recuerdos del 'paciente' de Freud relativos al pan y al amor, van a connotar sexualmente el recuerdo siguiente del mono y el serbio. En el recuerdo del mono muerto en la versión inglesa, el sujeto que intenta hacerle comer una fruta no es italiano sino serbio. El cierre del párrafo es mucho más específico para la teorización que intentamos aquí, que el que figura en la versión apresurada española. Conviene transcribirlo, porque tiene las frases cruciales de la perspectiva stanislavskiana sobre la psicotécnica y lo acercan mucho más a Freud: "If I had to stage this scene I wouldn't draw on the emotions associated with it from my memory but on something else, registered quite some time earlier, *in different circumstances and with totally different characters*, i.e. the Serb and the monkey" (*AAW* 205-206, el subrayado es mío). Vemos aquí cómo el recuerdo-pantalla ha realizado un desplazamiento respecto de las circunstancias y de los personajes más arcaicos que son los que están ligados a intensidades emotivas mucho más importantes para el sujeto.

EL "SI MAGICO" DE STANISLAVSKI
Y LA DENEGACION FREUDIANA.
Algunas reflexiones sobre la técnica actoral y la improvisación

Hyppolite y la denegación

En el *Seminario 1: Los escritos técnicos de Freud*, de 1953-54, Lacan invita a Jean Hyppolite a comentar el breve ensayo de Freud sobre la "Verneinung" (1925, *S.E.* XIX 233-39)). Hyppolite acepta el reto y ofrece su interpretación, proponiendo traducir el término como la *denegación*. El hecho de que Hyppolite plantee que los procedimientos señalados por Freud tienen fundamento en "un modo de presentar lo que se es en el modo de no serlo" (*Escritos* 2 838-9), no deja de invitarnos a nosotros, los teatristas, a reflexionar sobre la denegación en relación a la actuación, particularmente la construcción del personaje, y evocar, especialmente, el famoso "como si" de Stanislavski. El actor hace 'como si' estuviera viviendo en realidad lo que ocurre sobre el escenario, de modo que deniega lo que es para para presentarlo en el modo de no serlo.

Hyppolite comienza señalando el carácter divertido de los ejemplos de Freud, que no son todos del mismo tipo y que mencionaremos más abajo. En estos ejemplos, como se verá, se asume que se trata de una relación de dos, relaciones de diálogo, dialéctica, en la que alguien habla a otro que escucha y puntúa. Ocurre igual en el ensayo teatral: los actores improvisan, el director observa y puntúa. Como en el ensayo, también en el encuadre analítico el sujeto "empieza su análisis hablando de sí mismo sin hablarles a ustedes [analistas], o hablándoles a ustedes sin hablar de él. Cuando pueda hablarles a ustedes de sí mismo, el análisis estará terminado" (Lacan, *Escritos I* 354 n.4). Si esta afirmación lacaniana puede resultar un poco disonante para la dramaturgia de autor, no creo que sea ajena a las metas de la dramaturgia de actor.[81] Lacan va a mostrarnos—y esto me parece fundamental para trabajar técnicamente la improvisación y sobre todo aproximarnos a Stanislavski y sus seguidores—que más allá de los comportamientos de un actor, de sus hábitos, el director debe esperar la emergencia de "un acto verdadero [que es aquel que] tiene siempre una parte de estructura, porque concierne a un real que no se da allí por descontado" (*Seminario 11* 58). De cierta forma esto nos permite discernir la respuesta a una de las preguntas claves: ¿qué hay que dejar y qué hay que descartar de y en una improvisación? No todo lo que allí se expresa tiene o hace estructura, por lo tanto, no todo es acto verdadero que remite a un real inconsciente.

El análisis activo, esa dimensión que Stanislavski enfrentará al final de su enseñanza—y que de alguna manera contiene y supera las dos propuestas anteriores (memoria emotiva y acciones físicas)— estará orientado por la misma preocupación de la estructura, especialmente la forma en que la estructura del conflicto de la obra trata de captar ese real no simbolizable.

Antes de aproximarnos a la presentación de Hyppolite, conviene que nos aproximemos primero al ensayo de Freud.

El ensayo de Freud titulado "Negation"[82] se sostiene en el axioma (o bien a nivel discurso en la conclusión) de que no se encuentra la negación (ni la contradicción) en el inconsciente, y que el reconocimiento de éste por parte del yo se expresa, justamente, por medio de la fórmula negativa. El hecho de que Freud comience planteando la negación en relación a la regla de la asociación libre, pactada entre analizante y analizado a los efectos del tratamiento, coloca a este ensayo freudiano en el campo de la técnica psicoanalítica aunque,

---

[81] En este sentido, retomando lo que vimos en nuestro capítulo sobre el Edipo, cuando el Personaje puede convertirse en el objeto *a* del actor, el proceso del ensayo en cierto modo está terminado o bien próximo a terminar.

[82] Me ha sido difícil conseguir las *Obras Completas* de Freud publicadas por Amorrortu en las bibliotecas universitarias de Estados Unidos. Habiendo descartado la edición de López Ballesteros, que obviamente estaba disponible, decidí atenerme a la versión en inglés, *Standard Edition* (*S.E.*), citando de allí y a veces traduciendo o parafraseando el texto freudiano.

como veremos por la lectura de Hyppolite, también tiene consecuencias más filosóficas. Cuando en la práctica teatral se plantea la improvisación como técnica de trabajo, de alguna manera vemos cómo también director y actores pactan entrar en un vértigo de imaginación que se parece mucho a la asociación libre. ¿Deberían actores y director prestar igualmente atención a la denegación? ¿Qué hace el director cuando, en el ensayo, uno de los actores dice: "No, esto no es lo que quise plantear"?

La improvisación se plantea como un ejercicio de la imaginación frente a un tema o un texto previo del que, en cierto modo, se desconoce lo fundamental. Cuando se leen entrevistas realizadas a directores y actores[83] resulta evidente que la improvisación es concebida técnicamente como un puente entre el yo y el otro (sea, en lo imaginario, el tema, el texto o el personaje a preparar), el yo y el Otro (el registro simbólico en el que se instaura el proyecto de puesta en escena y su teatralidad). Aunque en la práctica se busca cierta novedad que apenas se queda en lo imaginario y que como tal conforma a los teatristas, en la praxis teatral la improvisación debería estar orientada al trabajo orientado hacia lo real y el modo de goce, lo que involucra lo vivo y obviamente el cuerpo. No basta que el actor tenga comprensión intelectual de la obra o del personaje (en la dramaturgia de autor) ni que tenga cierta idea ilustrada y/o libresca del tema que se propone atravesar para realizar un espectáculo (como a veces sucede en la creación colectiva o en la dramaturgia de autor). Como sostiene el axioma stanislavskiano en *Creating a role*, "[i]n art it is the feeling that creates, not the mind" (8). Los directores tienen diversas estrategias y tácticas para superar esta "supuesta" separación entre el cuerpo y la mente, entre lo emotivo y lo intelectual. El actor requiere de un trabajo muy especializado para "encarnar" el personaje. De nada le vale memorizar el texto y recitarlo, sino, como ya intenta sistematizar Stanislavski, debe *vivirlo*.

---

[83] Remito al lector a los volúmenes ya publicados de mi proyecto *Arte y oficio del director teatral en América Latina*.

A los efectos de la técnica actoral y de las estrategias del director, siempre surgen dos cuestiones básicas: cómo se trabaja con la improvisación, cuáles son sus límites, y qué hay que admitir o rechazar respecto del proyecto de puesta que se quiere realizar. ¿Qué o quién establece lo que es válido para conformar el espectáculo y lo que es descartable? ¿Cómo se sabe que lo rescatado es justamente lo más interesante para el espectáculo? ¿Cómo afrontan actores y directores los tropiezos de la improvisación, cuando ésta se atasca: alguien se olvida de algo, alguien hace un chiste o tiene un lapsus, alguien se equivoca, alguien niega lo que dijo, alguien no vino al ensayo, alguien está en silencio[84] ¿Cuándo debe el director detener la improvisación? ¿Cómo pauta el director los parámetros de la improvisación? ¿Cómo maneja el tiempo de la improvisación? ¿Se guía por el tiempo cronológico, por el tiempo analítico o incluso por el tiempo lógico?[85] No todas estas preguntas y muchas otras que se pueden formular sobre lo que efectivamente pasa durante la improvisación teatral son tenidas en cuenta o capaces de respuesta por parte de los teatristas. Razón de más, pues, para detenernos en este breve pero suculento ensayo de Freud que, en cierto modo, nos permite reflexionar sobre ciertas cuestiones de la praxis teatral.

Justamente, al iniciar su ensayo, Freud se plantea cómo puntuar el discurso del analizante, cómo apreciar el funcionamiento de la represión y la forma en que lo reprimido es admitido por la conciencia. Para ello va a detenerse precisamente sobre la negación. Es a partir de la negación que el analista puede de alguna manera, al extraer el 'no', dar cuenta de cómo se ha levantado la represión y cómo ha

---

[84] Como les advierte Lacan a los analistas sobre la técnica: "cuando el sujeto se interrumpe en su discurso, pueden ustedes estar seguros de que lo ocupa un pensamiento que se refiere al analista" (*Escritos I* 355)

[85] Los analistas de la IPA se manejan con el tiempo cronológico para la sesión, de 50 minutos. Lacan instituyó el tiempo analítico que supone la posibilidad de puntuar e interrumpir la sesión en un momento preciso, lo que requiere de una técnica muy precisa y no meramente del reloj. Para el tiempo lógico, ver mi "Ensayando la lógica o la lógica del ensayo: Construcción de personaje y temporalidad de la certeza subjetiva".

pasado lo reprimido (aunque sin ser aceptado) a la conciencia. Veamos los ejemplos que nos provee:

- El analizante le dice al analista: "Va a pensar usted seguramente que quiero decirle algo ofensivo, pero no es realmente mi intención". Evidentemente, nos dice Freud, ofender era lo que intentaba, en virtud del rechazo de la idea repulsiva que, por proyección, acaba precisamente de emerger en la asociación. Se trata, para el analista, de traducir esto a: "Sí, efectivamente intenté ofenderlo". Sabemos que tanto este 'no' como el silencio del analizante puede tener obviamente resonancias para el analista en su manejo de la transferencia.

- Dice el analizante: "Ud. se pregunta quien pueda ser la persona del sueño. No es mi madre". La traducción del analista es: "Es su madre".

- Un neurótico obsesivo puede decir: "Tuve una nueva idea obsesiva. Se me ocurrió que eso podría significar esto y esto. Pero no: eso no puede ser verdad, o no podría habérseme ocurrido".

Basta, pues, extraer el 'no' del sintagma y apreciar el contenido de lo reprimido. Otro ejemplo, pero que no involucra al 'no' como adverbio en el sintagma, y que es crucial a los efectos de teorizar la improvisación, nos enlaza, casi de manera directa, con el "si mágico" de Stanislavski; es el siguiente:

- Un método conveniente para que el analista obtenga información sobre material reprimido en el inconsciente es cuando le pide al analizante que se anime a decir lo más improbable e inimaginable que se le ocurra en relación a una determinada situación. Seguramente dirá cosas en las que hay que creer. Eso inverosímil es sin duda lo que hay que creer.

La importancia de ese 'creer' no escapó a Stanislavski. En *Preparación del actor*, al plantear el ejercicio del loco—con todo lo que dicha figura tiene de amenazante para la modernidad—el uso del "si" dispara una acción efectiva basada en una suposición que, si bien suspende la necesidad de la creencia en lo fáctico, no deja de impulsar una creencia en lo verosímil que promueve una acción basada en la justificación interior, la que debe "*ser lógica, coherente y real*" (54). El 'si' introduce un campo imaginario que va más allá de que el hecho efectivamente suceda o exista en la realidad. Es justamente esta potencia del 'si' la que podemos homologar a la denegación, ya que en cierto modo ambos recursos permiten acceder a lo inconsciente: "el si es también un estímulo para el subconsciente creador" (*PN* 57), y por lo tanto otorga una base a esa técnica que Stanislavski, como Freud, conciben para abordar el inconsciente desde lo consciente: "*la facultad creadora inconsciente* por *medio de la* técnica consciente" (*PN* 57, el subrayado del autor). La acción que impulsa este 'si' va a tener conexión directa con la memoria, con esos recuerdos-pantalla de cada actor respecto del hecho supuesto para la improvisación. El 'como si' es una invitación indirecta a la asociación libre, mientras que el 'no' de la denegación es una puerta de entrada a lo reprimido. En efecto, Stanislavski señala que "[l]as circunstancias que se afirman en el si son tomadas de orígenes cercanos a los propios sentimientos y tienen una poderosa influencia en la vida interior del actor" (*PN* 56).

No cabe duda de que tenemos aquí una excelente entrada a la dramaturgia contemporánea y su relación con lo reprimido, pero además, se nos brinda un puente con Stanislavski. Donald Freed parte justamente del ejercicio de Stanislavski en el que el maestro les dice a los estudiantes de actuación: "Si un loco estuviera en la puerta, ¿qué haría yo?" Pretender, nos dice Freed, que hay un loco golpeando la puerta, es promover el pánico inconsciente y la inhibición; pero al plantearlo "*como si* hubiera un loco a la puerta", se le abren al actor muchas posibilidades a partir del desarrollo de su imaginación, su curiosidad y hasta de su simpatía. Y a continuación Freed dice algo más que resulta sumamente interesante: "the phrase "If I were…""

not only excites the speculative properties of the artist, it includes him ("I") in the formula" (Freed 30). A Freed le interesa subrayar el hecho de que se puede apelar al "si mágico" sin necesidad de comprometer ninguna "memoria emotiva"; al contrario, las experiencias y sentimientos que surgen en una improvisación a partir del "si mágico" resultan más libres y por eso es allí, como nos invita a pensarlo Freud, donde hasta lo más increíble es lo que realmente cuenta desde la perspectiva del inconsciente. Stanislavski, sin embargo, piensa que el 'si' se nutre de "una serie de contingencias basadas en su propia experiencia de vida [de actor]" (*PN* 56) y, en este sentido, la memoria emotiva no puede dejar de comprometerse, con lo cual se complica la cuestión de lo inconsciente en la improvisación. Pero Freed nos abre el camino para pensar que este "como si", amén de provocar una escena cuyos riesgos parecieran no provocar defensas o resistencias del actor, evitando sus inhibiciones, no obstante involucran su deseo en la medida en que el sujeto participa de la escena y ésta a la vez lo incluye "en la fórmula", es decir, tal como veremos para la escena del fantasma: el sujeto actúa en la escena y a la vez se ve actuar en la escena.

No se nos escapa, pues, a los teatristas, especialmente en relación al último ejemplo, que algo similar ocurre cuando invitamos a alguien a improvisar durante un ensayo. El famoso "como si' stanislavskiano no está tampoco lejos de eso (pero tampoco—como veremos después—está demasiado cerca): haga *como si* estuviera en la situación del otro, póngase en sus zapatos, como dicen en inglés. El actor entonces libera una serie de ideas y posibilidades para la situación que, además de acercarlo gradualmente a la piel del personaje que se propone encarnar, le ayudan a entender las razones por las cuales dicho personaje se ha comportado o se comportará en la obra de tal o cual manera. ¿Cómo es posible que alguien, que no ha matado a su esposa, que no ha matado a nadie, pueda hurgar en su memoria para construir a Otelo? ¿No será que cuando intento hacer de otro que no soy, termino siendo el otro que soy? ¿Será que al acercarme a lo inverosímil que me resulta imaginarme un criminal, termino descubriendo—y hasta creyendo—hasta dónde puede llegar mi agresividad? ¿Es esa la paradoja de la actuación? Como el analizante, el actor—frente al director, frente al personaje, frente al público—no deja de afirmar: "Voy a decirle lo que no soy; cuidado, es exactamente lo que soy" (*Escritos II* 839). ¿Quién está pues allí, sobre el escenario? No me parece descaminado pensar que este ensayo freudiano es una buena pista de despegue para teorizar nuestra praxis teatral y revisar muchas de nuestras convicciones, especialmente las que plantean Stanislavski y sus seguidores, por una parte, y por la otra Brecht y sus continuadores.

Freud argumenta entonces que "the content of a repressed image or idea can make its way into consciousness, on condition that it is *negated*" (*S.E.* XIX 235, el subrayado es del autor). La negación es la forma de tomar conocimiento de lo que está reprimido. Como dijimos antes, la negación ayuda a levantar la represión, pero no supone una aceptación de lo que está reprimido. El 'si' stanislavskiano puede levantar la represión a condición de admitir la circunstancia supuesta, pero tampoco significa que se acepte algo de lo reprimido. La cuestión se hace más compleja cuando, como nos recuerda Hyppolite, Freud introduce una palabra de enormes resonancias hegelianas: *Aufhebung*, que significa "a la vez negar, suprimir y conservar, y en el fondo levantar" (*Escritos II* 839); se trata de levantar la represión, pero lo reprimido (intento ofenderlo, era mi madre, lo inverosímil es lo creíble), permanece intacto. Y esto gracias al "no" del juicio; lo reprimido solo se lo admite bajo la denegación: "*no* piense que quería ofenderlo".

¿Cuál es el estatus de esta *Aufhebung* en el campo de la actuación? ¿Es el "como si" un equivalente de la denegación? Podríamos asimilar la negación a: "solo hago como si estuviera ofendiéndolo, pero es una improvisación", "solo hago como si fuera verdad, pero yo no sería capaz de hacer eso en mi vida". ¿Es que, al intentar improvisar sobre Otelo, aun cuando lo hago bajo el "como si", soy más verosímilmente yo? ¿Es que, al proponerme improvisar sobre Otelo, haciendo "como si" fuera Otelo, puedo levantar la represión, y decir y hacer cosas que tengo reprimidas, pero que ahora puedo expresar porque, al fin y al cabo, no son mías, sino del personaje? ¿Cómo debe un director trabajar la improvisación si se hace cargo de pensar el "como si" como una forma de la denegación? ¿Sería bajo la consigna de "no lo haga como Ud. lo haría, sino como lo haría Otelo? Ya vimos que no se trata de que haya un "Otelo esencial", escondido, cifrado en el texto, que el actor debería descubrir y apropiarse; por el contrario, se trata de que cada actor haga su Otelo de acuerdo a las circunstancias dadas de su contexto histórico-cultural y de su historia personal, en consonancia con las formas en que una cultura conceptualiza los celos, el adulterio y el crimen. ¿Sería esa consigna ajena o contraria al 'como si' stanislavskiano? En todo caso, serían dos formas de aproximación a ese objeto no representable que el Personaje invita al actor a explorar. También podría el actor hacer su Otelo, como lo plantea Lacan en el *Seminario 6*, cuando pueda captar justamente "el valor de guía del detalle irrelevante" de una obra de arte o de la biografía de un autor (Clase 22 del 27 de mayo de 1959). Este aspecto también está contemplado en el Sistema, no obstante, la ambigüedad que se establece a veces entre una perspectiva arqueológica y otra existencial, lo cual ha dado lugar a múltiples debates y controversias. Como nunca, conviene citar aquí a Lacan cuando afirma, refiriéndose a los analistas—pero con mayor sentido aún para los actores—que "[m]ejor pues que renuncie quien no pueda unir a su horizonte la subjetividad de su época. Pues ¿cómo podría hacer de su ser el eje de tantas vidas aquel que no supiese nada de la dialéctica que lo lanza con esas vidas en un movimiento simbólico?" (*Escritos I* 308).

Incluso podríamos llevar las cosas más lejos: si el escenario es concebido como la 'otra escena' de lo social (el fantasma como una cierta puesta en escena que tapona lo real, lo no simboliado en la escena social), si incluso pensamos el escenario teatral en la dimensión del estadio del espejo, tal como lo ha trabajado Lacan, podríamos desde este ensayo freudiano sobre la denegación fijar de alguna manera las bases para una recepción teatral—al menos la que opera para el formato a la italiana y particularmente para el teatro burgués—

en la cual lo representado, no importa el carácter del material expuesto, no importa el nivel de transgresión o provocación con que los teatristas lo traten, no importa la verosimilitud o inverosimilitud que alcance, es aceptado por el público, por el Otro, bajo la condición de que *no* es la realidad, sino que es 'teatro'. En este sentido, aunque el contenido de lo reprimido socialmente no sea aceptado—o sólo lo es, como veremos, intelectualmente—al menos el teatro permite levantar la represión y hacerlo pasar a la escena, al otro y, a veces, al Otro como registro simbólico. Esta aproximación estaría dada por el fetichismo, el famoso "lo sé, pero aun así...", el "sé que las mujeres no tienen pene, pero aun así...", que estudió Octave Mannoni en *Otra escena: claves de lo imaginario*; aquí teatristas y público se plantearían: "yo sé que lo que ocurre en el escenario no es verdad, pero aun así...".

Volvamos al ensayo freudiano para entrar en uno de los puntos más críticos y debatibles en la formación actoral: la oposición entre lo intelectual y lo afectivo. Ya todos conocemos cómo los actores desprecian lo intelectual y cómo se regodean en toda clase de excesos emotivos, que suponen ser la garantía de una "buena" actuación. Todo lo teórico les parece completamente estéril.

Para Freud, la negación *separa* la función intelectual del proceso afectivo, pulsional. La negación permite la aceptación intelectual de lo reprimido, pero no remueve el proceso represivo. Stanislavski, por su parte, imagina su 'si mágico' como una vía regia hacia el subconsciente creador y con la posibilidad de remover sentimientos, pero no tiene una estrategia para reconocer lo propiamente inconsciente.

En tanto la función intelectual se caracteriza por afirmar o negar el contenido de los pensamientos, al negar ese pensamiento, al anteponerle la negación, es como si dijéramos: "This is something which I should prefer to repress" (*S.E.* XIX 236). Y Stanislavski no tiene una estrategia para reconocer lo reprimido, salvo por el carácter de "vívido" que se puede leer en el cuerpo del actor. Freud cree que la negación puede explicar el origen de la función intelectual. Siguiendo a Freud, el teatrista debería prestar atención no tanto a sus desbordes emotivos durante una improvisación, sino a esos momentos específicos en que algo surge, pero bajo condición de ser negado. Sin duda, para un director es indispensable contar con una técnica que le permita trabajar la represión en el actor en su proceso de trabajo. Stanislavski sabe muy bien que el peor enemigo del actor es la inhibición. Allí cuando el actor dice: "Hice, pensé y/o dije esto, pero no es lo que yo quise decir, pensar y/o hacer", allí cuando el actor empieza a dar explicaciones—o excusas—que le molestan porque le parecen "demasiado intelectuales", allí es donde debería comenzar el trabajo, es allí donde debería iniciarse la improvisación efectiva. Es justamente en ese momento en que se ha levantado la represión, en que se logra vislumbrar lo reprimido, pero a condición de su intelectualización por parte de la negación. Por eso los actores no deberían despreciar la intelectualización. Sin ella—al menos tal como aquí la entendemos—no podrían alcanzar aquello que dicen buscar.

Freud va a decirnos que la función del juicio está relacionada a dos tipos de decisiones. Como veremos a continuación, estas decisiones están muy conectadas con la praxis teatral, puesto que, en tanto función intelectual, el juzgar—que es una *acción* "intelectual"— es lo que decide la acción motora; esta acción motora pone fin al pensar y por lo tanto "[it] leads over from thinking to acting" (*S.E.* XIX 238), se pasa pues del pensar al actuar. Es, obviamente, el pasaje que hace Stanislavski de su primera enseñanza respecto de la memoria emotiva a su segunda etapa con las acciones físicas y, claro está, sobre todo la última con el análisis activo. En la etapa de las acciones físicas, a su manera, Stanislavski trata de alcanzar lo vivido o, al menos, las emociones no directamente, sino por medio de involucrar el cuerpo como goce en su forma más prístina, pero no lo consigue por que se enfrenta a un cuerpo resistente y sometido al goce fálico, martirizado por el significante. Hyppolite subraya que Freud "se ve capacitado para mostrar cómo lo intelectual se separa [en acto] de lo afectivo" (*Escritos II* 841). Habría, pues, un afectivo primordial del que se va a engendrar la inteligencia, pero eso no quiere decir que habría por un lado un afectivo puro inicial "enteramente metido en lo real"

(*Escritos II* 841) y, por otro, lo intelectual puro "que se desprendería de lo real para captarlo de vuelta" (*Escritos II* 841). Por eso la génesis que Freud intenta no es positiva sino mítica. Freud trata de dilucidar así la emergencia del juicio de afirmación y del juicio de existencia de una manera formal como si se tratara de "dos fuerzas primeras: la fuerza de atracción y la fuerza de expulsión" (*Escritos II* 842), ambas bajo el dominio del principio del placer. Se trata de la historicidad mítica: se trata del "mito de la formación del afuera y del adentro" (*Escritos II* 842).

En primer lugar, según Freud, tenemos el juicio de existencia: la función de este juicio, es decir, la función intelectual, es adjudicar o no un atributo o propiedad particular a una cosa. Freud utiliza la palabra alemana "Ding", que luego será objeto de la atención laca-niana, especialmente en el *Seminario 7* sobre la ética. En ese seminario Lacan comenta *Antígona* de Sófocles, y aborda el *das Ding* (la Cosa) con sus consecuencias en el psicoanálisis, no sólo en relación al goce, sino también en relación a la sublimación y, en consecuencia, al arte. Este atributo particular de la cosa, puede ser bueno o malo, útil o dañino, lo cual, desde la pulsión oral, podría expresarse, nos dice Freud, con el juicio: "Me gustaría comer esto o me gustaría escu-pirlo". Y esto equivale a decir: "I should like to take this into myself and to keep that out" (S.E. XIX 237), es decir, lo incorporo o lo ex-cluyo de mi yo. De acuerdo al principio del placer, el yo quiere intro-yectar lo que es bueno y expulsar de sí todo lo malo. Pero Freud nos recuerda—no sin cierta ambigüedad—que "[w]hat is bad, what is al-ien to the ego and what is external are, to begin with, identical" (*S.E.* XIX 237). Podemos entender esto, por un lado, como que para el yo, lo malo, lo ajeno y lo que es externo es equivalente, idéntico [entre sí], o bien, por otro lado, como nos traduce Hyppolite, que aquello que es malo, ajeno y externo había sido antes—primeramente—idén-tico al yo. Lo malo, ajeno y externo es una exclusión que proviene del propio yo. Por eso Hyppolite nos dice que el mito de la formación del afuera y del adentro "es el de la alienación [otredad] que se funda en estos dos términos" (*Escritos II* 842). En el "había una vez" del mito, en esta historia, había "un yo (entiéndase aquí un sujeto) para el cual no había todavía nada extraño" (*Escritos II* 842). Como vemos, ese momento fundante de introyección/expulsión (en el que la introyección solo es posible después de la expulsión [*Escritos II* 843]), que instaura la decisión intelectual como juicio de atribución, se realiza, de alguna manera, sobre una base pulsional también mítica. Lo intelectual se separa de lo afectivo, pulsional. Nos interesa aquí esta separación mítica entre lo interno y lo externo, porque Stanislavski recurre constantemente a este imaginario del adentro y del afuera, pero nunca lo fundamenta.

No debería escapársenos aquí el hecho de que la improvisación es un ejercicio actoral orientado a que el actor pueda explorar ciertas alternativas y características de la situación y/o del personaje; no es necesario decir que al hacer eso, deja también otras cosas de lado o bien hay aspectos que le resultan muy intrincados para trabajar o—siguiendo la imagen freudiana—digerir. A nivel técnico, uno podría preguntarse por qué decidió incorporar eso primero y qué es lo que se había expulsado previamente. ¿Por qué abordó la improvisación por cierto lugar y no por otro? ¿Por qué comenzó por aquí o por eso? ¿Será que eso es lo que quiere o puede incorporar más fácilmente? ¿Qué ha dejado de lado, por qué? ¿Qué es lo que ese actor tiende a expulsar o apartar de sí? En estos casos, hay que esperar la emergencia de la negación para saber justamente lo que se reprime.

En segundo lugar, la otra clase de decisión concierne al juicio de existencia: la función de este juicio es sostener o impugnar que una representación (subjetiva, del yo) tenga su correlato (objetivo) en la realidad. No se trata en esta decisión del juicio de si algo va a ser o no incorporado al yo, sino de saber si lo representado en el yo puede ser re-encontrado en la realidad, en el no-yo, en el mundo. Este es un punto de mucha confusión en los textos de Stanislavski, justamente porque, una vez más, carece de toda base crítica para discernir la realidad de lo imaginario, de lo simbólico y de lo real. "En el juicio de existencia—subraya Hyppolite—se trata de atribuir al yo, o más bien al sujeto (es más comprensivo), una representación a la que ya no corresponde, pero a la que ha correspondido, en un retorno atrás, su objeto. Lo que está aquí en juego es la génesis 'del exterior y del interior'" (*Escritos II* 843). Vemos que Freud avanza por medio de binarismos: subjetivo/objetivo, adentro/afuera, pero en los que hay una continuidad, más que una oposición. En esta segunda decisión también hay un adentro y un afuera y, por lo tanto, lo irreal, lo no real, es subjetivo, interno, y lo real es lo objetivo, lo que esta afuera del yo. Según Freud, la experiencia ha demostrado que para el sujeto la cuestión no es solo que el objeto de satisfacción sea bueno (para así incorporarlo), sino que debe además estar en la realidad, para que el yo se lo pueda apropiar cuando lo necesite. Cabría aquí reformular las preguntas de nuestro párrafo anterior, en función de lo que parece estar disponible en la realidad para ese actor o grupo de actores. ¿Dónde busca el actor su personaje? ¿Viene al ensayo con una imagen del personaje que quiere corroborar o hacer corroborar por el elenco? ¿Qué imagen de Hamlet ha introyectado un actor? ¿A qué Hamlet corresponde? Algunos directores enfrentan esta situación de diversa manera: algunos prefieren relatar la historia de Hamlet, pero evitar que los actores lean—digieran—el texto antes de comenzar los ensayos (esto no evita, sin embargo, que el actor haya visto alguna representación de la obra shakespeareana); otros promueven extraños ejercicios para deconstruir las imágenes previas que el actor trae al ensayo, especialmente cuando se trata de clásicos. Pero la cuestión permanece: ¿cómo manejar una improvisación sobre *Hamlet*, cómo trabajar lo introyectado en función de lo expulsado? ¿Qué, en esa improvisación sobre el personaje Hamlet, satisface al yo, y que es expulsado del yo?

Por esto Freud nos va a plantear un aspecto que resulta crucial, pero no teorizado suficientemente en las técnicas o metodologías de formación actoral. Para que haya una representación en el yo, debe haber habido primero una percepción. Esas representaciones *repiten* las percepciones originarias. El hecho de que haya representación es ya garantía, dice Freud, de que ha habido una percepción, de que hay una realidad, la realidad de lo representado. Al principio, pues, no hay oposición entre lo subjetivo y lo objetivo; es justamente *el pensar* (¡no el sentir!) el que tiene la capacidad de establecer esa oposición al momento de hacer presente algo que ha sido percibido en el pasado. Se incorpora así un eje temporal, a partir del cual resulta que lo representado es una reproducción de lo percibido alguna vez y que puede hacerse presente ahora sin que necesite la re-aparición del objeto percibido en el afuera del yo. De alguna manera esto se relaciona con la idea de Stanislavski de que el actor debe tener la capacidad de armar una serie continua de acciones y verlas en su mente como una película. Freud concluye que "la meta final e inmediata de la prueba de la realidad es, no *encontrar* un objeto en la percepción real que corresponda al objeto representado, sino *re-encontrar* tal objeto para convencerse de que todavía existe" (*S.E.* XIX 237-8, el subrayado es del autor). Esta prueba de realidad es, de alguna manera, lo que Stanislavski parece buscar y que muchos han confundido con el realismo escénico. Es la posibilidad de re-encontrarlo imaginariamente, sin necesidad—como pareciera insinuar el Método de Strasberg—de llevar al actor, vía la memoria emotiva o la sugestión hipnótica, a esforzarse en recuperar la percepción primitiva.

Ahora bien, aunque la facultad de pensar es la que contribuye a oponer lo subjetivo a lo objetivo, eso no quiere decir que la reproducción de lo percibido sea siempre una repetición fiel. El proceso de percepción a cargo del yo no es pasivo. No se trata del yo como una *tabula rasa*. El yo, guiado por el principio del placer, no registra pasivamente los estímulos de la realidad percibida, sino que él también ha enviado al aparato perceptivo cierto tipo de cargas (cathexis) para evaluar los estímulos exteriores, y luego de estas tentativas de avance, se retira. En otro fascinante ensayo freudiano no menos mítico que "La denegación", "El block maravilloso", de 1924, Freud concibe el aparato perceptual como un block maravilloso: en él, escribimos sobre una hoja transparente de celuloide que, separada de una base de cera por un papel también transparente (tan movible como el primero y cuya función es proteger a la base de cera), nos deja ver lo que escribimos. Podemos escribir y luego despegar la página transparente, dejándola en blanco para nuevas inscripciones. Todas las inscripciones quedan, sin embargo, marcadas en la cera, aunque no las veamos. El block maravilloso es, pues, para Freud, una analogía insuficiente del aparato perceptivo, por cuanto éste no puede 'reproducir' desde adentro y por sí mismo lo previamente marcado y ya borrado de la página transparente. No obstante, cada nueva inscripción pasa, cruza las impresiones previas marcadas en la cera; no hay posibilidad de una originalidad total, es decir, de un rasgo virginal absoluto que no se cruzara con las inscripciones anteriores. Sin duda, tenemos aquí una primera concepción de la memoria (y del inconsciente) como un reservorio de inscripciones/impresiones (de significantes, no de signos), en las que cada punto se cruza con otros puntos y se enlaza a nuevas asociaciones, a otras cadenas. Hay aquí también un primer esbozo de lo que más tarde se conocerá como la intertextualidad. No olvidemos que también Freud supone dos manos, una que escribe sobre la tabla, con la ilusión de originalidad, de esa primera vez, y otra que levanta de vez en cuando la superficie escrita dejándola disponible para nuevas inscripciones, en cierto modo, esta mano opera desde el interior del aparato; se esboza así la idea de que más que hablar somos hablados por el Otro. No nos escapa lo complejo de abordar la cuestión de la memoria en los textos del maestro ruso, pero tendremos que acercarnos de alguna manera a sus paradojas.

Del yo y la percepción, del inconsciente y la memoria

Lacan, en su retorno a Freud, al conceptualizar el inconsciente, justamente nos advierte del descubrimiento freudiano: el inconsciente, como la otra escena, a pesar de no contar con el principio de contradicción, no es un lugar, digamos, anárquico, ya que está estructurado como un lenguaje. En primer lugar, hablamos de pensamientos inconscientes que son los pensamientos de un sujeto, que no es el yo. El yo de la conciencia es hablado por ese sujeto al que desconoce; el yo no es el centro, sino que lo cartesiano se desplaza hacia el inconsciente. Lacan va a traducir una frase de Freud que ha dado mucho que hablar: *Wo es war, soll Ich werden*. El *Ich* aquí nos dice Lacan, no puede ser traducido como el yo [*moi*]; ese *Ich* es el sujeto de ese "lugar completo, total, de la red de los significantes" (*Seminario 11* 52). Justamente porque el inconsciente se da como una red con sus múltiples cruces, donde un significante puede conectarse metafórica y/o metonímicamente con muchos otros, es que no es solamente la sede de lo reprimido. El inconsciente en Lacan es "el lugar del Otro, donde se constituye el sujeto" (*Seminario 11* 53) y por eso va más allá de lo reprimido, en cuanto el inconsciente está estructurado como un lenguaje. No hay azar, sino conexiones de significantes, por eso Lacan va a recurrir a la formalización matemática. El inconsciente es el nivel de la estructura. Para Lacan, el inconsciente es el Otro, el sujeto del inconsciente no es la persona, el individuo, tampoco el yo, es el sujeto del lenguaje, por eso es transindividual y no colectivo. Por eso el Otro—al que estamos sujetados—es, además el fundamento del registro simbólico; en tanto lenguaje, es anterior a la conciencia; el Otro no refleja la realidad—que no hay que confundir con lo real— sino que la modela de acuerdo a múltiples factores históricos. Por eso Lacan privilegia el significante (no el signo) por sobre el significado. Es que la significación surge del juego de los significantes, de la cadena significante. Si el inconsciente está estructurado como un lenguaje, también el sujeto es para Lacan un significante para otro significante, es decir, $S_1 - S_2$. La significación que promueve el sujeto del inconsciente sobrepasa al hablante, ya que esa significación no está a su disposición consciente. Por eso, el analista debe saber escuchar ese significante insensato—"el sujeto se capta en algún punto inesperado" (*Seminario 11* 35)—y a partir de él, remontarse por el discurso del analizante, puntuando retroactivamente esos otros lugares, como si fuera un colchonero que pasa su aguja por diversos lugares de una tela. Lacan llama a ese significante que lo guía el punto de almohadillado, que es como el analista va aproximándose al inconsciente. Cuando ese significante insensato surge, el analista *tiene que* ir a él, el analizante *tiene que* ir a él, seguir sus conexiones. Por eso Lacan dice que el estatus del inconsciente es ético (*Seminario 11* 41).[86] El lenguaje—que no se confunde con el discurso—es una estructura que cambia, se modifica. La existencia del Otro, del lenguaje, es anterior y posterior a la entrada del sujeto en la cultura; su estructura no está a nuestra disposición. Ya nos espera el nombre antes de nacer y ese nombre quedará cuando nos hayamos muerto. Además, para dar otro ejemplo, hablamos, pero no somos conscientes de las reglas del lenguaje.

La frase freudiana tiene aún más que decirnos; debe leerse, según Lacan, como "Donde eso estaba, el sujeto debe advenir". Como Lacan piensa el "eso" como lo real, podemos retraducir: "Donde lo real estaba, el sujeto del inconsciente debe advenir". De allí que lo real vuelve al mismo lugar, en el sentido de que se repite, insiste, bajo los diversos disfraces significantes (*Seminario 11* 43). Ese real—que, insistimos, no es la realidad que percibimos—se engancha con el famoso objeto *a* de la lógica lacaniana, no tanto como objeto del deseo sino como *causa* del deseo. Se trata, justamente, de esa falta que constituye al deseo como otra cara de la ley, de esa falta que organiza el fantasma como pantalla de acercamiento y protección ("Lo real es soporte del fantasma, el fantasma protege a lo real" [*Seminario 11* 49]).[87] Como ese objeto está perdido para siempre, se entiende entonces que la repetición (que no es la rememoración) sea siempre una "repetición de la decepción" (*Seminario 11* 47). Es importante desde ya diferenciar entonces repetición de rememoración, a fin de poder abordar mejor el corpus stanislavskiano.

Las consecuencias de esta conceptualización lacaniana para los teatristas son enormes. Pensemos en la improvisación, hay cosas que se recuerdan, que se rememoran, pero la repetición trabaja en otra dimensión. El director debe estar alerta a la emergencia de ese significante que pueda funcionar como punto de almohadillado, tanto a nivel de un actor particular, como a nivel del elenco en general.

---

[86] Lacan dedicó a este tema el *Seminario 7 La ética del psicoanálisis*.

[87] Podríamos también re-escribir como "el fantasma protege *de* lo real".

Una vez conjeturado dicho significante, debe explorar, por medio de nuevas improvisaciones, las dimensiones a las que conduce el trabajo, para luego conectar con la estructura del conflicto tal como aparece en el texto dramático, si lo hubiere. Ese trabajo previo va a despejar aspectos fundamentales que, si puede decirse así, justificarán la puesta, tanto ante los ojos del elenco como del público.

Volvamos al block maravilloso para enfatizar algunos aspectos que importan a nuestra praxis teatral. Freud nos advierte, además, que nuestra memoria es de alguna manera como esa superficie de cera con la salvedad de que ésta sí puede reproducir lo escrito desde adentro. Con esas intuiciones maravillosas, Freud nos dice que las impresiones en la cera son legibles si se utiliza una luz apropiada. Parece invitarnos a mirar la cera *al sesgo*, definiendo de ese modo la mirada analítica como anamórfica. Nuevamente, tenemos estos binarismos del afuera/adentro, de lo exterior/interior. Así, Freud dice que no resulta descaminado comparar el sistema Percepción-conciencia con el papel de cera protector entre el celuloide y la cera; ni tampoco lo es imaginar el inconsciente como la cera misma; sin embargo, nos lleva incluso más lejos al interrogarse sobre ese movimiento de inscripción/borradura en relación con la percepción, del que también nos habla en "La denegación". Freud, nos dice Lacan, quiere "separar absolutamente percepción y conciencia, [de modo que] para que algo pase a la memoria primero debe borrarse en la percepción y viceversa" (*Seminario 11* 54).

Una vez más, Freud nos advierte que ni la memoria ni el inconsciente son pasivos respecto de la percepción y, por ende, tampoco lo es el yo. Este aspecto, aunque intuido en algunos pasajes del corpus stanislavskiano, no está puntualmente desarrollado en el Sistema. El yo no puede percibir todo, porque desde adentro del sistema hay una instancia selectiva y transformadora. Sin duda, podemos llevar nosotros esta teorización al campo de la actuación y el trabajo con los objetos. Pero por ahora continuemos con Freud. El yo está expuesto a la realidad, al no-yo, en forma continua, pero hay que suponer una instancia de discontinuidad, que Freud nos invita a considerar incluso como "the origin of the concept of time" (*S.E.* XIX 231). Lacan también va a planear este aspecto discontinuo del inconsciente: "La discontinuidad—nos dice—es, pues, la forma esencial en que se nos aparece en primer lugar el inconsciente como fenómeno—la discontinuidad—insiste—en la que algo se manifiesta como vacilación" (*Seminario 11* 33).[88] El subconsciente stanislavskiano extiende sus tentáculos hacia el mundo exterior y se retira tan pronto como ha calibrado la potencia de los estímulos exteriores. Así, las interrupciones que en el block maravilloso provienen del exterior, de la mano que levanta el celuloide, en el sistema perceptivo provienen del interior. La pérdida de contacto entre el celuloide y la cera en el block, son reemplazadas en el sistema que Freud nos propone por "la periódica no excitabilidad del sistema perceptivo" (*S.E.* XIX 231). "Si imaginamos—nos invita Freud al final de su ensayo—una mano escribiendo sobre la superficie del block maravilloso mientras otra periódicamente levanta su página de celuloide, tendremos una representación concreta de la forma en que he tratado de representar el funcionamiento del aparato perceptivo de nuestra mente" (*S.E.* XIX 232).

Nos indica allí no tanto la forma en que el yo sino el inconsciente se inscribe y hasta modula y modela la consistencia del proceso perceptivo. Por tal razón, el material que el actor percibe y sobre el que, en cierto modo, basa sus improvisaciones queda en cuestión y require de un cuidadoso análisis, porque lo interesante no va a estar en aquello que 'muestra' en lo que actúa, sino en los puntos en que se produce una escanción, una ruptura de la continuidad. ¿Por qué se detuvo ahí? ¿Por qué vaciló en ese momento? ¿Por qué hizo silencio o tardó en reaccionar? Muchos factores intervienen que promueven modificaciones debido a omisiones o cambios debidos a la emergencia de elementos variados. Particularmente, esto es crucial cuando se trata de improvisar en vistas a construir un pasado para el personaje, alimentado por las experiencias personales del actor, cuando el

---

[88] Lacan volverá sobre esta vacilación en su ensayo sobre el tiempo lógico y el silogismo de la certeza anticipada.

objetivo es armar la línea inquebrantable. Cuando se trata de un trabajo no atenido a un texto dramático, cuando el elenco explora situaciones conflictivas que tienen que ver con su vida y el contexto social, la cuestión de cuestionar el resultado de la percepción se hace ineludible, cuando se quiere ir más allá de 'reflejar' la realidad, de ilustrarla, para apuntar a lo real en sentido lacaniano. Trabajar aquí sobre las 'distorsiones' que surgen de la rememoración es un proceso lento y, sin duda, doloroso. La prueba de realidad (¿no es acaso lo que obsesiona a Stanislavski?) consiste en medir cuán lejos han llegado esas distorsiones. Así, recuperar la experiencia del pasado—mediante la memoria emotiva—no es recuperar el pasado tal cual fue, ya que lo percibido del pasado fue modelado por el inconsciente que habrá estado allí antes de la percepción. Es evidente que la precondición—nos dice Freud—para *poner en escena* esa prueba de realidad es que los objetos que una vez produjeron una satisfacción real se habrán (se hayan) perdido.[89] Veamos cómo se las arregla Stanislavski con lo perdido y lo modificado, con lo re-encontrado en el proceso de actuación.

El hecho de que Stanislavski nos diga que (a) en el escenario el actor tiene que "tener una línea sólida de visión interior" (*P.A.*70), ligada a las circunstancias de la escena, (b) que esa línea se parece a una película cinematográfica formada por "series intactas de imágenes" (*P.A.* 70) que el actor puede reproducir sobre el escenario en la medida en que sea capaz de proyectarlas sobre la pantalla de su visión interior; (c) que la reproducción de esas imágenes "crean un ánimo similar, y despiertan emociones" (*P.A.*70); que el actor posee "la facultad de ver cosas que allí no existen, haciendo un dibujo mental de ellas" (*P.A.*71), y finalmente (d) el hecho de que el actor pueda guardar una idea o imagen en el depósito de sus recuerdos (*P.A.* 99), nos

---

[89] He cotejado alguna traducción al español y, por razones de índole lacaniana, he intentado traducir de la versión inglesa manteniendo el futuro perfecto. En consecuencia, mi traducción puede sonar un poco extraña. De igual modo, mi traducción del "setting up" (establecimiento de la prueba de realidad), como "puesta en escena" lo he forzado un poco para acercarlo a nuestro campo teatral.

abre a múltiples cuestiones e interrogantes sobre las bases teóricas en las que pareciera sostenerse la psicotécnica stanislavskiana.

En primer lugar, pareciera que la oposición conciencia/subconsciente no es binaria sino que admite algún aparato de intermediación capaz de operar, por un lado, como depósito de imágenes siempre disponible (el subconsciente stanislavskiano es caprichoso[90] y no está disponible a merced del yo); por el otro, ese aparato mediador sería capaz de magnetizar la fuerza del subconsciente (¿bajo qué mecanismos?) a fin de despertar emociones. Sin duda, este aparato parece configurarse como un imaginario, como una memoria que, no siendo inconsciente en el sentido freudiano, está, sin embargo, virtualmente presente; además, este aparato parece solucionar el problema de la discontinuidad perceptiva de la conciencia. Sin embargo, queda en cuestión si este aparato es individual o transindividual; si tiene una historia personal o responde a una biografía generacional o comunitaria. En fin, queda pendiente explorar las relaciones de esta memoria imaginaria con la memoria inconsciente, con el registro simbólico y con el registro de lo real, según la terminología lacaniana. No se trata, sin embargo, de *comparar* la psicología tradicional que está en la base de la propuesta stanislavskiana con el modelo de Lacan de los tres registros, cualquiera sea el resultado de la aventura. Lo que nos debe importar es constatar cómo Stanislavski elabora su psicotécnica en relación a lo teatral y la formación actoral, así como Freud y Lacan lo hicieron para la formación de los analistas.

Freud quiere plantearnos cómo la función intelectual—sobre todo evidente en el caso de la negación—no está escindida de lo pulsional, que involucra las zonas erógenas corporales y que, al principio de su ensayo, denomina "lo afectivo". El juicio nace de las pulsiones primarias. La afirmación, en un juicio, pertenece al Eros, que tiene carácter unificante; en cambio, la negación, heredera de la expulsión, pertenece a la pulsión de destrucción. Sin embargo, Hyppolite piensa que como hay un placer de denegar (*Escritos II* 844), nos propone pensar la pulsión destructiva como parte del principio del placer, y

---

[90] El subconsciente stanislavskiano no está estructurado como un lenguaje.

no algo que se le opondría. El uso del adverbio "no" permite levantar la represión, dejar pasar a la conciencia los contenidos reprimidos, sin la carga de afecto (muchas veces peligrosa y amenazante para el yo, porque es lo que el yo ha originalmente expulsado, reprimido). Es una regulación típica del principio del placer. De ahí que la negación, que no se encuentra en el inconsciente, posibilite al pensar cierto grado de independencia respecto de las consecuencias de la represión y del principio del placer. La negación debe, pues, tomarse como una apertura exitosa del inconsciente. ¿Debemos implementar esto en nuestros ensayos teatrales, especialmente cuando el analizante, ante alguna intervención del director, dice "'I didn't think that', or 'I didn't (ever) think of that'" (*S.E.* XIX 239). Así, más que dejarse llevar por los arrebatos pasionales durante la improvisación, tendríamos—desde la perspectiva freudiana—que prestar técnicamente más atención a ese momento "intelectual" en que negamos algo, porque es la puerta de entrada a lo reprimido que debemos trabajar si, en vez de entusiasmarnos autoeróticamente con nuestras veleidades y arrebatos emocionales e imaginarios, queremos comprometernos artísticamente con lo reprimido. No tenemos que olvidar que el psicoanálisis tiene como meta el trabajo con el deseo y las pulsiones; no se trata solo de levantar el síntoma, sino de atravesar el fantasma fundamental que es la pantalla que "disimula algo absolutamente primero, determinante en la función de la repetición" (*Seminario 11* 68), es decir, esa pantalla que nos separa o con la que nos arreglamos con lo pulsional, lo real y el goce.[91]

Regresemos al comentario de Jean Hyppolite; en él, como hemos dicho, el autor profundiza en muchas cuestiones que no podemos detallar aquí. De todos modos, podemos detenernos en un par de aspectos que nos importan en relación a la praxis teatral. Con una aproximación vía Hegel, Hyppolite va a alertarnos sobre el aspecto mítico del ensayo freudiano en su intento de dar "una génesis

---

[91] Deliberadamente en este libro hemos dejado de lado la cuestión del sinthome, en la enseñanza tardía de Lacan, pero nos veremos obligados a retomarlo en futuras investigaciones.

del pensamiento (*Escritos II* 841). Freud, nos aclara Hyppolite, no intenta darnos una génesis del pensamiento a nivel psicológico, como ocurriría en una psicología positiva; por el contrario, nos dice que Freud de alguna manera trata de abordar algo más primordial, por eso Hyppolite sostiene que se trata de una mitología, como Freud mismo denominará a su conceptualización de las pulsiones. Estamos remitidos al "había una vez…" en que no habría diferencia entre el yo y el no-yo o la realidad. Hyppolite va a "distinguir entre la negación interna del juicio y la actitud de la negación" (*Escritos II* 838). Tendríamos así, según Hyppolite, dos momentos:

1. La primera etapa en la que el analizante dice "esto es lo que no soy", y por lo tanto "se ha concluido lo que soy" (*Escritos II* 840). Aquí, la denegación opera levantando la represión, pero dejando sin aceptar lo reprimido.

2. La segunda etapa es cuando el analista intenta hacerle aceptar al analizante los contenidos reprimidos. El analista trata de "que acepte en mi inteligencia lo que negaba hace un momento" (*Escritos II* 841). Aunque el analizante acepte, la represión se mantiene. Esta circunstancia es usual también en los ensayos teatrales. Hyppolite dice que aquí estamos ante una negación de la negación. Se trata de negar la negación de la primera etapa, pero aquí no estamos ante una verdadera afirmación que aceptaría los contenidos reprimidos, pulsionales, afectivos. Se trata, en cambio, de una "afirmación intelectual" (*Escritos II* 841), meramente intelectual. Habría dos instancias de lo intelectual, de alguna manera diferentes. La primera es la denegación, que admite los contenidos reprimidos sin aceptarlos. La segunda es la aceptación intelectual de lo denegado, es decir, no afirma, sino que niega lo negado, negación de la negación. Durante los ensayos, esta negación de la negación no hace avanzar el

proceso; en consecuencia, el director deberá disponer de procedimientos que permitan al actor conectarse con lo reprimido.

Hyppolite quiere subrayar el hecho de que la creación del símbolo de la negación, el 'no', al darse así la función del juicio como primera instancia intelectual, permite levantar la represión, pero no aceptar los contenidos libidinales de lo reprimido, que aparece negado y que, además, al tener que ser aceptados intelectualmente (una especie de segunda intelectualización), demuestra al menos dos cosas:

1. que hay un pensamiento anterior al del juicio, que es el pensamiento inconsciente, involucrado con las pulsiones, en el que no se encuentra ningún 'no".

2. Que "el yo es siempre desconocimiento" (*Escritos II* 845); el yo solo puede reconocer lo inconsciente a costa de negarlo. Y agrega Hyppolite: "incluso en el conocimiento, se encuentra siempre del lado del yo, en una formula negativa, la marca de la posibilidad de tener el inconsciente a la vez que se lo rehúsa" (*Escritos II* 845).

Stanislavski, al carecer de una teoría del subconsciente, se enfoca entonces en como facilitarle la cuestión al yo para enfrentar lo libidinal del cuerpo del actor que, llamémosle inspiración, es lo que, según el maestro, puede tocar el ser del Personaje y permitirle al actor vivirlo. No se nos puede escapar aquí a los teatristas la base para una "teoría de la técnica", como dice Lacan en su "Respuesta al comentario de Jean Hyppolite" (*Escritos I* 365). Y si el analista necesita de una teoría de la técnica, no vemos por qué el teatrista podría desentenderse de ella. Al fin y al cabo ambos trabajan con la palabra y ambos trabajan con lo reprimido, con la "otra escena". Una técnica está siempre apoyada por una teoría explícita o implícita y creer que lo técnico carece de teoría, que se puede en la formación actoral (como de hecho ocurre) apelar indiscriminadamente a cualquier tipo de propuesta o training que se presente, es ir a ciegas en el teatro. Los actores actualmente, formados en escuelas universitarias en el Sistema, luego deambulan por talleres de todo tipo, adquiriendo una formación ecléctica que no mejora su profesión, sino que la pone a merced de las necesidades del mercado de trabajo, muy distante, incluso desde la época de Stanislavski, de lo artístico. La técnica tampoco es una lista de ejercicios. Por una parte, con el aporte de Freud en *Interpretación de los sueños*, *Psicopatología de la vida cotidiana* y *El chiste y su relación con el inconsciente*, podemos de alguna manera trabajar en el ensayo teatral esos momentos a partir del tropiezo del significante: lapsus, olvido de una palabra, metáfora y metonimia, juego de palabras o agudeza, etc. Incluso el silencio, como vimos, tiene valor significante. Siempre es importante, nos recuerda Lacan, pedirles a los analizantes que le muestren a su analista *quién* está hablando allí y *a quién* se están dirigiendo (*Escritos I* 356). Lo mismo podría decirse para los actores una vez terminada la improvisación: a quién le estaban hablando y a quien estaba dirigido lo que decían.[92] Obviamente, así como ocurre con los analistas, queda—parafraseando a Lacan—a discreción del director darles a entender a sus actores mediante la interpretación en qué lugar imaginario están situados, según que el director pueda o no "enlazar ese equívoco en el punto de su discurso con el que haya venido a tropezar su palabra" (*Escritos I* 356).

Por todo lo dicho en estas notas, queda claro que hay mucho trabajo para hacer en el campo de la praxis teatral, especialmente si releemos a Stanislavski, quien nos ha dado un Sistema bastante

---

[92] Recuerdo algunos talleres en lo que los actores se entusiasmaban con el tema a improvisar y ponían todo su ingenio en mostrarme su talento; cuando la escena me era presentada, yo preguntaba desde dónde yo tenía que ver la escena o a quién se estaban dirigiendo y los actores no sabían que responder. Me decían que no habían pensado en eso y que me invitaban a verla frontalmente; ahí tenemos justamente la presencia del inconsciente, que no está escondido o velado: eran hablados por cierto formato ya asumido, naturalizado—si se me permite el término—de la mirada en la teatralidad del teatro. Tampoco se habían planteado si el tema improvisado hubiera tenido más impacto o mayor consistencia significativa si hubiera sido ensayado teniendo en consideración cierta perspectiva espectatorial.

completo, desde la perspectiva psicoanalítica. No hay ya motivos para repetir ortodoxamente la palabra del maestro que, como él mismo lo planteaba, esperaba ser criticado y debatido, tal como lo afirma en el epígrafe que hemos elegido para este libro. Apenas hemos esbozado en estas notas las cuestiones que deberán atraer nuestra atención en futuras investigaciones. La elaboración o revisión de la técnica de formación actoral en nuestro siglo, habida cuenta de la variedad de expresiones teatrales que pululan los escenarios, tiene un campo de exploración y trabajo enorme e impostergable, sea a nivel institucional o parainstitucional.

LA MIRADA Y LA VOZ
EN EL SISTEMA DE STANISLAVSKI

Visión, visualidad y mirada

S tanislavski va a trabajar, con bastante insistencia, la relación del actor con la mirada.[93] Lamentablemente, a diferencia del inglés, el español no distingue entre *look* y *gaze*, dos términos que en ese idioma resultan bastante útiles cuando se trata de abordar a Stanislavski desde una perspectiva lacaniana, en la medida en que permiten distinguir el registro imaginario del registro simbólico. Sin embargo, no siempre resulta fácil para los traductores de Lacan al inglés discernir cuándo usar uno u otro, habida cuenta de que en francés, como en castellano, se dispone también de un solo término, *'le regard'*. Para facilitarnos la tarea y para tratar de no confundirnos con los registros imaginario y simbólico, propongo—en la medida de lo posible—utilizar el ver, la visión, la visualidad en lo imaginario, y el mirar, la mirada, para lo simbólico.

En general, Stanislavski es, si se quiere, bastante convencional en cuanto a la visualidad y la mirada, pues su psicotécnica presupone, casi siempre—a diferencia de Meyerhold—la teatralidad del teatro y su diseño óptico.[94] En ese sentido, a nivel de la formación

---

[93] A pesar de que por muchos años la versión castellana de los textos stanislavskianos fue muchísimo más fiel a la versión rusa que las versiones en inglés, para este capítulo vamos a basarnos en la más reciente traducción al inglés realizada por Jean Benedetti bajo el título *Konstantin Stanislavski: An Actor's Work [AAW]*. Benedetti ha cotejado las versiones previas con nuevos documentos y archivos e incluye aspectos inéditos del maestro ruso. La mayor parte de las citas se refieren a esta edición. Propondremos, cuando lo estimemos conveniente, una traducción al español aproximada de las citas o glosaremos la versión inglesa para facilitar la lectura.

[94] Desarrollaré este tema puntualmente en un libro próximo. Sin embargo, el lector puede consultar mi libro *Teatralidad y experiencia política en América Latina*, donde expongo por primera vez la tesis de la teatralidad como política de la mirada. También lo desarrollo un poco más desde la perspectiva lacaniana en "Aproximación lacaniana a la teatralidad del teatro: desde la fase del espejo al modelo óptico. Notas para interrogar nuestras ideas cotidianas sobre el teatro y el realismo".

actoral, Stanislavski, siempre guiado por su pensamiento binario interno/externo, se preocupa al principio de la figura externa del personaje y la forma en que el actor debe construirla mediante la observación, el estudio del arte, de la historia, etc. Más tarde irá trabajando lo que podríamos denominar 'la forma interior'. El ojo y la percepción juegan aquí un papel preponderante. La visualidad también aparece en relación a la comunicación escénica, el uso de los ojos y la dirección de la mirada (aquí tomada en sentido general) entre los personajes, que el maestro denomina "comunión" (*PA* 197ss) "adaptación" (*PA* 228). Resulta interesante ver esta propuesta de la visión como un vector de múltiples funciones en la geometría de la escena. Stanislavski explora sutilmente todos los matices de la visión interior y del poder capturante de la imagen del otro, sea personaje, sean otros actores-personajes. Esta visión o visualización, interna o externa, es siempre una percepción mediada por el lenguaje y, como hemos ya visto, tanto en Stanislavski como en Freud, esa percepción no es ni 'pura' ni espontánea, sino que está sobredeterminada por la historia del sujeto y sobre todo por el Otro simbólico, el lenguaje, la cultura, etc.

La dimensión de la mirada, en sentido lacaniano, aparece en Stanislavski en relación al público y eso lo lleva a investigar, por un lado, todo lo relacionado con la inhibición, con el famoso "hueco negro" (*PA* 79) frente al cual se actúa y, por otro, con la dimensión simbólica, de índole perversa, de la teatralidad del teatro que, dicho sea de paso, es también la que aparece en Freud y Lacan, ya que ninguno de ellos cuestiona el diseño óptico de dicha teatralidad, a la que simplemente designan como 'teatro', como si fuera algo universal y natural y no una construcción histórica. Ni siquiera Michel Foucault, más sensible a los diseños opresivos de la modernidad (prisiones, manicomios, escuelas) abordó la teatralidad del teatro, lo que conocemos como teatro, como una forma cultural construida como prisión atenuada. En Freud y en Lacan, como en el maestro ruso, las relaciones entre actor/personaje, personaje/público, público/actor se instalan en espejismos donde la identificación hace sus agostos. El pensamiento estético de Freud "constituyó un aparato conceptual sumamente útil para el esclarecimiento de aspectos importantes de la creación artística en sus diversas manifestaciones" (Villagrán Moreno 55) y sus aportaciones tendrán una larga progenie en la teoría estética posterior. En relación a la literatura dramática y el teatro, como en general para las obras de arte, Freud se interesa en el proceso por medio del cual los contenidos reprimidos, como en el sueño, logran metaforizarse y hacerse admisibles para la conciencia del autor y del espectador. No es éste el lugar para desarrollar los múltiples matices de la aportación freudiana a la estética en general y al teatro en particular, relacionada con la identificación, lo siniestro y la satisfacción que el arte procura. Carolina Roldán ha cotejado algunas ideas de Freud con los aportes de Lacan, en particular sobre el teatro. Obviamente, volvemos a encontrar la idea de la identificación y de que el espectador goza de lo terrible que ocurre en escena por procuración, es decir, por la intermediación del actor. A ése al que le pasan las cosas, el que sufre en escena es el actor o el personaje, y se trata de una ficción que no amenaza su seguridad personal, tal como ésta queda resguardada por la oscuridad de la sala y/o el anonimato que supone estar rodeado de otras personas. Como dice Roldán, para Freud, "[e]l espectador puede soportar las tribulaciones del héroe sólo porque vienen atenuadas mediante la cuota de padecimiento que recae sobre el actor". El placer estético del espectador proviene de la identificación con el héroe-actor, al que le ocurren situaciones que, en cierta forma, también están activas en el inconsciente del espectador.

¿Y cuál es la relación entre el actor y el personaje? Roldán recurre a unas cartas de Freud en las cuales, sin duda, coincide sin saberlo con Stanislavski. Al igual que el maestro ruso, Freud no cree que la personalidad del actor quede anulada y "reemplazada por otra imaginaria". Stanislavski enfatiza en *Preparación del actor*: *"Nunca se pierda a sí mismo en el escenario. Actúe siempre en su propia persona, como artista. Jamás podrá desembarazarse de usted mismo. El momento en que se pierda en el escenario marcará el abandono de la vida verdadera infudida al papel, y el comienzo de la actuación exagerada y falsa*" (180, subrayado del autor). Stanislavski va a contradecirse más adelante, al afirmar que el actor se pierde cuando la cadena metonímica de su vida personal no se interrumpe durante su trabajo escénico. Si el actor no se identifica completamente con su papel, si se distrae a causa de la interferencia de su vida personal, queda a merced de las candilejas, del público y no podrá más que apelar a una actuación mecánica (*PA* 200).

Freud alude, en esa carta a la actriz Yvette Guilbert,[95] a lo que Lacan después denominará el goce femenino—que las mujeres sienten pero del cual nada saben decir—cuando se refiere a la capacidad que tiene el actor de vivir el personaje: la idea del reemplazo de la personalidad del actor por la del personaje, "[n]os dice muy poco [sobre el trabajo del actor], nunca me aclara el modo en que se logra y no explica por qué determinados artistas consiguen lograr esta transposición y otros no". Stanislavski, por su parte, usa para lo mismo una palabra del mismo campo semántico: "transporte" (*PA* 200). Por el contrario, Freud supone que partes de la personalidad del actor, "rasgos que no tuvieron oportunidad de desarrollarse y deseos reprimidos" de su vida, conectan con el personaje y por eso "surgen en escena para representar el personaje, hallando de este modo, expresión y dándole la apariencia de una verdad real". Como vemos, si bien Freud observa el posible mecanismo que hace que el actor 'viva' el personaje, no se engaña tanto como Stanislavski en cuanto al resultado de esa operación: aunque deja emerger una verdad real, se trata de una apariencia de verdad, de un semblante de la verdad. Para Freud, obviamente, la vida personal del actor no se interrumpe en escena; al contrario, es esa misma vida personal la que potencia la actuación, como Stanislavski nos había dicho antes de contradecirse, al afirmar que "*Jamás podrá desembarazarse de usted mismo*".

Volviendo a nuestro tema de la mirada, lo que el espectador ve y de lo que se satisface es de un semblante de la verdad, de una ficción, que lo deja a resguardo de pasar por el sufrimiento del actor.

---

[95] Sigo el ensayo de Carolina Roldán; todas las citas de Freud están tomadas de su ensayo y fueron extractadas del *Epistolario II* de Freud.

Este sufrimiento del actor, por su parte, está involucrado con experiencias reprimidas a nivel inconsciente y por lo tanto la necesidad de una técnica se hace crucial, pues ésta tiene que permitir el acceso y la negociación con lo reprimido y, a la vez, resguardar el yo del actor. Stanislavski advierte que aunque el subconsciente del que él nos habla es la sede de la inspiración, amén de no tenerlo a disposición, por su carácter pulsativo y hasta caprichoso, sería fatal para un actor que dicho subconsciente emergiera en escena y lo dominara por completo. Y aunque el actor pueda representar muchos papeles y dudemos de que a nivel inconsciente haya vivido todas esas circunstancias tan diversas—cuestión que también se le presenta a Stanislavski—Freud insiste en que "no dudaría en buscar la base de todo este repertorio en las experiencias y conflictos de la más temprana juventud".

Para Freud y para Stanislavski, "el inconsciente está implicado", de eso no caben dudas. La cuestión es cómo trabajar con ese inconsciente a nivel actoral. La posibilidad de la psicotécnica del maestro ruso, si queremos acercarla al psicoanálisis, tiene futuro si—como bien lo puntúa Roldán—pensamos, con el último Lacan, que el inconsciente es nuestro cuerpo: "Es con nuestros propios miembros que nosotros hacemos el alfabeto de ese discurso que es el inconsciente" (Lacan, *Seminario 6*). O como lo expresa Knébel a propósito de las acciones físicas, Stanislavski le pide a una actriz que se mueva por el escenario, que busque la línea de su acción; al hacerlo, más allá de las palabras propias o del autor, "[v]erá que en cuanto incluya su cuerpo en el trabajo le resultará fácil hablar en nombre del personaje" (21). Es ese cuerpo el que puede alcanzar el subtexto de la pieza (25), puesto que lo conecta en cierto modo al inconsciente del actor; se trata, según Stanislavski, de "introducirse bajo los hechos y sucesos externos y hallar bajo su fondo otros hechos y sucesos profundamente ocultos y que a menudo son los que impulsan a los hechos externos" (Knébel 42). El actor agrega al papel ese cuerpo como goce; un cuerpo y un goce que son singulares, que hay trabajar actor por actor, caso por caso.[96] Esto nos lleva otra vez a la cuestión del goce, que va más allá del significante y obviamente del texto dramático. De modo que ahora la validación del personaje—bien o mal realizado—tendrá que ver, por un lado, con el trabajo del actor con su inconsciente—'subconsciente' para el Sistema—y con el texto de la pieza, tal como Stanislavski lo hará en su etapa del análisis activo, aunque quedará siempre un resto inarticulable por el significante.

Roldán nos recuerda que, para Lacan, las emociones del espectador tienen un resguardo más.[97] La emoción del espectador, que puede o no producirse, está garantizada—según Lacan—en el coro de la tragedia clásica, que se emociona, que representa la *doxa* y que atempera o dosifica la intensidad identificatoria del público con la escena. El coro es "un condensador de goce" (Roldán) y permite que el espectador "encuentre su plus de gozar comunitario en él" (Lacan, *Seminario 19*, citado por Roldán).

Lacan y Stanislavski coinciden en que, más que la mirada y la visualización, la experiencia teatral se produce a nivel de la escucha y la audición. No necesitamos estar de acuerdo con ellos, aunque no se hallan descaminados si volvemos a situarnos, como ellos, en la perspectiva de la teatralidad del teatro. En el teatro clásico, muchas veces en verso, la dimensión de la voz es definitoria, no solo como fonación sino también como más allá de lo sonoro, ya que "puede aparecer

---

[96] Nótese otra coincidencia entre Freud y Stanislavski. Ambos elaboran una técnica que no es un recetario, que no es aplicable a todos los analizantes o actores por igual. Pueden instrumentarse, a nivel de la formación actoral, ejercicios que, pedagógicamente, pueden impartirse masivamente; pero la preparación del rol, aunque depende de esa técnica, no es generalizable; el trabajo sobre el personaje es singular, caso por caso, para cada actor y para cada personaje. Este punto está a veces confundido en las escuelas de formación actoral, donde se le hace creer al estudiante que cierto entrenamiento en el Sistema le garantizaría una buena actuación. Al momento de preparar un personaje, la técnica queda, como para el analista al momento de enfrentar a su analizante, completamente en epojé, por decir lo mínimo.

[97] En un libro venidero retomaremos esta cuestión, especialmente cuando hablemos sobre la teatralidad de la presentación de enfermos y nos enfoquemos en la máscara espectatorial, para salvar otro malentendido en nuestra praxis teatral, la asimilación acrítica del espectador al público. Espectador y público serán dos conceptos diferenciados teóricamente, no se absorben uno en el otro.

bajo la forma más irreductible de lo real: el grito, el silencio y la música" (Roldán). Se trata de pensar el teatro como lo que intenta ir más allá del significante; aspecto que habrá que desarrollar con más detalle cuando, en investigaciones futuras, abordemos los modelos ópticos lacanianos desde la perspectiva de la praxis teatral. Digamos, por ahora, que se apunta al objeto *a*, como lo real no articulable por el significante, es decir, se apunta al goce y a la angustia. Stanislavski insiste en sus textos sobre el ver y el escuchar. En *El trabajo del actor sobre sí mismo* se obsesiona por el trabajo con la voz, con el ritmo y con la palabra textual. El actor tiene que 'hacer ver' al espectador o al otro actor en escena, lo que él ve y tal cómo él lo ve; también tiene que 'hacer escuchar" el texto, al personaje, por eso la insistencia del maestro ruso en trabajar la voz en la pronunciación, el ritmo de la entonación, las pausas, etc., para ir acercándose al sentido más nuclear de la obra. En esta empresa, aparentemente técnica, el trabajo con la voz va a estar orientado hacia el público, pero también hacia el Otro de la pulsión escópica y de la pulsión invocante, en la medida en que este trabajo lleva a la cuestión del fantasma y de lo que el sujeto ve allí. Además, gran parte del trabajo del actor en esta etapa del análisis activo depende del análisis actancial que el director realiza antes de los ensayos y que le servirá para ir pautando al actor en las improvisaciones antes que éste llegue a apoderarse del texto del autor. La idea del análisis activo, como el actancial, es aislar la frase básica del fantasma, tal como Freud lo hizo con "pegan a un niño"; es esa frase, la supertarea (o superobjetivo, como se la ha traducido), la que guía el trabajo de improvisación del actor y su línea de acción transversal. Es esta frase la que, por acierto y error, decide la línea del trabajo actoral. Stanislavski, refiriéndose a su experiencia con *El enfermo imaginario* de Molière, da como ejemplo la diferencia entre "quiero estar enfermo"—que lo lleva por una línea transversal de acción equivocada—y "quiero que me tomen por enfermo"—que permitió que cada detalle de la fábula encajara perfectamente bien. De modo que en todo trabajo actoral está la impronta del director, que se invisibiliza en la escena. ¿Será ésta la manera que tiene el director de hacerse presente por medio de su ausencia de la escena—salvo el caso de Kantor[98]—de hacerse oír y hacerse ver en su silencio y en su ausencia? Después de todo el director es el que ve el montaje a partir de su lectura del texto dramático y lleva al equipo—con o sin violencia—a encarnar su visión, basada o atravesada por la mirada y la voz del Otro.

Ya desde el borrador del prefacio a *An Actor's Work* [*AAW*], Stanislavski plantea su preocupación fundamental con lo invisible—la mente del actor—y lo visible—su cuerpo (*AAW* xxvi); también entre lo subconsciente—sede de los instintos, de los sentimientos y también agencia creadora que no está a disposición directa del actor—y la manifestación 'deformada', engañosa o automatizada de éste, respectivamente, tal como se la puede observar en la conducta y en la vida personal del actor. Al menos en este esquema, no estamos muy lejos de la versión freudiana, salvo que en Stanislavski el subconsciente no va a merecer ninguna aproximación "científica" ni conceptual y que en Freud debemos pensar más en la pulsión que en el instinto, aún cuando el maestro ruso conciba al subconsciente como una "driving force" (*AAW* 18).[99] Stanislavski, al igual que Freud, va a sostener que "[t]he essence of my book is access to the subconscious, through the conscious" (*AAW* xxv-xxvi). Además, aún careciendo de una teoría de la represión, Stanislavski va a plantear el objetivo de su psicotécnica como la posibilidad de una estimulación de la creación subconsciente (*AAW* xxvi) por los medios conscientes brindados por una técnica, su técnica; su ideal es—si se puede decir así—levantar la represión o combatir las inhibiciones para que la creación ocurra "spontaneously, intuitively, through inspiration" (*AAW* xxvi). La influencia del consciente sobre lo subconsciente es siempre *indirecta* (*AAW* 17), sin embargo, Stanislavski no nos dice

---

[98] A pesar de su presencia constante en escena, Kantor se hacía "desaparecer" a sí mismo; como público, uno finalmente acababa por no verlo.

[99] El *Trieb* freudiano, traducido como "instinto" en las versiones tempranas de los textos de Freud al castellano, corresponde actualmente a la *pulsión*, que en inglés se traduce como "drive".

qué es lo que impide el acceso directo al subconsciente, el cual es extremadamente aprehensivo, al punto que tan pronto como percibe la posibilidad de ser atacado, toma refugio rápidamente en sus secretas profundidades. En cierto modo, Stanislavski necesitará, a su manera, imaginar lo que en psicoanálisis fue conceptualizado—en debates muy agonísticos—como defensa y resistencia. El subconsciente, además, como cualquier otra fuerza de la naturaleza—electricidad, viento, agua—no puede ser controlado (*AAW* 18) y requiere de una técnica para orientarlo a favor de las necesidades humanas. Como el subconsciente puede, por tal motivo, conducir al actor tanto por el buen camino como por el camino equivocado (*AAW* 17), podemos pensar que el maestro ruso intuye ya a su manera la figura, a veces atroz, del superyó. Lo importante por ahora—y que mantendremos en suspenso hasta tener más elementos de juicio—es la afirmación stanislavskiana de que él no se propone conocer el subconsciente, sino plantear una psicotécnica que indirectamente pueda aprovecharse de esa fuerza en forma artística y de la mejor manera. Aunque Stanislavski afirme que el actor no puede aprovecharse del subconsciente en todo momento y menos aún durante todo el tiempo sobre el escenario (*AAW* 18), la pregunta que nos planteamos debe guiar nuestra lectura de sus textos: ¿Cómo será, pues, posible realizar este proyecto sin conocer el subconsciente, sin contar con un concepto teórico, fundado, sobre dicho subconsciente?

Como hemos visto ya en capítulos anteriores, Stanislavski, como Freud, no va a poder evadirse de enfrentar, por un lado, la cuestión de la memoria y del olvido y, por otro, la necesidad que el actor tiene de luchar contra el hábito, lo automatizado—ligado en cierto modo a lo invisible—y a la inhibición—palabra que, como sabemos, forma también parte del vocabulario freudiano—cuyas manifestaciones están en el plano de lo visible. En efecto, *Inhibición, síntoma y angustia*, de 1925-26, es un texto clave en la historia del psicoanálisis, al punto que más tarde modulará el viraje de Lacan entre lo que se conoce como la primera y segunda etapas de su enseñanza, con el *Seminario 10*. En varios momentos del texto stanislavskiano el lector va a corroborar, cuando Kostya relata lo sucedido en las clases de Arkadi Tortsov—ambos personajes, como es sabido, dobles de Stanislavski—la relación entre inhibición y angustia. Sin embargo, poco es lo que podremos avanzar en la lectura productiva de esas clases, si no recurrimos al debate en torno a esos términos claves del campo psicoanalítico.

¿En qué punto diverge la empresa stanislavskiana de la freudiana? Además de la falta de una teorización precisa del "subconsciente", Stanislavski va a proponerle al actor "desaprender" lo aprendido ("olvidar lo que ha aprendido" [*AAW* xxiv]) y, a la vez que le propone desactivar los hábitos que trae al escenario de su vida en el mundo—al fin y al cabo otro teatro generalizado—, le va a proponer una técnica que lo capacite para automatizar otros mecanismos, los cuales supuestamente le garantizarían un acceso voluntario y espontáneo al inconsciente. Es aquí que Stanislavski usa la palabra "inconsciente", cuando plantea que "[a]ny system has to become so familiar that you forget about it. Only after it has become part of your flesh and blood and heart can you begin unconsciously, to derive real benefit from it" (*AAW* xxv).[100] No es posible, desde la perspectiva psicoanalítica, imaginar algo similar, es decir, la instalación en el analizante de una técnica que, olvidada, garantizaría el acceso casi voluntario o automatizado al inconsciente. Habrá que revisar en el futuro muy cuidadosamente todo el corpus stanislavskiano para realmente explorar las consecuencias teóricas respecto a la dimensión en que sitúa su técnica, al menos dentro del marco del debate sobre el pase en el psicoanálisis y en relación a la última teorización lacaniana sobre el síntoma y el sinthome.

---

[100] Obviamente, al no tener acceso al ruso y a la versión original, nos basamos en la traducción de Jean Benedetti y confiamos en que da cuenta de matices del vocabulario stanislavskiano que están en el original. Como hay también la misma variación en la versión castellana, suponemos que dichos matices efectivamente se registran en la versión rusa. No hay que olvidar que, como ocurre con los Seminarios de Lacan, que han sido reconstruidos sobre grabaciones y notas, los textos de Stanislavski fueron dictados, pero no escritos por él.

Carne, sangre y corazón, dice Stanislavski, es donde debe instalarse la técnica, es decir, en lo corporal, lo visible, el cuerpo, que incluye también la mente, la parte invisible (*AAW* xxvi). Como en el último Lacan, aparece aquí la cuestión de regresar a lo que Jaques-Alain Miller plantea como "lo viviente", ese componente que resiste a toda simbolización y que mantiene al sujeto ligado a su plus de gozar. Pero todavía no avancemos demasiado. Simplemente compartamos con el mismo Stanislavski su crítica a lo que ha resultado de una lectura superficial de su psicotécnica y de la relación que hoy muchos actores sostienen con la técnica en sí: sólo la gente estúpida—afirma Stanislavski—practica los ejercicios externos por los ejercicios mismos, olvidando que no es lo que importa (*AAW* xxvii). Y esto los lleva a imponer un nuevo conjunto de hábitos que sofocan o entumecen, por decirlo así, el subconsciente; es justamente ese conjunto de convenciones, clichés o trucos teatrales—que a veces pueden resultar efectivos, artificiales y hasta necesarios, siendo capaces de impresionar a un público no educado—los que Stanislavski llama "segunda naturaleza", que se impone sobre la primera, el subconsciente (*AAW* 29).

Siguiendo este orden de reflexión y casi aproximándose a lo que hoy denominamos teatro de la intensidad, teatro de estados o de la multiplicidad, Stanislavski señala justamente—como retomará más tarde Grotowski pero re-orientando el Sistema por una línea bastante "mística"—que muchos actores tienen una versión "simplista" de su psicotécnica y se detienen donde el sistema genuinamente comienza a revelar lo que realmente es, o sea en el punto donde la parte crucial del acto creativo emerge, es decir, "the work of nature and the subconscious" (*AAW* xxvii), que son para el maestro ruso la misma cosa. Como el actor no siempre entiende lo que surge del subconsciente (*AAW* 18), cuando éste irrumpe, los actores se atemorizan y se refugian en la técnica por la técnica misma, algo que supuestamente no ocurre en el teatro de la intensidad. Hay como un horror a esa aparición del inconsciente que corta la cadena del sentido consciente y enfrenta al sujeto con el sinsentido. El ideal de la psicotécnica se presenta en cierto modo como un imperativo kantiano, inalcanzable pero regulador: "in our art we need uninterrupted, subconscious creation" (*AAW* 18); y Stanislavski llega al extremo de invertir la situación, al punto de que más tarde afirmará que es la naturaleza, el subconsciente, el que necesita la ayuda de una psicotécnica bien desarrollada (*AAW* 22).

Las palabras "natural", "naturaleza" y "orgánico" tienen un estatus problemático en los textos del maestro ruso. Sin intentar ahora profundizar en este tema, solamente apuntemos que su registro más inmediato es evitar la censura soviética, particularmente stanislista. Como él mismo nos dice, el actor puede cantar la Internacional comunista o el himno zarista, eso no es cuestión de su Sistema; pero si quiere cantar una u otro—insiste Stanislavski al final de su prefacio—lo mínimo que necesita es una voz bien colocada y una técnica; lo importante para él consiste en brindar una técnica que permita un proceso creativo que no debería ir en contra de la naturaleza y sus leyes (*AAW* xxviii). Stanislavski trata de posicionar su trabajo y su investigación fuera del uso político que se haga de ellos y por eso simula ampararse en una concepción cientificista de la naturaleza y de la organicidad, supuestamente incuestionable por el régimen.[101]

La praxis teatral, si merece una conversación interdisciplinaria seria con el psicoanálisis, es justamente para destrabar ese "instrumentalismo" o "tecnicismo" que afecta hoy en día el trabajo actoral. Actuar es un arte que no se puede enseñar, dice Stanislavski; se puede enseñar una técnica, pero lo artístico está más allá de ella. Lo artístico, a su vez, no consiste en un engolosinamiento con lo técnico. La irrupción de lo inconsciente, que es lo que para Stanislavski cuenta en tanto es lo creativo y la sede de la creación, no se realiza—y esto lo comparte con el psicoanálisis—por forzamiento: "Forcing is our most dangerous enemy" (*AAW* xxviii), nos dice al final del prefacio.

---

[101] En *Stanislavski in Focus*, Sharon Marie Carnicke ha estudiado los problemas de Stanislavski para salvaguardar sus investigaciones de la censura y posicionarse evitando represalias desde los dos frentes: el régimen soviético y el uso y divulgación de su técnica en los Estados Unidos, ésta última base de sus ingresos económicos en la etapa final de su vida.

La psicotécnica, su Sistema, no garantiza la irrupción del inconsciente, sólo la facilita. Pero, aunque sin técnica no hay arte (*AAW* 32), lo que surge del inconsciente es lo que importa para lo artístico. ¿Cómo se visualiza/escucha durante un ensayo teatral lo que surge del inconsciente?

El ojo y la visión en Stanislavski

Stanislavski, como Freud, va a recurrir a lo infantil para fundamentar su psicotécnica. Los ejercicios que diseña Tortsov están dirigidos no sólo a disparar la imaginación y el trabajo creativo, sino que también buscan llegar a ese lugar de la memoria en la que se archivan experiencias que, aunque realizadas a veces con todas las reglas y ceremonias del juego, guardan energías potenciales para la creatividad. Se trata de experiencias archivadas en un momento de la vida del individuo en el que éste no estaba todavía—como plantea Miller—martirizado completamente por el significante, por lo simbólico. Para facilitar la creatividad, Stanislavski va a promover una serie de ejercicios destinados a liberar esa energía creativa que, en cierto modo, podemos categorizar como libidinal para acercarlo a las preocupaciones del Freud de *Inhibición, síntoma y angustia*. Sin embargo, el diseño de esos ejercicios requiere contar con un axioma que Stanislavski quiere sostener en relación a la teatralidad y el hábito: si bien la vida "normal" está llena de hábitos, si gran parte de ella está automatizada y en cierto modo teatralizada, esa teatralización del mundo no es artística: "The normal world is not art" (*AAW* 60). La consecuencia de esta afirmación, que tendrá múltiples elaboraciones en sus textos y su Sistema, es que sobre el escenario no hay hechos genuinos (*AAW* 60); estos hechos sólo se dan en el mundo "normal" y por lo tanto en el escenario hay ficción,[102] pero que él quiere no representativa: el actor debe vivir la vida de su personaje y tener una experiencia seria, creíble, vívida, verdadera sobre el escenario, sin intentar repre-

---

[102] Obviamente, desde la elaboración teórica lacaniana, esta afirmación de Stanislavski es muy inocente.

sentar o retratar lo que ocurre en el mundo. Al tratarse de ficciones, Stanislavski nos conduce a la narratología: la necesidad de establecer un relato lógicamente coherente capaz de tener efectos de verdad. La ficción, entonces, entra en la dimensión del significante y del sentido. Como nos lo recuerda María Knébel, la última etapa stanislavskiana, después de la memoria emotiva y las acciones físicas, denominada 'análisis activo', "fue de importancia primordial" (*AAW* 22) por el valor que le daba a la palabra en la escena, especialmente a aquello que, después del estructuralismo de los años 60, llamamos el análisis estructural del relato o, más particularmente, el análisis actancial greimasiano. Como ya hemos visto, este análisis realizado por el director permite reducir múltiples situaciones a una frase llamada 'supertarea", la cual muestra el vector de acción que define la línea transversal de acción. Cada personaje, por breve participación que tenga en la obra, tiene un lugar en ese esquema actancial—construido alrededor de un objeto de deseo—y engancha con la supertarea del protagonista y del antagonista. Esa frase está muy cerca del trabajo freudiano sobre el fantasma "pegan a un niño". Y esa importancia primordial aparecía, paradojalmente, en los ensayos como inaugurando un camino inverso al que el Teatro de Arte había tenido hasta ese entonces: si al principio había un trabajo sobre el texto y se exigía al actor memorizar sus parlamentos, Stanislavski al final de su enseñanza posponía dicha memorización hasta la instancia final.

Stanislavski decía que el secreto de su método consistía en que durante un determinado período no permitía a los actores aprenderse el papel, salvándolos así de la absurda memorización formal, sino que los hacía introducirse en el subtexto y seguir la línea interna del papel. (Knébel 26)

A su manera, Stanislavski intuye hasta qué punto el material significante de la obra puede limpiar de goce al cuerpo del actor, quitándole su posibilidad de transferir lo vivo de su cuerpo a lo vivo de su rol. En el trabajo del ensayo teatral, el acceso a ese sentido estructurado por el relato puede de pronto desbaratarse—y en general, muy positivamente—a partir de alguna formación del inconsciente como el lapsus, el acto fallido, el olvido, el sueño e incluso el síntoma, si a este último lo imaginamos—a partir de la primera enseñanza lacaniana—como un modo de expresión que puede ser interpretado, como un sufrimiento que tendría un sentido y que, a su manera, habla. Sin embargo, la improvisación—que es donde se construyen estas ficciones—puede estancarse debido a la inhibición, al síntoma y a la angustia. En este último caso, el síntoma en particular—a diferencia del sueño y otras formaciones del inconsciente—escapa al matema $S_1 \rightarrow S_2$, y consecuentemente ya no es visto como expresión de un sentido inconsciente, reprimido, sino como involucrado en la satisfacción pulsional, es decir, como un cierto tipo de goce que, paradojalmente, se satisface en el displacer, escapando así al principio del placer. Como lo expresa Miller en *El partenaire-síntoma*—cuando comenta la enseñanza lacaniana en relación al síntoma y ese parteaguas en el psicoanálisis que es el texto freudiano de 1925—"se goza en otra parte que allí donde hay placer" (65). El síntoma en tanto voluntad de goce no es interpretado o descifrado a la manera de un sueño o un lapsus; se manifiesta y hasta se detecta en la improvisación como un puro goce de hablar, como un goce ligado a lo corporal, un no dejar de hablar que no desaparece con la interpretación. El síntoma como goce no es—nos dice Miller—una palabra dirigida al Otro, sino un goce del bla-bla que intenta producir objeto *a*, plus-de-gozar:

> La palabra se dirige al Otro, dice, explica, cuenta, se hace reconocer, va hacia el sentido, puede ir hacia el sin-sentido, pero esto es algo muy diferente de decir que hay un goce del bla-bla. [La voluntad de gozar] No se dirige tanto al Otro, para darle un sentido, sino porque la finalidad es producir objeto *a*, plus-de-gozar. (*El partenaire-síntoma* 51)

Aunque va a combatir los convencionalismos teatrales, Stanislavski va a dar otro sentido a la actuación exigiéndole acomodarse a las reglas del arte, pero de un arte en el que el actor sea capaz de experimentar su personaje cada vez y no representarlo automáticamente. Las circunstancias dadas y el 'si mágico' van a orientar el trabajo del actor hacia una zona en la que ya no valen los trucos y clichés, es decir, una zona de sumo peligro porque es aquélla en la que se prepara el terreno para la emergencia de lo subconsciente hasta el punto de alcanzar incluso lo que Freud denominó "lo siniestro": si bien Stanislavski pregunta "what if you were dealing with a life that was not familiar to you?" (*AAW* 71), la cuestión se hará más difícil—como lo prueban muchas de las escenas relatadas por Kostya—cuando hay que experimentar lo familiar que, tan pronto se sube a un escenario, sufre un proceso de extrañamiento.

Para motivar al subconsciente y consecuentemente lograr un impulso hacia la acción creíble y verdadera—como ocurre en el mundo—"the actor must see" (*AAW* 74) y debe ver en la pantalla del ojo de su mente ("the screen of his mind's eye" [*AAW* 74]), como si se tratara de un film, para mantenerse dentro de la obra. El ver toma una función doble: primero, es percepción de lo exterior, como una especie de antena dirigida al mundo—que Tortsov llama 'material' (*AAW* 74)—y luego, cerrados los ojos, una percepción interior que supone retener la imagen del objeto en la pantalla provista por la memoria o en la memoria como pantalla. Este segundo objeto, provisto por la memoria, es una imagen del objeto, un objeto imaginario, un significante. ¿Hasta qué punto el objeto imaginario es el mismo objeto que el objeto material? Los actores con los que Tortsov está trabajando—como buenos histéricos—tienen dudas y se las plantean. Kostya llega a plantear que crear imágenes mentales a cada momento durante toda la obra es una tarea difícil y complicada y Tortsov—que obviamente funciona como amo, es decir, no funciona con la ética del analista tal como Lacan la abordó y, en consecuencia, quiere que su técnica funcione—procede a castigarlo por haber dicho eso (*AAW* 75).[103] Para sostener su propuesta, Tortsov hace verdaderos malabarismos, involucrando a sus discípulos a la manera en que Platón, o el Sócrates de sus diálogos, somete al esclavo. Aunque no

---

[103] En el discurso del amo lo que importa es "que eso ande", que funcione.

vamos a detenernos ahora en deconstruir las supuestas demostraciones de Tortsov, incluso su desesperado intento de apelar al soñar despierto (*daydreaming*) y a la técnica cinematográfica, lo cierto es que los discípulos quedan sin convencerse; el mismo Tortsov lo admite: "I see you are not happy with this result" (*AAW* 79). Lo que importa es que Tortsov-Stanislavski quiere llegar a un punto preciso que nos vuelve a traer al campo psicoanalítico: el semblante, la ficción. Lo que importa para el maestro es que al final el actor llegue a crear un semblante de una vida imaginaria, que tendrá *partes*, residuos de su propia vida material, mundana (*AAW* 79, el subrayado es nuestro). ¿Cuál será la otra parte? A los efectos de lo que aquí estamos abordando, la cuestión se plantea como la relación entre la percepción y su objeto, el estatus de la memoria y el carácter residual o fragmentario de lo imaginario. En lo imaginario hay una especie de pérdida del objeto; la imagen—como en la fotografía—no es reproducción total y fiel del objeto, de modo que se instala aquí la dimensión de la falta. El yo del actor puede hacer todas las síntesis que quiera, puede sentirse el agente y hasta creer que el mundo se modela a su antojo; sin embargo hay algo que se pierde, que cae, y por eso tendremos que hablar del Sujeto y del sujeto tachado, concebido como un vacío.

A su manera, Stanislavski problematiza el ver: por un lado, el mundo material visible, por el otro, el mundo imaginado por el actor, invisible para otro individuo, por ejemplo, otro actor o el director; la percepción interna del objeto imaginario prescinde de la función ocular del individuo. Hay, por una parte, una dimensión de lo invisible que va a residir en el carácter imaginario, interno, del trabajo del actor con su objeto, tarea que resulta inaccesible para el director o sus compañeros de escena. De ahí que en psicoanálisis se lo invite a asociar libremente para trabajar luego a partir de su puesta en escena por el significante. Por otra parte, Stanislavski enfrenta el problema de cómo se transpone ese objeto imaginario, esa percepción fragmentada, a la materialidad, a la dimensión visible de la escena. Stanislavski hablará de fantasía y Freud también; Lacan hablará de fantasma. Las relaciones de estos términos entre sí distan de ser simples; la sinonimia es completamente aparente cuando se convoca la arquitectura conceptual de cada uno de estos discursos: el de la psicotécnica stanislavskiana, el freudiano y el lacaniano.

Inhibición, mirada y teatralidad del teatro

¿Cómo materializar la fantasía del actor sobre la escena? ¿Cómo saber que realmente transpone lo que ve con su ojo interior? ¿Cómo garantizar que ese ojo ve creativamente, que no está—digamos—enceguecido por la inhibición? La inhibición, ¿qué es lo que realmente inhibe en el actor? Para acercarnos a estas preguntas, tendremos que volver a la cuestión de la mirada en Stanislavski. Podemos retener, para el tema de la mirada, la idea que Stanislavski desliza respecto de la imaginación: nos dice que ésta, aunque desprovista de carne y sangre, tiene la habilidad de convocar acciones genuinas de carne y sangre de nuestros cuerpos (*AAW* 84), es decir, es la imaginación la que hace puente con lo corporal y la acción y, según el maestro ruso, es lo que precave al actor de convertirse en una máquina, en un "automaton" (*AAW* 84). Freud, en *Inhibición, síntoma y angustia* va a plantear también la relación de lo reprimido con la acción (*S.E.* XX, 95). Para él, el yo es la instancia psíquica que controla la ruta de acceso a la acción en relación al mundo externo, por lo que controla el acceso a la consciencia, entendiéndose aquí tanto lo que viene del mundo exterior como lo que viene del ello, sea un impulso pulsional o el representante psíquico de dicho impulso (*S.E.* XX, 95).

En Freud, la inhibición es la expresión de una restricción de la función del yo, de esa instancia instalada entre el ello y el superyó (*S.E.* XX, 89-90), pero también planteada como una parte del ello y del superyó. La inhibición ocurre, por ejemplo en los neuróticos, cuando una parte del cuerpo resulta muy fuertemente erotizada, es decir, cuando un miembro adquiere una significación sexual, en tanto esos miembros realizan acciones que se homologan a la realización de un acto sexual prohibido (caminar, comer, escribir). Freud aborda la inhibición a nivel de la función sexual, la nutrición, la locomoción y el trabajo profesional. Lacan engloba estas funciones bajo la idea de movimiento: "En la inhibición, de lo que se trata es de la detención del movimiento" (*Seminario 10* 18). Aunque no hay ningún impedimento físico o fisiológico, la libido puede investir demasiado o apartarse de esas funciones. Usualmente, nos dice Freud, el yo renuncia a esas funciones, de las que podría disponer porque están dentro de su esfera, para no llevar a cabo nuevas medidas de represión, es decir, para evitar un conflicto con el ello (*S.E.* XX, 90), especialmente en el caso de funciones sobresexualizadas. En el caso de inhibiciones que afectan las actividades profesionales, como sería el caso del actor, suelen ocurrir a veces como medidas de auto-castigo. El ego podría promover éxito y ganancia, lo cual está prohibido por el severo superyó. El yo entonces se da por vencido para no entrar en conflicto con el superyó (*S.E.* XX, 90). Hay otra forma de inhibición, más generalizada, más global, que surge cuando el yo no dispone de libido para investirlas, porque esa libido está distraída temporariamente por el trabajo de duelo, de modo que el yo se empobrece y allí entonces observamos la depresión y la melancolía. El yo aparece, entonces, como impotente; sin embargo, a medida que avanza en su discusión, Freud comienza a observar que, desde otra perspectiva, hay hasta cierta omnipotencia del yo. Digamos, aunque sea al pasar, que en este texto de Freud las inhibiciones y los síntomas son estudiados dentro de su teoría del aparato psíquico, especialmente la segunda tópica formada por el ello, el yo y el superyó y bajo su teoría de la represión. Sin embargo, la oposición consciente / inconsciente, o bien Percepción-conciencia / preconsciente / inconsciente—conocida como la primera tópica—va a estar como telón de fondo en este trabajo de 1925. Aunque no vamos a adentrarnos demasiado en estas cuestiones, tal vez convenga aquí hacer constar solamente que el yo se defiende de un proceso interno no deseado adoptando para ello el modelo defensivo ya usado cuando se trataba de un estímulo externo (*S.E.* XX, 92). Frente a un peligro externo, el organismo—nos dice Freud—hace un intento de fuga, se retira de la esfera de peligro; lo primero que hace es retirar la investidura del objeto peligroso percibido; más tarde descubre un mejor plan consistente en realizar (*perform*) movimientos musculares de tal suerte que tornará imposible la percepción del objeto peligroso aún en ausencia de cualquier negativa a percibirlo (*S.E.* XX, 92). Freud quiere explicar cómo es posible que una satisfacción pulsional, que debería ser placentera, pueda llegar a ser displacentera. Piensa que el yo retira su investidura del representante de la pulsión que tiene que ser reprimido y usa esa investidura para liberar displacer, es decir, angustia (*anxiety*). Aunque nos dice que el problema de cómo la angustia surge en conexión con la represión no es simple, al menos hay que sostener la idea de que el yo es la sede efectiva de la angustia (*S.E.* XX, 93). En el *Seminario 10* Lacan va a trabajar sobre este texto freudiano de 1925 y va a intentar atrapar la angustia por medio del significante, mediante una esquema de doble movimiento y tres niveles; sin embargo, aunque la angustia—nos dirá—no es sin objeto, el objeto de la angustia escapa al significante y por eso Lacan retomará la cuestión al final de su enseñanza.

En Freud, el yo queda planteado, primero, como impotente frente al ello y el superyó, y entonces tenemos las inhibiciones. Luego, cuando Freud quiere tratar el síntoma, ya tiene que plantear lo pulsional y entonces aquí el yo no está en ese juego de fuerzas, de pérdidas y ganancias con el ello y el superyó; aquí, en cambio, el yo es capaz de dominar, orientar e inhibir las pulsiones. Es así como Freud se inclina a dar una definición de la represión:

> repression occurs in two different situations—namely, when an undesirable instinctual impulse is aroused by some external perception, and when it arises internally without any such provocation. (*S.E.* XX, 94)

Es decir, la represión ya no es solo la del sentido, como ocurre, por ejemplo, en el sueño o el lapsus, en la que habría un texto manifiesto, a veces insensato, al que hay que construirle su texto inconsciente; ahora se trata de libido, de energías que se desplazan, que emergen a partir de pulsiones indeseables producidas por una percepción externa, o bien que irrumpen desde lo interno del aparato aunque no haya ninguna provocación externa. ¿Y que buscan estas pulsiones? Pues, buscan satisfacerse; para hacerlo, deben acomodarse al principio del placer, que supone una descarga "placentera". Pero ahora la represión actúa de modo tal que impide el acceso al placer esperado y, sorprendentemente, genera un síntoma en el que la pulsión se satisface, pero displacenteramente. Freud nos va a plantear así un yo capaz de reprimir esos impulsos del ello y reorientarlos; y también nos va a mostrar no sólo cómo el yo triunfa sobre la pulsión, sino que también da lugar al síntoma, es decir, "da nacimiento a un proceso sustitutivo y, si se quiere, metafórico" (Miller, *El partenaire-síntoma* 71). El síntoma es lo que le permite a la pulsión satisfacerse con un elemento sustituto proveído por el yo. Si la inhibición afectaba la acción del sujeto sobre el mundo (impidiéndole comer, caminar, escribir, copular), el síntoma aparece como una modificación en el cuerpo de la satisfacción pulsional, ya no placentera sino displacentera. El síntoma está, entonces, del lado del goce, del lado del cuerpo, de lo real; da cuenta de un plus de goce que no puede ser interpretado, que no se remueve con la interpretación, siempre ligada a la cuestión del significante y del sentido, siempre ligada a lo simbólico.

La inhibición del actor va a estar en Stanislavski relacionada con la teatralidad del teatro, tal como ésta se define a partir del Renacimiento europeo. En cierto modo, el Sistema va a aportar una técnica que se basa en esta estructura de la teatralidad. En el momento preciso en que los actores están haciendo su trabajo confortablemente sobre el escenario a telón cerrado, en un ambiente de resguardada intimidad, éste se corre y deja ver las siluetas de Tortsov y su ayudante Rakhmanov en la semioscuridad. "Alguien había abierto el telón", nos cuenta Kostya con pánico; la escena podría estar a la altura de lo que Lacan ha denominado la *tyche*, la irrupción de algo inesperado. Kostya no sabe cómo relatar lo que sintió y lo compara con una escena de tono sexual: se imagina con su esposa en la habitación de un hotel, desnudos, hablando cariñosamente sobre la cama, libres y desinhibidos, cuando de pronto una gran puerta a la que no le habían prestado atención se abre dejando ver la sombra de personas extrañas, los vecinos, mirándolos (*AAW* 86-87). La escena no deja de tener cierto condimento cómico, porque Kostya no está casado y si lo estuviera tal vez no imaginaría esa situación con su esposa para expresar el estupor de ser mirado por otro. El impacto que produce la presencia de tanta gente mirándolos en ese ámbito de intimidad promueve la inhibición e, inmediatamente, la acción: tomar las ropas rápidamente, arreglarse el pelo y tratar de comportarse con el recato típico que se tiene frente a los huéspedes.

El sentimiento de intimidad se destruye fácilmente con la irrupción del otro y también con la mirada que viene del 'hueco negro' más allá del proscenio, es decir, de la mirada del Otro. Kostya se da cuenta de que no era consciente de ese Otro mientras estaba con su imaginada esposa. Al irrumpir la mirada de esos otros, toma consciencia del Otro. Retengamos el hecho de que al correrse el telón, aparece el Otro, que para Kostya es el mundo, aunque el agujero negro sea parte de la convención teatral. Es un Otro de la convención teatral el que se presenta para exigir sus derechos a la ficción y, en cierto modo, como veremos, darle su verdadera consistencia. El agujero negro inhibe, pero no obstante es capaz de promover en la imaginación de Kostya una escena con contenidos sexuales. La escena íntima en el hotel no hubiera surgido a la pantalla de su consciencia si el telón no hubiera sido corrido por Alguien. Nos interesa aquí abordar lo reprimido en Kostya cuando, sorprendido por las siluetas de los maestros, *compara* la situación con una escena sexual. Los vecinos que vienen a su imaginación, que lo sorprenden en la cama, corresponden, sin embargo, al Otro, al mundo. Una teatralidad dentro de la otra. Más que los trastornos inhibitorios que causa la irrupción de la mirada del otro—Tortsov y su ayudante Rakhmanov—es justamente el Otro como tal lo que le preocupa a Kostya: ser visto y oído por personas que no están presentes en la escena con él y que permanecen sentadas, en silencio, invisibles en la oscuridad (*AAW* 87). Kostya anota además dos rasgos de ese Otro que lo perturban: a sus ojos, ese Otro se ha tornado riguroso y exigente (*demanding*). Tenemos al Otro como estando siempre allí, desde antes, aunque no percibido. Todavía no tenemos al voyeur, que no se hará esperar. Pero ya tenemos una prefiguración del superyó.

Frente al alelamiento generalizado producido por su irrupción, Tortsov les propone a sus discípulos un ejercicio. Les presenta una tragedia en la que Kostya se ha casado con Marya, tienen un hijo pequeño y viven junto al hermano jorobado y retardado mental de Marya. Mientras Marya está bañando al niño, Kostya cuenta un dinero de la empresa en la que trabaja y va arrojando algunos papeles inútiles en la chimenea. Marya llama a Kostya para compartir el baño de la criatura; mientras tanto, el hermano se acerca al dinero y, fascinado por el brillo y resplandor que produce el papel al quemarse, comienza a imitar a su cuñado, arrojando el dinero al fuego. Cuando Kostya regresa y pierde el control, atacando físicamente al jorobado, Marya deja al ñiño para ver qué pasa en la sala. Cuando reacciona, Kostya y Marya se dan cuenta que el niño se ha ahogado.

Tortsov procede a montar una improvsación a partir de la fantasía sexual de Kostya; construye esta pequeña escena más melodramática que trágica para que Kostya pueda olvidarse del público y el hueco negro. Como le dice el maestro a su discípulo: "If this tragedy does not take your mind off the black hole, it means you have hearts of stone" (*AAW* 88). El maestro intenta trabajar la improvisación apuntando al corazón de la fantasía sexual de Kostya, alentando la concentración y obviamente liberando parte de la energía reprimida que causaba la inhibición frente al Otro, pero sin lograr resultados. La actuación resulta peor que en el primer intento, de modo que el maestro ofrece correr el telón. Sin embargo, la presencia de Tortsov y su ayudante no anulan el efecto de 'hueco negro'. Deciden, pues, retirarse y dejar solos a los actores. Obviamente, se ubicarán en algún lugar en que no puedan ser vistos, pero desde donde puedan ver: la mirada es ese objeto que, como la lata de sardina en el ejemplo lacaniano, lo mira (*Seminario 11* 102-104). Aunque los actores creen trabajar fuera de la mirada, resulta que las actuaciones empeoran. Los actores se miran entre sí y se critican; cada uno se desdobla en actor y espectador y eso empeora la situación. Kostya se ve por casualidad en el espejo y recuerda sus primeros ejercicios al principio del curso cuando ensayaba su Otelo. Sin embargo, no puede obviar sentirse "my own audience" (*AAW* 89). No hay, pues, escapatoria a la mirada: en el teatro se trabaja con esa mirada y para esa mirada. Como concluye Kostya, no tiene sentido el trabajo teatral y hasta resultaría totalmente aburrido, si se realizara para el actor mismo. Como el yo tratando de negociar con el ello y el superyó, el actor se encuentra en este campo óptico, atravesado por todas partes: por la visión de los otros actores y del público, y por la mirada del Otro como tal, que forma parte de la estructura.

Incorporada en el corazón de sus actores la presencia ineludible de la mirada, Tortsov puede continuar su tarea proveyendo ejercicios para la concentración de la atención como una forma de trabajar la inhibición y promover la acción, no sin haber además hecho intervenir la idea de que lo inhibido está en la dimensión de lo sexual. Para Stanislavski, la fuerza de ese 'hueco negro" es mayor que la de los acontecimientos horrorosos de la escena (*AAW* 88). No son propiamente los acontecimientos melodramáticos los que podrían inhibir al actor; al fin y al cabo, puede superarse ese obstáculo recurriendo a la denegación: "este horror no me pasa a mí, le pasa al pesonaje". La inhibición se registraría igualmente si se tratara de una comedia. Si bien el actor, como neurótico y trabajando en el encuadre perverso de la teatralidad del teatro, puede pensar y pasar la mirada, como objeto *a*, al campo del Otro, como una forma de obtener cierto placer en la ensoñación provista por el fantasma de la escena, lo cierto es que dicho objeto no puede ser atrapado por el significante y permanece exterior al campo del Otro. La mirada, ese invisible, en tanto objeto *a* permanece, si se quiere, éxtimo a lo simbólico. Para el actor, esa mirada resulta más difícil de 'superar' porque funciona como un síntoma, en el sentido de que está del lado del goce, del lado del cuerpo, de lo real, de lo que no engaña; y eso no se remueve con la interpretación, no forma parte del orden significante provisto por el texto dramático o la interpretación del director. Esa mirada que viene del 'hueco negro' es el partenaire-síntoma, una mirada ineludible, que angustia, pero productivamente (Miller, *La angustia lacaniana* 89), es una mirada con la que el actor debe aprender a convivir y, como dice Miller, "arreglárselas con ello" (*El partenaire-síntoma* 409).

El trabajo que se nos plantea a los teatristas a partir de aquí es releer a Stanislavski para observar la forma en que su psicotécnica funciona frente al Otro simbólico y frente a lo real, como éxtimo, como objeto que no engaña. Sin duda, en la dramaturgia contemporánea—y pienso en lo que conocemos a partir de Beckett—la cuestión de lo real en y de la escena está mucho más marcada que en los textos dramáticos que conformaban la práctica directorial de Stanislavski. Por eso regreso a mi cuestión inicial, que origina este libro: ¿cómo dar una formación actoral capaz de enfrentar los textos contemporáneos a partir del Sistema? ¿Cómo implementar el Sistema sin cuestionarlo desde el psicoanálisis? ¿Es el performance una respuesta o una expresión desesperada a lo que falta en las escuelas de formación actoral, es decir, a esa "intrusión del Otro en el espacio corporal del sujeto" (Miller, *La angustia lacaniana* 107)?

EL ESPECTACULO DE VER
CÓMO SE PEGA A UN NIÑO:
de la improvisación a la gramática del fantasma

E n 1919 Freud publica "Pegan a un niño - Aportación al conocimiento de la génesis de las perversiones sexuales",[104] un ensayo que, en cierto modo, puede servir de entrada a una posible lectura teatral capaz de abrirnos un espectro de cuestiones para discutir la estructura perversa de la teatralidad del teatro. Podremos luego extender nuestra investigación a la perspectiva lacaniana sobre esta cuestión, tal como Lacan la trata en el *Seminario 6 El deseo y su interpretación*, tan particularmente teatral, en la medida en que allí se discute en extensión el Hamlet de Shakespeare como drama del deseo.

Freud comienza planteando la situación espectacular, en el sentido, de que muchos histéricos y obsesivos van a plantear en análisis la fantasía de presenciar como espectadores cómo pegan a un niño, cuyo género sexual no parece ser aquí un marcador relevante, aunque habrá diferencias genéricas cuando la fantasía sea referida por un hombre o una mujer. Freud va a darnos un primer bosquejo teórico sobre la fantasía de flagelación basándose casi exclusivamente en la perspectiva de analizantes femeninos.

Esta fantasía les provee a los analizantes con sensaciones placenteras de tipo onanista. Sin embargo, a pesar de ese placer, Freud señala la dificultad que el analizante tiene en 'confesar' su fantasma, lo que no hace sin que se produzca o lo afecte cierta violencia. A esta inicial dificultad en confesar el fantasma—cuyo recuerdo de una primera emergencia en la historia es harto improbable, aunque la fantasía se registre desde muy temprano en la vida del analizante—se unen primero un sentimiento de vergüenza y luego otro de culpabilidad. El espectáculo de ver castigar a niños por su mala conducta o sus vicios en la escuela es posterior a la fantasía (formada antes de los

---

[104] "A Child Is Being Beaten": A Contribution to the Study of the Origin of Sexual Perversions". *S.E.* XVII, pág. 175 y ss.

cinco o seis años) y en todo caso refuerza, intensifica, transforma algunos aspectos de un fantasma ya formado. La fantasía de flagelación es, pues, el resultado, el desenlace de un proceso más temprano en el que intervienen muchos factores libidinales; dicha fantasía proviene de una pre-historia del sujeto que ha sido olvidada, reprimida. Pasada la escuela, la literatura será la encargada de reactivar ese fantasma. Sin embargo, si el fantasma producía placer autoerótico (como el del espectador en el teatro), las escenas de la escuela o de la literatura no promovían lo mismo; presenciar escenas reales de castigo en la escuela o la vida diaria—en las que la condición fundamental es que el niño no sufra daños serios—produce, en cambio, sentimientos "tumultuosos" y repulsivos. Freud, además, descarta que los ajustes educativos, civilizatorios, de tipo correctivo, que el niño experimentará en su infancia, no integran ni se conectan con la escena fantaseada. Los analizantes que confesaban estas fantasías eran, paradojalmente, individuos que no habían sido maltratados o abusados por sus padres o educadores, aunque hayan obviamente percibido la superioridad física de sus mayores. Freud deja, pues, de lado la posibilidad de una fijación causada por una situación traumática.

Como Stanislavski en el episodio del 'trolley' (*AWW* 203ss), Freud diferencia la posición del sujeto frente al espectáculo dado en el fantasma de la "asistencia real al castigo" ocurrida en la vida real. Ficción vs. realidad. La escena es la misma, pero el resultado es diferente. Las preguntas que Freud detalla son tan pertinentes para el psicoanálisis como para la praxis teatral, en la medida en que la representación teatral supone una puesta en escena en la que ficticiamente un actor sufre los golpes prodigados por alguien y el espectador, aún cuando admita el horror que le causa, deriva un placer estético al ver esa escena. Escribe Freud:

> ¿Quién era el niño maltratado? ¿El sujeto mismo de la fantasía u otro niño distinto? ¿Y quién era el que maltrataba al niño? ¿Una persona adulta? Y entonces, ¿qué persona era ésta? ¿O imaginaba el niño ser él mismo quien golpeaba a

otro? Todas estas interrogaciones recibían la misma hosca respuesta: «No sé...; pegaban a un niño.»

Y además, Freud se hace otra pregunta fundamental sobre ese placer: sin duda, admite que se trata de una perversión y por eso planteará "si el placer concomitante a la fantasía de flagelación era de carácter sádico o masoquista". Tenemos así diseñado un dispositivo en el que hay que discernir:

- la relación del sujeto analizante con el sujeto del fantasma.
- La identidad del agente: un adulto o bien él mismo golpeando a un niño.
- El sentido de la fantasía.
- El registro del sentido de la fantasía en el desconocimiento.

Sin lugar a dudas, aquello que ocurre sobre el escenario fue elaborado por un autor o un colectivo para ser mostrado públicamente. Aunque aquí hay que admitir la estructura perversa de la teatralidad del teatro como tal, como un juego—paralelo, dice Lacan al final del *Seminario 6*, pero nunca recíproco—entre exhibicionismo y voyeurismo, el placer derivado de la fantasía, originalmente perverso, ha sido previamente trasmutado en dicho autor o colectivo por medio de la represión o bien por la sublimación, dejando de lado su aspecto perverso originario.

A pesar de basar su investigación en seis casos concretos (histeria y obsesión fundamentalmente) de diversa gravedad clínica, en los que muchos aspectos están involucrados, Freud no se interesa tanto por el éxito terapéutico respecto de la investigación sobre el fantasma de flagelación como por los aspectos teóricos. Nos dice "el conocimiento teórico es mucho más importante para todos nosotros que el éxito terapéutico", y los teatristas deberíamos guiarnos de igual manera al momento de trabajar interdisciplinariamente la praxis teatral con el psicoanálisis, esto es, no interesarnos tanto por los éxitos a nivel de la creatividad efectiva sobre la escena, sino por la posibilidad de promover un espacio teórico que permita, retroactivamente, replantear o poner en crisis algunos aspectos demasiados convencionalizados del arte teatral.

Freud planteará que "las fantasías de flagelación tienen una historia evolutiva harto complicada"; si admitimos la diferencia antes planteada entre ver una escena de flagelación representada y dicha escena en la vida cotidiana, con resultados opuestos (placer a nivel del fantasma, displacer a nivel de la observación de acontecimiento histórico), esta afirmación debería llevarnos a los teatristas a reformular la afirmación freudiana en términos teatrales, es decir, seguir el trabajo freudiano para guiarnos en un tratamiento teórico sobre la génesis del placer tal como surge de la teatralidad del teatro.

El abordaje de Freud será, como se ha dicho, de tipo gramatical. Habrá una diferencia entre la gramática del fantasma, tal como Freud la explora, y la lógica del fantasma en Lacan, que prefiere hacer modulaciones a partir de la fórmula $\$ \Diamond a$. No hay que olvidar aquí tampoco el hecho de que para Stanislavski mismo, como lo dice al final de *Preparación del actor*, "[n]uestro subconsciente tiene su propia lógica" (238). La frase de la que Freud parte es "pegan a un niño", provista por sus analizantes. La primera respuesta a las interrogantes iniciales no se hace esperar: el niño maltratado en el fantasma no es el mismo que confiesa la fantasía, no es el propio sujeto, sino otro, muchas veces un hermano o hermana menor, no hay correlación entre el sexo del niño en el fantasma y el del analizante. Esto nos resulta útil, para sostener que aquello dado a ver en la escena produce el mismo placer en un espectador masculino o femenino. La segunda conclusión es que, en principio, no se puede decir que se trate de un fantasma masoquista, porque el niño pegado no es el analizante. La tercera conclusión de Freud es que el analizante tampoco es quien pega al niño en el fantasma, de modo que tampoco puede afirmar que estemos frente un fantasma sádico. En el fantasma el castigador es siempre un adulto y, como despejará Freud en su investigación, aunque no aparece claramente en la escena evocada por la analizante, finalmente se puede afirmar que se trata de su padre.

Freud está ya en condiciones de construir así la primera frase de la fantasía de flagelación: "el padre pega al niño", que Freud reformula inmediatamente con "el padre pega al niño odiado por mí". Estas frases constituyen lo que Freud denomina primera fase de la génesis que trata de promover. Entre la primera y segunda fase, habrá muchas transformaciones. En la segunda fase, la primera transformación sustituye al niño del fantasma por el propio sujeto, aunque el personaje del castigador permanece siendo el padre: "Yo soy golpeado por mi padre", con "indudable carácter masoquista". Esta fase, que es la más importante, ha sido reconstruida por Freud y nunca se refiere a algo que haya existido realmente, por lo tanto es inútil esperar que el analizante la recuerde o que vaya a tener acceso a la conciencia. La tercera fase es similar a la primera:

- La persona que castiga ya nunca es la del padre; queda indeterminada y puede ser un sustituto paterno, un maestro, por ejemplo.
- La analizante ya no es el sujeto castigado en el fantasma y no reconoce a ningún niño en particular;
- La analizante figura solamente como espectadora.
- La flagelación física puede variar y tomar otras formas, como humillaciones o castigos de otro tipo.
- Lo fundamental es que en esta tercera fase la fantasía es el sustento de una excitación indudablemente sexual de tipo onanista.

Freud aquí puede de alguna manera darnos pautas para trabajar las improvisaciones que surgen en el ensayo y alertarnos sobre la precaución que deberíamos tener para quedarnos tan rápidamente con lo primero que cae bajo nuestra observación. Resulta interesante para nuestra praxis teatral leer la forma en que Freud va construyendo su itinerario atravesando diversos niveles de la fantasía y jugando gramaticalmente con lo que Stanislavski llamaría una supertarea. Hay que apreciar cómo va jugando con las posiciones del sujeto y su lugar en la escena del fantasma, cómo se ve verse en dicha escena (*Seminario 11* 87). Conviene desarrollarlo porque nos da una pista de cómo trabajar el resultado de las improvisaciones en relación a la visualidad/mirada y en relación a la supertarea de una manera más crítica, para no quedarnos en lo primero que surge de una improvisación.

Freud se pregunta cómo se pasa de esta fantasía con evidente carácter sádico a una tendencia libidinosa permanente en la niña. Freud va a usar toda su batería analítica, basada en el complejo de Edipo, para darse una explicación a esta pregunta. La fantasía ha surgido en un momento en que la niña está tiernamente ligada al padre, y aunque esto pueda desarrollar una ambivalencia (amor/odio) hacia la madre, no es eso lo que provoca el contenido de la fantasía. Es la aparición de un nuevo niño en la familia, que capta la atención desmedida de los padres, lo que hace astillar el previo sentimiento de omnipotencia de la niña y la obliga ahora a compartir un cariño paterno que antes le estaba completamente dedicado a ella. Freud nos dice, pues, que "La idea de que el padre pega a aquel odiado niño será, pues, muy agradable y surgirá independientemente del hecho de haber presenciado o no tal suceso. Tal idea significaría: "El padre no quiere a este otro niño; sólo me quiere a mí". Tenemos así conformado el contenido de la fantasía de flagelación en su primera fase. La fantasía, que la cautela de Freud nos previene de considerar como sexual y como sádica, satisface simplemente los celos y el egoísmo del niño. Esta primera fijación no produce, además, satisfacción de tipo onanista. La fantasía se sitúa, sin duda, en un temprano contexto sexual incestuoso que supone el deseo de tener un hijo con el progenitor del sexo opuesto y también la prefiguración de una sospecha sobre el rol de los genitales en dicha operación, pero que todavía el

sujeto infantil está muy lejos de determinar. Estas circunstancias in-
cestuosas caen rápidamente bajo la represión y por la intervención de
otros factores (nacimiento de un hermano, sentimiento de infidelidad
del progenitor, etc.). Los impulsos eróticos incestuosos, una vez reprimidos, permanecen en el inconsciente y, según Freud, no son re-
tomados por la conciencia en su nueva fase; solo va a surgir y permanecer en la conciencia un sentimiento de culpabilidad ligado a aquellos impulsos incestuosos.

La conciencia de culpabilidad está relacionada a la segunda
fase: si la primera consistía en "te pega porque no te quiere, porque
me quiere a mí", esta segunda, debido a la culpa, coloca al analizante
como el niño castigado y obviamente ya no recipiente del amor del
padre. Esta fase culposa es la que constituye la fantasía masoquista.
Pero la culpabilidad no explica, sin embargo, los contenidos libidinales de la fantasía y el placer onanista. Por eso Freud admite que el
pasaje de "mi padre me ama" a "ser pegado" por él supone, amén de
la culpabilidad, cierto erotismo, una regresión a aquellos lazos eróticos incestuosos, ahora prohibidos, que habían caído bajo la represión. Aquel erotismo es la base de la excitación libidinal causada por
el fantasma de flagelación. En la tercera fase, como dijimos antes, el
sujeto está como espectador, el padre o maestro ocupa el lugar del
castigador y el niño no es necesariamente reconocido. Aunque el padre le pega al niño, aunque el contenido del fantasma es sádico, Freud
nos advierte que la satisfacción obtenida por el sujeto espectador es
masoquista; "su significación—nos advierte Freud—está en que ha
tomado la carga libidinosa en la parte reprimida, y con ella también
el sentimiento de culpabilidad concomitante al contenido. Todos los
niños desconocidos golpeados por el maestro no son sino subroga-
dos de la propia persona". Freud concluye que si bien la fantasía de
flagelación "no nos aporta grandes datos sobre la génesis del masoquismo", al menos nos permite afirmar que "el masoquismo no es
una manifestación instintiva primaria, sino que nace de un retorno
del sadismo contra la propia persona, o sea por regresión desde el

objeto al yo. Hemos de aceptar, desde luego, y sobre todo en la mujer, la existencia de instintos de fin pasivo; pero la pasividad no constituye todo el masoquismo".

Tenemos aquí un modelo de cómo trabajar el producto de las improvisaciones, no confiando en los datos superficiales y comparando las posibles posiciones del sujeto en la fantasía a fin de acercarnos a una frase que, tal como nos invita Stanislavski, podamos acercarla a la supertarea y al subtexto de la pieza. En *Preparación del actor*, Stanislavski se cuestiona sobre la consistencia de la memoria emotiva y su relación con el sistema nervioso. ¿Cuántas veces es posible para el sistema nervioso sufrir lo experimentado en el pasado a fin de revivirlo para construir el personaje? En efecto, se pregunta "¿Cómo podría tolerar la repetición de esos horrores, con todos los penosos detalles originales?" (*PA* 190). Como Freud, Stanislavski sabe que, afortunadamente, "nuestra memoria emotiva no es exacta copia de la realidad" (*PA* 190). Admite que una experiencia temprana se transforma a lo largo de la vida de la persona hasta el punto de que algo que en su momento no pareció afectarla, pueda al recordarlo, hacerle incluso perder el sentido. Ya vimos las transformaciones que Kostya nos relata a propósto del episodio del trolley. Stanislavski, como Freud, aunque el ejemplo sea inverso, no deja de subrayar la diferencia de intensidad de los recuerdos. Y similarmente a Freud, se ve llevado también a jugar con el sujeto de ese recuerdo, como actor o como espectador:

> Supongan que en lugar de ser ustedes la persona a la que determinada situación ha sucedido, sean meramente espectadores. Una cosa es recibir un insulto en público, y otra muy distinta ver que esto le sucede a algún otro, sentirse conmovido por ello, tomar la defensa del agresor o del agredido. (*PA* 191)

Esto es: una cosa es "ser pegado/insultado" y otra "ver que otro es pegado/insultado *por algún otro*". La emoción se produce igualmente, incluso la del espectador puede ser mucho más intensa. Stanislavski se plantea, a continuación, cómo transferir las emociones que se puedan tener como testigos de un acontecimiento, a la representación de la persona humillada con una bofetada en público. Este punto es crucial para el Sistema, habida cuenta de que, como ya hemos planteado varias veces en este libro, resulta imposible para la memoria emotiva de un actor contar con el "depósito psicoténico" (*PA* 193) de todas las impresiones placenteras y displacenteras que abarca la literatura dramática. Como Tortsov mismo les dice a sus discípulos: "Ven entonces que no sólo usamos nuestras propias emociones pasadas con [sic] material creador, sino que utilizamos también sentimientos que hemos tenido al simpatizar con las emociones ajenas" (*PA* 192). Así, a la pregunta "¿Cómo podrían adaptar la emoción experimentada como testigos al papel del hombre insultado?" (*PA* 191), Stanislavski contesta apelando, como Freud, a la gramática, aunque invierta el rol del sujeto en el fantasma freudiano: transformar su posición *pasiva* de espectador en parte *activa* del acontecimiento. Pasamos, gracias a la simpatía, es decir, a la identificación, del lugar de quien "ve pegar" al lugar del que "es pegado".

El actor stanislavskiano, como un ahorrista, "deberá engrosar constantemente su reserva" de emociones adquiridas por simpatía con circunstancias y personas mundanas. Ese ahorro es su riqueza para enfrentar papeles cuyas circunstancias pueden no estar a disposición del actor. Sin embargo, Stanislavski, que se maneja con un concepto de realidad que no es la realidad psíquica, nada nos dice del placer. Pareciera que, a diferencia de los pacientes freudianos que extraían cierto placer de situaciones displacenteras del contenido fantasmático, los actores de Stanislavski intentan inducir, a partir de cierto placer de ver, de ser testigo de un evento en la realidad (no en la fantasía), un displacer original, auténtico, de la víctima (en su imaginación). En efecto, en Freud el acontecimiento puede no haber ocurrido en la realidad, pero subyace a nivel de la realidad psíquica del sujeto; en Stanislavski se trata de inducir una fantasía sobre algo visto en la realidad, pero el maestro ruso nada nos dice sobre la posibilidad de que lo percibido como testigo se conecte con una fantasía propia del actor. Ya hemos visto que la percepción no es inocente, siempre está sobredeterminada, de modo que la improvisación debería despejar ese puente entre lo observado en el mundo y la capacidad de, por ejemplo, indignar al testigo.[105] Las preguntas freudianas siguen brindándonos una guía para la improvisación durante los ensayos; así, podríamos interrogarnos:

¿Quién era el abofeteado? ¿Qué relación hay entre el afoteado y yo? ¿Hay algo en mí que hace que me haya impresionado esa escena en tanto testigo? ¿Soy muy distinto del sujeto abofeteado? ¿Y quién era el que maltrataba al sujeto? ¿Una persona adulta? Y entonces, ¿qué persona era ésta? ¿O imaginaba el abofetado ser él mismo quien golpeaba a otro? ¿O incluso habría el abofeteado rogado que le pegaran? ¿No será que más bien me identifico con el agresor? ¿De dónde vienen mis simpatías por uno o por otro?

En Freud, "todas estas interrogaciones recibían la misma hosca respuesta: «No sé…; pegaban a un niño", y lo que importa aquí es ese "no sé" que el actor debería explorar por medio de las improvisaciones, evitando reproducir las conductas posibles, mundanas, de una persona agredida, si es que su objetivo es conectar su escena con una emoción vivida. Si hay alguna forma de conectar el subconsciente del actor—para usar los términos del Sistema—al texto o al personaje, y si el psicoanálisis puede servir de puente para la praxis teatral, este trabajo de Freud que acabamos de comentar, es, sin duda, paradigmático, incluso para interrogarse por el público y la forma en que éste se relacionará como testigo de la escena que se expone sobre el escenario.

---

[105] Quizás ésta es la justificación profunda del hecho de que Stanislavski siempre tenía actores-estudiantes mirando el trabajo de los actores profesionales.

¡HAGALO OTRA VEZ!
Los registros de la violencia en la dirección teatral

> That's awful! I don't believe anything. Not a single move-
> ment. Do it again… I still don't believe you. What is hindering you?
> Well, try once more… Why are you so tense?

V. O. Toporkov, *Stanislavski in Rehersal* 51

Dirección y pedagogía teatral

En *Mi vida en el arte* Stanislavski recuerda la forma en que trabajaba con sus actores y nos dice: "Con el despotismo que entonces me era característico y sin contar con nada ni tomar en consideración a nadie, asumí todo en mis manos de *régisseur*, y manejaba y mandaba a los actores como si fueran maniquíes" (131). Stanislavski habla como si esa actitud hubiera cambiado después, lo que no parece ser demasiado exacto, según el testimonio de Visily Osipovich Toporkov quien, en su *Stanislavski in Rehearsal, The Final Years*, parece todavía reconocer ciertos rasgos de autoritarismo y hasta de tortura en la práctica directorial del maestro ruso. "He was sometimes cruel and injust", nos cuenta Toporkov (119).

Tanto Stanislavski como los directores que lo sustituían en algunos ensayos, parecían proceder de la misma manera, obligando a los actores a repetir y repetir una y otra vez hasta el más mínimo gesto o palabra (Toporkov 30). De acuerdo al testimonio de Toporkov, e incluida su admiración por Stanislavski, los ensayos, en cierto momento, parecían tornarse verdaderas cámaras de tortura. ¡Repita, repítalo otra vez!, ¡Try again!, ¡Hágalo una vez más!, son frases imperativas, impiadosas, que aparecen a lo largo del relato de los ensayos de las tres obras en las que Toporkov participó, quedando la dirección de *Tartufo* inconclusa a la muerte del maestro en 1938. Aunque Toporkov no hace mención en su libro al contexto socio-político que rodea el ensayo de estas últimas producciones de Stanislavski, con la creciente violencia y represión estatal en la Unión Soviética, justifica no obstante la actitud del maestro en tanto, para ese entonces, se veía compulsado a participar de fuertes debates, cuando no ataques, sobre su Sistema y su Teatro; había que demostrar que el Sistema podía ser eficiente más allá de esa "tiranía del realismo", al decir de Gordon Craig, de la que se lo acusaba y en la que se lo encasillaba. El ensayo entonces también se convertía en un espacio para probar la psicotécnica. "Esta no es una escuela", se queja uno de los actores frente a la insistencia del director para que repita una escena (Toporkov 30), sin comprender la dimensión existencial y cultural en que se realizan estas últimas producciones.

Sin duda, esta posición autoritaria o despótica, como la denomina el mismo Stanislavski, tiene su historia, pasa por varias transformaciones y llega hasta sus versiones más recientes, como en Anatoly Vasiliev. Stanislavski es un director cuya tarea se realiza en un momento en que el paradigma de dominio teatral pasa del divo al director o *régisseur*. Este cambio supone, obviamente, una transformación completa de las técnicas de formación actoral y de transmisión de ese saber. De ahí que, como lo plantea el co-director del Teatro de Arte de Moscú, Nemirovich-Danchenko, era imposible cumplir con los requerimientos de un cambio estético y actoral sin a la vez involucrar la enseñanza, es decir, la pedagogía teatral. La tradición anterior a la intervención de Stanislavski, de Appia o de Gordon Craig—este último colaborador de Stanislavski en 1912—suponía que la puesta en escena se realizaba sobre los criterios y a conveniencia exclusiva del divo; los actores imponían su criterio y todo se realizaba a partir de su perspectiva. El cambio de paradigma que Stanislavski y Nemirovich-Danchenko promoverán situará al director a la cabeza del proceso de producción y, en tanto hay que luchar frente al divismo a la vez que formar nuevos actores, "the dictatorial will of the director-*régisseur*" (Nemirovich-Danchenko 88, citado por Milling y Ley) va a resultar inevitable. Esa "autoridad monárquica" a la que se refiere Nemirovich-Danchenko proviene del modelo directorial de Kronek, el director de la Compañía Meiningen, que tanto influyó en Europa y sobre todo en Stanislavski. Es justamente frente a las producciones de este grupo que Stanislavski se da cuenta de hasta qué punto "el despotismo del *réggisseur*" (*Mi vida en el arte* 114) es la contrapartida de la falta de actores preparados. Por eso comienza a vislumbrar la idea de una investigación sobre la actuación que culminará, como todos sabemos, en su Sistema.

Como lo plantea Nemirovich-Danchenko, el doble rol de *régisseur* y pedagogo que tanto él como Stanislavski debían asumir, supone que se imponga sobre los actores la voluntad única de éstos sobre el proceso de montaje y producción e incluso, "more than that, we accustomed our pupils to submit to it. Furthermore, we were convinced it could not be otherwise" (Nemirovich-Danchenko 106, citado por Milling y Ley). Sin embargo, no se dice hasta qué punto se trata de una autoridad temporaria, activa hasta el momento de contar con actores preparados o si, por el contrario, es un poder del director permanente e indiscutible. Stanislavski, además, no deja de lado el hecho de que los directores deben a su vez formarse, no sólo como actores capaces de conocer los resortes más delicados de la técnica o de lo que luego denominará su psicotécnica, sino también en múltiples disciplinas; en efecto, nos recuerda que "lamentablemente, como no tenían el talento de Kronek ni del duque de Meiningen, estos *régisseurs* de nuevo tipo actuaron como escenógrafos que colocaban a los artistas en la situación de muebles y objetos de utilería, de perchas para los vestuarios y de peones que movían a su antojo por el escenario" (*Mi vida en el arte* 116). Como se quejará Toporkov al momento de su entrevista con Stanislavski para ser aceptado en el Teatro de Arte de Moscú, es ahora el mismo maestro que curiosamente se queja de la cosificación del actor.

En primer lugar, hay que tener en cuenta, como nos recuerda Jonathan Pitches en su *Science and the Stanislavsky Tradition of Acting*, que la relación maestro-alumno es una característica muy fuerte en la escuela rusa, y que de alguna manera eso se mantuvo en la relación director-actor en la práctica de Stanislavski (3). En segundo lugar, el hecho de que Stanislavski no publicara sus descubrimientos hasta casi el final de su vida, lo expuso a que muchos actores o estudiantes pasaran una temporada con él y luego llevaran su psicotécnica a otras partes del planeta y la expusieran a los riesgos involucrados en toda trasmisión oral (5). El mismo Grotowski dirá más tarde "Stanislavski had disciples for each of his periods, and each disciple stuck to a particular period; hence the discussions of a theological order" (206). Y esto explica, como todos sabemos, la existencia de tantos Stanislavskis. Es más, Pitches subraya el hecho de que es justamente en los últimos años—como los que detalla Torpokov—"specifically at the end of his career, [Stanislavski] began to view the System in curiously similar terms to his political leader, Joseph Stalin—as the orthodox acting approach for all the Soviet Union, if not the world" (Pitches 12). Así, del director y maestro inapelable, se va pasando lentamente a la figura del conductor y del sacerdote que trasmite un mensaje sagrado, a los que se acata sin cuestionar. Uno nunca sabe si ese trabajo con la resistencia del organismo, ese afán por incitar a que el actor se sacrifique aniquilando su cuerpo, tal como la plantea Grotowski (34, 36, 128), no debería ser también pensada políticamente como una forma de dominación del maestro sobre el alumno, del director sobre el actor y del conductor sobre la masa.

Si a Freud le hubiera gustado el teatro, sin duda hubiera incluido esta relación entre director y actor en su *Psicología de las masas y análisis del yo*. "The education of an actor—enfatiza Grotowski—in our theatre is not a matter of teaching him something; we attempt to eliminate his organism's resistance to this psychic process" (16). No resultaría difícil poner otros ejemplos aquí, desde Meyerhold hasta Artaud, desde Grotowoski hasta hoy. La cuestión del poder y consecuentemente de la violencia en el campo de la dirección teatral tiene muchas máscaras, estrategias y señuelos. Basta recorrer las entrevistas que he realizado a directores en América Latina para ver la enorme variedad de articulaciones de la relación director-actores-equipo técnico, dejando de lado, al menos por el momento, la violencia impuesta por los productores a los directores mismos—especialmente cuando se trata de hacerlos meros reproductores de los formatos exportados desde los centros metropolitanos—para tener un espectro completo de esta problemática. No es a mí a quien toca evaluar esas articulaciones, por eso voy a enfocarme no en casos concretos de América Latina, sino en aspectos más teóricos planteados por figuras ya canonizadas.[106]

Las estructuras freudianas de la dirección

Como si se estuviera iniciando en una escena sado-masoquista, Toporkov nos detalla: "I followed a difficult path, I suffered a great deal, experienced many shocks, great failures and disappointments, but nothing weakened my faith in the rightness of the way shown me by Stanislavski" (75-76). Toporkov nos cuenta que los ensayos—en esos años finales de Stanislavski—eran muy extensos, con una disciplina estricta, con prohibiciones inapelables—tal como la prohibición de no permitir la entrada al ensayo una vez comenzado, aunque se permitía siempre un pequeño número de estudiantes que oficiaban como espectadores, ya que asistir al ensayo era considerado lo más importante en su formación. "A small audience was always present at our rehearsals", nos dice Toporkov (121); y Magarshack coincide en esto al referirse a la formación actoral en el Teatro de Arte de Moscú: "Rehearsals…were considered to be the actual school of acting in which the young actor of the company got all his practical knowledge" (citdo por Pitches 89-90). Es frente a ese Otro como espectador que se monta la escena sadomasoquista—si la miramos desde la perspectiva freudiana—del director y los actores. Se trata de una escena que, dolor mediante, promete los mejores resultados—según dicen—artísticos; vale la pena leer la cita comple-

---

[106] Se han publicado hasta ahora (2012) cinco de los seis tomos previstos de *Arte y oficio del director teatral en América Latina*. Por razones de índole ética, me fijé mi propio límite de investigación cuando comencé este proyecto, renunciando a trabajar críticamente el material suministrado por tantos maestros que gentilmente me cedieron su tiempo y su saber. Dejo para investigadores del futuro la evaluación y discusión de dichas entrevistas. No obstante, un lector advertido podrá cotejar los temas de este capítulo con el cuestionario utilizado y acceder indirectamente a la problemática que he intentado abordar en la simplicidad deliberada de cada pregunta.

ta—por las resonancias y reverberaciones que tendrá en la praxis teatral desde entonces hasta nuestros días—planteada desde la perspectiva de esos estudiantes de teatro, esperando en ese patíbulo teatral y pedagógico:

> When the uninitiated were present at such especially difficult moments during Stanislavski's rehearsals, it often seemed to them grotesque: "Here is the usual actors' exaggeration. Really! It is too much to harass people so. Where is the personal creativity? Such torture of an actor cannot lead to anything good, it only confuses him." Actually, after two or three hours' work on one sentence you sometimes stop understanding the meaning of the words, or so it seems. But only temporarily. Later, on the contrary, the meaning of the sentences and words becomes especially clear; having gone through such "purifying fire," you begin to regard the sentence into which you have put so much effort with a special respect. You will not mumble it, nor will you clutter it with unnecessary stresses. It becomes musical and effective. (Toporkov 89-90)

Se podría proceder a la deconstrucción de esta extensa cita para entender la dimensión que toma el encuadre perverso a nivel de la dirección teatral en Occidente, desde Stanislavski hasta hoy, pasando obviamente por Grotowski. Las ideas de iniciación y de purificación van a tener su progenie. Dado este encuadre perverso, no es sorprendente sino estructural que Stanislavski luego le diga al actor: "No, I don't want your feelings, tell me how you behaved" (Toporkov 114), "In short, don't play emotions, *act*" (Toporkov 125), o que afirme, como todo perverso, de que se trata de una escena controlada, de dolor controlado: "On the stage there is no *real* danger, nevertheless you should know from experience how you must act. Train yourself in these actions" (Toporkov 115).

La psicotécnica promovida por el Sistema podría ser leída casi enteramente desde la estructura clínica (o estructura freudiana) de la perversión tal como Lacan la ha descripto, diferenciándola de las otras dos, las estructuras clínicas de la neurosis (histeria y obsesión) y de la psicosis; de ese modo podremos empezar a visualizar la dimensión sexual en la que Stanislavski la concibe. No es casual que Stanislavski, por ejemplo, promueva lo de la soledad pública, es decir, esa ilusoria desaparición del Otro, para quien trabaja el perverso, alentando al actor, su partenaire, a mantenerse dentro del foco de atención sin prestar atención al público, cuestión que luego se complicará más a partir de Grotowski, quien buscará un espectador más participativo, intentando en cierto modo posicionarlo más dentro de la estructura clínica de la neurosis, no importa si con rasgos perversos o no.[107] En *Preparación del actor* hay una escena que los estudiantes están realizando mientras Tortsov—el maestro y director que representa a Stanislavski-adulto—y otras autoridades de la escuela, como *voyeurs*, espían por un agujero del telón; sin embargo, esta escena no conforma al maestro, porque si bien los jóvenes actores no actuaron nada

---

[107] Lacan distingue las tres estructuras clínicas (neurosis, perversión, psicosis) y ninguna de ellas se define por oposición a una supuesta normalidad, como ocurría en Freud. La estructura perversa no debe ser pensada como una aberración o una enfermedad; se trata, por el contrario, no de actos perversos, sino de estructura, es decir, una determinada posición del sujeto respecto del objeto en la fórmula del fantasma. A nivel del diagnóstico, el analista tiene que ser cuidadoso en distinguir los actos perversos, que pueden estar en una neurosis, de la estructura clínica de la perversión. Es probable que un sujeto perverso a nivel de estructura no realice actos perversos, ya que la categorización de un acto como perverso depende del entorno socio-cultural. Asimismo, una estructura perversa sigue siendo tal aún cuando los actos no sean sancionados como tales en el contexto cultural. El perverso, a nivel de estructura, es el que "reniega" de la castración; para esta estructura, el falo de la madre—que el perverso constata como faltante, pero cuya ausencia no puede aceptar—solo puede funcionar en tanto velado, como en el fetichismo. "Yo sé bien que mi madre no tiene falo, pero aún así...", tal la fórmula de Octave Mannoni. En la estructura clínica de la perversión y en relación a la pulsión, el sujeto se coloca en el lugar del objeto, y trabaja con su partenaire en una escena controlada y regulada, pactada, a fin de procurar el goce del Otro. Lacan nos ha mostrado como el perverso es el gran obediente que se somete a la voluntad del Otro, es el que, a diferencia del neurótico, no tiene preguntas. No trabaja para a su propio placer, sino para el goce de ese Otro, que no es quien oficia de partenaire en la escena (usualmente un neurótico) al que, sin embargo, trata de llevar hasta los límites del principio del placer.

mal, lo cierto es que tanto en el teatro como en la escena perversa siempre hay un tercero, siempre se trabaja obediente y disciplinadamente para satisfacer al Otro. Por eso en la siguiente clase, el maestro, que está en posición de objeto, pero no puede confundirse con la mirada que, como nos enseña Lacan, siempre está "allí atrás" del cuadro (*Seminario 11* 120) o, en nuestro caso, detrás del telón, dispone la iluminación para determinar círculos de atención que progresivamente se van expandiendo y van acostumbrando al actor a desinteresarse del Otro, pero evitando ocupar ese lugar. Si en la vida real no percibimos la mirada del Otro, si no percibimos hasta qué punto estamos sujetados a lo simbólico, en el escenario esa mirada es inevitable, está ahí, con su demanda. ¿Qué me quiere el Otro?, se pregunta el histérico de Lacan; "¿Por qué me miran?", se pregunta el actor en *Preparación del actor* (84). De ahí en más hay que aprender todo de nuevo, y para ello el maestro/amo de la escena perversa—teatral y pedagógica—sabe cómo enseñarle: "Es menester, pues, enseñarles nuevamente cómo hacer todas estas cosas en público" (84). Es necesario adiestrar el ojo del actor para que al mirar un objeto cualquiera en el escenario atraiga la atención del público; ése es su poder, hacerse mirada y, salvo en el expresionismo y en Brecht, obligar al Otro a deponer la suya (Lacan, *Seminario 11* 116).

Tortura justificada por un fin elevado, tortura iniciática *pactada* bajo promesas de un saber futuro, purificante y solo accesible a partir de un sometimiento temporario orientado hacia un goce en el que el lenguaje llega a sus límites, al borde casi de la desintegración. "I tortured you, Visily Osipovich, so that you would search for the sense of truth in the simplest physical actions" (Toporkov 139). Los actores, o al menos Toporkov, confiesan no obstante que salían de cada ensayo enriquecidos, pero a la vez desalentados (Toporkov 42). La escena perversa, concebida como un proceso de trasmisión del saber, de entrenamiento, que autorizará luego al actor para que él se convierta a su vez en maestro, está basada en un contrato implícito, no hay forzamiento, no es una violación. Obviamente, el psicoanálisis vivio también estas etapas en su historia y excomuniones de por medio, Lacan trató de ir más allá del discurso del amo y del discurso de la universidad, para plantear el discurso del analista y la cuestión del pase.

"El trabajo del director—plantea Stanislavski en *Preparación del actor*—es obtener que el actor pida y busque los pormenores que darán vida a su papel" (306), como ocurre con los clientes en *El balcón* de Jean Genet. El actor, según Stanislavski, debe tener coraje, ser impertinente: "An actor must have this quality I call impudence" (Toporkov 175), al punto que lo que se verbaliza debe ser conveniente y minuciosamente dicho en voz alta y, en lo posible, apelando al ojo y no al oído (Toporkov 181, 189).[108] Por eso, porque hay un contrato (artístico, pedagógico), la violencia no es percibida como victimizante y unidireccional: "Si el director trata de hacérselas entender por la fuerza, el resultado será la violencia. En mi manera de hacer—enfatiza Stanislavski—eso no puede suceder, porque el actor pide al director lo que necesita, a medida que lo necesita" (*Preparación del actor* 307). Si hay algo cuestionable aquí no es el contrato perverso, sino el saber involucrado en dicho contrato: hasta qué punto lo que se trasmite en la escena perversa, tan pautada, puede alojar y dar lugar, como quiere Stanislavski, a la creatividad. ¿Solo admitiendo que el actor sea un neurótico? ¿Sólo en el caso de que el director renuncie a la escena perversa y decida jugar, como el analista lacaniano, el muerto? Demás está decir que, si admitimos una lectura de este tipo para el Sistema, la discusión sobre el "realismo" de Stanislavski se abre a múltiples cuestiones más interesantes que su supuesta afiliación a una estética.

En otros directores esta dimensión perversa, que siempre involucra al sujeto, a un partenaire y al Otro y cuyas resonancias políticas no deberían pasarnos desapercibidas, está más generalizada de lo que se cree o bien se trata de actos perversos, pero en el encuadre de una estructura neurótica. En todo caso, hay que tener en cuenta que,

---

[108] Lacan, al considerar la libertad en Kant, usa también la palabra 'impudicia': "Es el encuentro donde juega el equívoco de la palabra libertad: sobre la cual, si la birla, el moralista nos muestra siempre más impudicia que imprudencia" (*Escritos II* 742).

en dicha dimensión estructural perversa, tal como nos ha enseñado Lacan, diferenciándose de Freud, un sádico nunca se encuentra con un masoquista.

Incluso bajo la influencia freudiana, Grotowski, en su *Hacia un teatro pobre*, reconoce esta dimensión perversa, con su componente sádico en el director—que él denomina 'productor'—y su componente masoquista en el actor, y la plantea incluso como ineliminable hasta en el 'teatro pobre':

> The producer's job demands a certain tactical *savoir faire*, namely in the art of leading. Generally speaking, this kind of power demoralizes. It entails the necessity of learning how to handle people. It demands a gift for diplomacy, a cold and inhuman talent for dealing with intrigues. These characteristics follow the producer like his shadow even in the poor theatre. What one might call the masochistic component in the actor is the negative variant of what is creative in the director in the form of a sadistic component. (48)

La violencia a nivel de la dirección teatral se manifiesta de muchas maneras y en diferentes instancias del proceso de producción teatral. La figura de un productor teatral detrás de este proceso incentiva en el director las posibilidades de ejercer un poder mayor sobre los actores—que, como dice Lacan, masoquistamente obedecen a la voz del maestro como un perrito. De ahí que ese poder no necesite espectacularizarse como violento; a veces está muy bien enmascarado bajo la apariencia bondadosa y comprensiva: "One must be strict—dice Grotowski—but like a father or older brother", como si esa dimensión familiar justificara el derecho a ejercer cierta violencia, como si no conociéramos—desde *Ifigenia* en adelante—la dimensión terrible que puede tener un padre.[109] No olvidemos, de paso, aquello

---

[109] En "Ifigenia y la victoria en el Holocausto", la psicoanalista argentina Marta Gerez Ambertín elabora, recorriendo varias versiones del mito, la forma en que los hijos se sacrifican, se inmolan, para evitar procesar al padre terrible. Esta aproximación al sacrificio resulta productiva no sólo para entender la violencia familiar—

que Lacan planteó en "Kant con Sade": la relación entre la operación sádica, la voluntad de goce, y el imperativo moral kantiano.[110] Tanto para el maestro como para el discípulo, la estructura perversa funciona ya que para ambos el Otro existe; el perverso trabaja para sostener al Otro como completo, poniéndose como objeto para llenar el agujero estructural, la falta en el Otro. El es el instrumento del goce del Otro. El Otro recupera el goce por intermedio del perverso. No es curioso sino consecuente que la fe aparezca como un resorte básico de esta relación: se obedece la voz del maestro, del director, porque se cree en él. Resulta muy paradojal a primera vista que la aproximación grotowskiana al teatro y a la actuación haya sido asumida por otros directores como una estrategia liberadora cuando, en verdad, no hace sino reinsertar el encuadre autoritario y paternalista teatral en las ya seculares tradiciones del autoritarismo político y cultural de gran parte de Occidente. Es incluso peor, porque pareciera que lo arrojado por la puerta del teatro comercial, entra por la ventana en el teatro independiente o el teatro de arte.

El director puede asumir distintas máscaras y roles pero, como ya hemos dejado insinuado, no son más de tres las posiciones que puede ocupar, según se trate de la estructura neurótica, perversa o psicótica. Y tampoco hay una posición de normalidad en la que podría precaverse.[111] Bastaría mencionar el director bien intencionado que quiere ser copiado por el actor; el que oficia de padre que guía a niños caprichosos, el que se eleva por sobre el elenco en virtud

---

como violencia *subjetiva*, en términos de Zizek, con su registro espectacular, sino, además, la violencia *sistemática*, social e ideológica, mucho más naturalizada, invisibilizada y hasta cómplicemente tolerada, en la que incluimos, sin duda, la violencia pedagógica, dentro o fuera del teatro.

[110] Lacan homologa la máxima kantiana de 'obra de tal manera que tus acciones se eleven a un bien universal' con la voluntad de goce de Sade, según la cual 'se puede gozar de todos sin prohibición'.

[111] Por razones de espacio no voy a discutir aquí la dirección teatral desde la otra perspectiva lacaniana, la de los cuatro discursos (del amo, de la universidad, de la histérica y del analista), que dejo para otro ensayo futuro.

de su experiencia, saber y/o reputación, el que juega a esconder un secreto, el que responde a la voluntad del Otro primermundista, el que aspira a la ascesis y a lo monástico, el que hace lo imposible por democratizarse y se inmola a la voluntad del elenco, el que militariza el ensayo bajo la consigna de la disciplina y las maravillas del entrenamiento, el que como Kantor no deja de controlar casi paranoicamente a sus actores-muñecos muertos (Blau, *The Audience*, 34, 70) y hasta el que ni se solidariza o compromete con ningún aspecto del proceso. Seguramente hay muchas otras variantes.

Muchos directores apelan a la sugestión y, por esa vía, la violencia se hace más abstracta, pero no menos justificada ni menos autoritaria. El mismo Stanislavski apela a la sugestión en un aplastamiento del otro no menos brutal; se trata de llevar al actor por unas vías de trabajo en la que éste cree crear por sí mismo, sin saber que en realidad es una marioneta hablada por el director: "You must not give the actor—dice Stanislavski, según nos cuenta Toporkov— anything ready-made. Let him come to what you want by himself" (110). Torpokov no deja de participarnos de su resistencia en su relación con Stanislavski: "I was in complete despair. I used all my strength in order to break away from the merciless, hypnotizing gaze of Stanislavski" (136), al punto de sentirse con ganas de escapar del ensayo.

Strasberg, por su parte, asume la figura de un interrogador implacable, sospechoso, casi policial que, siguiendo el ejemplo stanislavskiano de mantener un grupo de actores observantes durante el ensayo[112] y apelando a un psicoanálisis tan malentendido como estadounidense, somete al actor a sesiones de humillación pública para llevarlo a encontrar en su pasado la emoción requerida por el

---

[112] Como lo demuestra el testimonio de Toporkov, Stanislavski siguió manteniendo el grupo de actores observantes, a pesar de que Pitches sostenga que Stanislavski había concluido con esa práctica en los últimos años de su vida (115). No obstante, es verdad lo que Pitches observa en relación al hecho de que Stanislavski era mucho más prudente que Strasberg cuando se trataba de ahondar en los sentimientos y emociones más personales del actor. En el mismo libro de Toporkov vemos cómo en algunos momentos Stanislavski lo aísla o lo invita a visitarlo en su casa para hablar sobre aspectos más íntimos.

personaje que está preparando. En Strasberg, esta violencia psicofísica se realiza mayormente con las actrices, por eso no está de más rearticular todo lo que venimos diciendo en términos de violencia de género (Pitches 116). ¿Cómo es la relación de un director o una directora con los actores y las actrices? Si bien casi todos los ejemplos con los que contamos en Stanislavski son mayormente con actores, en Strasberg la presencia de la actriz, como las primeras pacientes de Freud, configura el lugar de experimentación y contrastación de sus hipótesis teatrales. Cuando aparece un ejemplo con una actriz en Stanislavski, hay que prestar siempre mayor atención. Resulta paradigmático el episodio de Dasha en *Preparación del actor*, cuando Stanislavski tiene que reconocer que "[t]odo depende de la sugestión" (159), pero—nos aconseja—hay que saber administrarla utilizándola en el momento adecuado. Y se trata de un reconocimiento parcial, por cuanto lo ocurrido a Dasha es producto del cruce de la sugestión con el accidente, o con la *tyche* en sentido lacaniano, concebida como encuentro fallido con lo real (*Seminario 11* 62).[113] Es la escena con una actriz, pero también la que lo convenció "ampliamente de la efectividad de nuestra psicotécnica" (*Preparación del actor* 158). El episodio debería ser estudiado a fondo ya que allí Stanislavski, a pesar del asombro por aquello que el subconsciente puede hacer en escena, se apercibe de los peligros de trabajar con la memoria afectiva.

Grotowski, también cercano al psicoanálisis—donde la hipnosis y la sugestión, con su aspecto catártico, fueron exploradas y rápidamente descartadas tempranamente de la técnica analítica por Freud y Breuer, siempre interesado en nivelar la relación de poder entre analista y analizante—intentará más tarde, en su esfuerzo por

---

[113] Dasha tiene que representar una escena de *Brand*, en la que una muchacha que ha perdido un hijo encuentra en el umbral de su casa una criatura que han dejado abandonada. La escena se representa llenando todas las expectativas stanislavskianas de crear vida en el escenario, pero eso es porque, en la vida real, Dasha realmente ha perdido a su hijo y, en cierto modo, cree recuperarlo en la escena. Sin embargo, a diferencia de Strasberg, Stanislavski no procede a indagar en Dasha su historia personal, ya que se entera de lo ocurrido a la actriz después, por boca de Kostya, un actor que representa la versión joven del mismo Stanislavski.

sacar al teatro de las imposiciones del mercado, revertir la escena perversa, planteando al director en situación de espera de lo que el actor pueda proponer. Como en el encuadre psicoanalítico, en el que Freud no dejó de sacar partido del amor de transferencia, Grotowski encuentra un crecimiento o renacimiento doble, tanto del lado del director como del actor:

> There is something incomparably intimate and productive in the work with the actor entrusted to me. He must be attentive and confident and free, for our labor is to explore his possibilities to the utmost. His growth is attended by observation, astonishment, and desire to help; my growth [as producer or director] is projected onto him, or, rather, is found in him—and our common growth becomes a revelation. This is not instruction of a pupil but utter opening to another persona, in which the phenomenon of "shared or double birth" becomes possible. The actor is reborn—not only as an actor but as a man—and with him, I am reborn. It is a clumsy way of expressing it, but what is achieved is a total acceptance of one human being by another. (25)

Lacan, más tarde, demolerá las ilusiones involucradas en esta supuesta y católica "total aceptación de un ser humano por otro", esa misma comunión y esa revelación mutua que Grotowski—con su propuesta de autoanálisis, autoconocimiento y revelación del actor incluso como instancia terapéutica (131)—también extiende al público: "the spectator may be stimulated into self-analysis" (42). Porque obviamente, la relación con el público no está exenta de estructurarse también bajo estrictas categorías de poder, tan perversas y hasta tan naturalizadas como la que impone el diseño a la italiana, sea en una sala o sea en una esquina de barrio (Geirola 2000 y 2009 a y b). Y esta relación espacial, que no es tan visualizable en Stanislavski, se hace evidente o, mejor, es hecha evidente en Meyerhold y en Grotowski.

El director tiene que cubrir objetivos en un tiempo determinado y eso requiere la imposición de una disciplina. En primer lugar, tiene que seleccionar el elenco y de esa tarea, según confiesan muchos, depende la mitad del éxito de la producción. El proceso de selección de actores en el Teatro de Arte de Moscú, al menos en esta etapa en que Stanislavski necesitaba poner a prueba su Sistema, para sostener—frente a múltiples situaciones político-culturales del stalinismo de entonces—que su aproximación a la actuación podía dar resultados convincentes no solamente con Chéjov, sino también con Moliere, era tan estricta que llegaba al extremo de cosificar al actor e, incluso, casi a desmembrarlo como si se tratara de una máquina biológica. En la entrevista para el *casting*, Toporkov sintió que Stanislavski lo penetraba con su mirada cortante: "I felt his piercing gaze upon me, the look of an art collector who is buying a new article for his collection and is afraid of making a mistake" (38). La cosificación, o incluso la animalización, aparece en parte como resultado de los afanes cientificistas de Stanislavski y sus sucesores; el término 'laboratorio' resulta, en este caso, elocuente del cambio de paradigma: del 'Studio' al Laboratorio. Hoy deberíamos cuestionar la idea de 'taller', que mantiene cierto sabor artesanal, a medio camino entre la ciencia y el arte, pero también implica una relación a lo mecánico y fabril. Inspirados en la psicología de Ribot, la reflexología de Pavlov, el conductismo de James y Watson o en el psicoanálisis de Freud, se trata siempre de experimentar con actores en tanto seres vivos, los que se quejan a menudo de ser tratados "as guinea pigs and that rehearsals were being turned into an experimental laboratory" (Worrall, citado por Pitches 91).[114]

---

[114] En mi libro *Teatralidad y experiencia política en América Latina* he explorado en detalle este pasaje del "estudio" al "laboratorio" y las consecuencias culturales y epistemológicas que eso conllevó en el campo teatral.

La violencia de *la técnica, la violencia* en *la técnica*

La cuestión del poder y de la violencia en el teatro, durante los ensayos o la formación del elenco, no se restringe o, al menos, no es producto exclusivo de la dirección teatral. En cierto modo, parece ser una cuestión inherente a la técnica en sí y a la cuestión del cuerpo y del sujeto, y por eso va a ir apareciendo como problemática en múltiples disciplinas ya que, en cierto modo, al menos desde Hegel y sobre todo en Marx, la reflexión sobre la técnica está ligada a la modernidad y al capitalismo. Sin embargo, me aventuro a decir que, en esta cuestión y en el campo de las ciencias sociales, el psicoanálisis resulta paradigmático, ya que justamente la trayectoria de la enseñanza freudiana puede ser leída como un esfuerzo constante para teorizar sobre el poder (la cuestión del falo), su incidencia y señuelos en la praxis psicoanalítica y, sin duda, en la forma en que la técnica regula la relación analista-analizante. Tal vez no haya ningún otro corpus teórico tan *dramático* como el psicoanálisis en su cuestionamiento sobre el estatus del saber y de la verdad, y las formas de acceder a ambos. En Lacan esta reflexión sobre la técnica es una constante, al punto que lo que todavía queda sin resolverse en el maestro vienés, lo lleva a un 'retorno' a Freud y a un cuestionamiento de las bases teóricas del psicoanálisis. Se conoce bien el esfuerzo de Lacan por sacar al psicoanálisis, por ejemplo, del empantanamiento teórico-técnico en que se desenvuelve la *Ego Psychology*.

Desde Stanislavski, la aproximación a la actuación va a tener varias etapas, desde la temprana exploración sobre la memoria emotiva hasta la más avanzada investigación sobre las acciones físicas y el análisis activo. Entre ellas, una línea de demarcación que pasa por la Revolución Rusa de 1917. Si Marx va a proveer en *El Capital* un primer acercamiento a una historia de la tecnología, a una discusión sobre la relación entre la máquina y el cuerpo humano, en el progresivo desplazamiento de dominio del hombre a la máquina hasta el total sometimiento del obrero en una industria basada en el gran autómata, como búsqueda de eficiencia, ahorro de energía e incremento de la productividad, Stanislavski mismo[115]—como también Meyerhold con su biomecánica—va a diseñar su Sistema sobre las bases del Fordismo y Taylorismo predominante tanto en Estados Unidos como en su adopción por la Unión Soviética, especialmente—como lo ha investigado Pitches—en el Instituto del Trabajo que, bajo la dirección de Alexis Gastev, promoverá también una psicotécnica como rama de la psicología industrial. Y si la cuestión de la máquina, al menos desde Descartes, va a estar involucrada en la relación entre cuerpo y mente, la cuestión del hábito, de la memoria, del automatismo y la repetición no va a ser ajena al pensamiento freudiano. Aunque la obra basal de Freud, *La interpretación de los sueños*—como ya hemos mencionado en este libro—va a circular en traducción al ruso ya en 1904, es poco probable que Stanislavski la haya conocido, no obstante el interés inicial en los círculos rusos por dicho texto; más tarde, con la Revolución, el psicoanálisis va a quedar proscripto y hasta cierto modo demonizado como ciencia burguesa. Su Sistema—más acorde con el entusiasmo oficial por los aportes de Pavlov y de Gastev y luego abordado desde el psicoanálisis en los Estados Unidos, después de la visita de Freud—está concebido como una psicotécnica que conscientemente quiere abordar el subconsciente—esa noción tan poco definida en sus textos y en los de sus discípulos; es en ese subconsciente en que, se nos dice, yace la creatividad y garantía de la vida. Sin decírsenos por qué, Stanislavski nos propone que el teatro, lo que ocurre sobre el escenario, debe tener la fluidez de la vida. ¿Para qué necesitamos un teatro que imite artísticamente la vida? Ya sabemos que este axioma ha tenido respuestas diversas a lo largo de la historia del teatro, especialmente a partir de Stanislavski. Y ya hemos intentado demostrar en este libro que lo que verdaderamente pero-

---

[115] En *Teatralidad y experiencia política en América Latina*, publicado en el 2000, exploré la relación entre la máquina, el autómata y la concepción del actor en Stanislavski: "Desde Marx: Cuerpo y máquina en la fábrica y en el teatro" (págs. 59 a 81), sin descuidar las relaciones de poder y la violencia involucrada en estas cuestiones. El lector puede completar ese capítulo con el valioso aporte reciente de Pitcher en el 2006 sobre la influencia del Fordismo y el Taylorismo en la Unión Soviética y en el Sistema stanislavskiano.

cupa a Stanislavski es la relación entre la actuación y lo real en sentido lacanino. Si la primera naturaleza del actor está conformada por hábitos ya mecanizados, que le sirven para su vida diaria, el Sistema intenta desactivarla, no sin violencia, para construir una segunda naturaleza, con nuevos hábitos más favorables para acercarse al trabajo creador, a la dimensión artística. En el psicoanálisis se trató la misma cuestión en relación al fin del análisis, primero, sobre el lenvantamiento del síntoma, luego sobre la travesía del fantasma y finalmente sobre el pase y el sinthome. En este libro hemos esbozado algunas notas preliminares para cotejar el subconsciente stanislavskiano con el inconsciente freudiano y el inconsciente lacaniano, pero sin duda queda todavía mucho por decir.

Lo importante a los efectos de nuestro ensayo, es observar cómo la cuestión de la técnica actoral y del trabajo directorial no pueden excusarse—con o sin base en Stanislavski—de plantear el entrenamiento o la construcción de un personaje como un forzamiento corporal y mental con diversos grados de violencia. Se trata de desactivar mediante ejercicios precisos, mediante un entrenamiento constante, la máquina cotidiana, como cuerpo-mente, para re-construirla sobre otras premisas con diversos grados de violencia sobre la consistencia personal del actor. Se puede decir que, en este nivel, no hay técnica artística que no involucre cierta dosis de violencia en la remaquinización del cuerpo y de la mente del artista. Y si nos hemos centrado en Stanislavski, es porque de alguna manera él da las bases para la técnica actoral y el trabajo con el actor en la puesta en escena occidental moderna. Se puede a partir de Stanislavski problematizar algunos aspectos de la técnica, tal como han hecho directores posteriores en función de sus propios postulados estéticos. Se puede también trabajar más detenidamente cómo se sitúan en cuanto al poder en relación al actor y al resto del equipo técnico—a veces conformado por experimentados artistas; se pude plantear más detenidamente el rol con el que el director decide identificarse. El problema, pues, no reside tanto en cuestionar el grado de violencia y transformación que supone todo entrenamiento o puesta en escena a partir de una técnica determinada, sino en los grados de violencia que ésta requiere o implícitamente supone para su implementación, más el nivel de autoridad que asume el director en ese proceso.

El director, el texto dramático y el público

Nos quedaría, finalmente, hacer referencia, al menos brevemente, a la violencia entre el director y el texto dramático, incluido el autor de ese texto. Sea que con cierto grado de desactualización teórica, todavía insista en acatar "la intención del autor", sea que se someta a la implacabilidad del autor o del productor durante los ensayos, lo cierto es que aquí también podemos registrar una violencia sufrida por el director. Pero hay que mencionar también la violencia ejercida por él y sufrida por el texto dramático e incluso a veces por el autor. Desde ese desplazamiento del poder del divo al director que se produce a principios del siglo XX,[116] el director se ha convertido en "autor" del texto espectacular y reclama sus derechos. No duda, por tanto, en apelar a cualquier tipo de procedimiento para lograr sus objetivos estéticos propios; la manipulación del texto dramático (cortes, mezclas, tachaduras, fragmentaciones, parodias), que algunos tildan de falta de respeto, va paralela a sus exploraciones personales con el espacio, el tiempo y el público. El texto dramático es ese cuerpo sobre el que se realizan todo tipo de agasajos, homenajes y vejaciones. También aquí podríamos convocar las estructuras clínicas lacanianas, sea que el director se posicione frente al texto y al público como sujeto neurótico que hace preguntas (al texto, al autor, al Teatro), sea como objeto para el goce del Otro fetichizando al autor, al texto o al público, o bien procede psicóticamente a forcluir completamente el texto dramático, junto con su autor, o la audiencia. Sabemos de directores que afirman no trabajar para el público; otros que, como Grotowski, se las arreglaron para convertir al espectador en partici-

---

[116] Patrice Pavis (2009) sitúa históricamente este desplazamiento alrededor de 1868, con los Meininger, pero especialmente a partir 1880, con Zola y Antoine, mencionando al pasar un atencedente más remoto por los años de 1820.

pante y de ese modo anular la brecha entre actores y público; podríamos poner ejemplos concretos de directores que seducen a su público, que buscan la intimidad o el distanciamiento con el espectador, que lo manipulan o lo idealizan, y también, en algunos casos, hasta lo agreden. La pregunta sobre quién es realmente el que construye el sentido en el teatro produce a veces, en este encuadre, una violencia silenciosa, porque si detrás del telón podemos localizar la mirada del Otro, también se deja oír en el teatro la invisible voz del superyó. El teatro *sabe*, según dicen, pero no es eso tanto lo que preocupa; más radical es afirmar que el teatro *piensa* y, seguramente, que también *goza*.

BIBLIOGRAFIA

Bachelard, Gastón. *The New Scientific Spirit.* Boston: Beacon Press, 1984.

Baudry, Jean-Louis. "Freud y la creación literaria". En Tel Quel, *Teoría de conjunto.* Barcelona: Editorial Seis Barral, 1971. 177-206

Benedetti, Jean. *Stanislavski and the Actor.* New York: Routledge, 1998.

---. *The Moscow Art Theatre Letters.* London/New York: Routledge, 1991.

---. *Stanislavski. A Biography.* London/New York: Routledge, 1990.

Blau, Herbert. "Rehearsing the impossible: the insane root", en Campbell, Patrick y Adrian Kear, eds. *Psychoanalysis and Performance.* London-New York: Routledge, 2001. 21-33

---. *The Audience.* Baltimore: Johns Hopkins University Press, 1990.

Bristow, Eugene K. *Anton Chekhov's Plays.* New York, London: W.W. Norton & Company, 1977.

Buenaventura, Enrique. "La elaboración de los Sueños y la Improvisación Teatral". En Buenaventura, Enrique y Jacqueline Vidal. *Esquema General del Método de Trabajo Colectivo del Teatro Experimental de Cali y otros ensayos.* Maracaibo: Universidad de Zulia, 2005. 55-65

Carnicke, Sharon Marie. *Stanislavski in Focus. An Acting Master for the Twenty-first Century.* Segunda Edición. London/New York: Routledge, 2009.

Diderot, Denis. *La paradoja del comediante.* Trad. de Ricardo Baeza. Xalapa, México: Editora del Gobierno del Estado de Veracruz-Llave, 2001. http://portal.veracruz.gob.mx/pls/portal/docs/PAGE/SEGOBVER/ORGANISMOS/EDITORA/PDFS/PARADOJA.PDF

Freed, Donald. *Freud and Stanislavski. New Directions in the Performing Arts.* New York: Vantage Press,1964.

Freud, Sigmund. *The Standard Edition of the Complete Psychological Works of Sigmund Freud.* London: Hogarth Press, 1953.

Gallop, Jane. *Reading Lacan*. Ithaca: Cornell University Press, 1996.

Geirola, Gustavo. *Arte y oficio del director teatral en América Latina: Centroamérica y Estados Unidos*. Buenos Aires: Editorial Argus-a, 2012.

---. "Aproximación lacaniana a la dramaturgia de actor: De la creación colectiva al teatro de la intensidad." *Telondefondo* Revista de teoría y crítica teatral 13 (2011). http://www.telondefondo.org/numero13/articulo/327/aproximacion-lacaniana-a-la-dramaturgia-de-actor-de-la-creacion-colectiva-al-teatro-de-la-intensidad.html

---. "Aproximación psicoanalítica al ensayo teatral: algunas notas preliminares al concepto de 'transferencia'". *Aisthesis* Revista Chilena de Investigaciones Estéticas 46 (2009): 252-269. http://gustavogeirolaensayos.blogspot.com/

---. *Arte y oficio del director teatral en América Latina: Colombia y Venezuela*. Buenos Aires: Editorial Nueva Generación, 2009.

---. "Algunas reflexiones psicoanalíticas preliminares sobre la teatralidad del teatro, la ilusión teatral y el realismo: El estadio del espejolacaniano"; en: Tossi, Mauricio (Comp.) *La Quila. Cuadernos de historia del teatro, nº 1*. Facultad de Filosofía y Letras, Universidad Nacional de Tucumán. 2009a. 31-52

---. "Aproximación lacaniana a la teatralidad del teatro: desde la fase del espejo al modelo óptico. Notas para interrogar nuestras ideas cotidianas sobre el teatro y el realismo". Pellettieri, Osvaldo, ed. *En torno a la convención y la novedad*. Buenos Aires: Galerna/Fundación Roberto Arlt, 2009b. 33-52.

---. "Aproximación lacaniana a Stanislavski: La novela familiar del Sistema". *Telondefondo* Revista de teoría y crítica teatral 10 (2009). http://www.telondefondo.org/home.php

---. "La creación colectiva y el teatro creativo en la perspectiva de Platon Michailovic Keržencev y la Revolución Rusa". *Dramateatro Revista Digital*, September 2008, Caracas, Venezuela. http://www.dramateatro.com/joomla/index.php?option=com_content&view=article&id=117:la-creacion-

colectiva-y-el-teatro-creativo-en-la-perspectiva-de-platon-michailovic-kerencev-y-la-revolucion-rusa&catid=5:ensa-yos&Itemid=9

---. *Arte y oficio del director teatral en América Latina: Argentina, Chile, Paraguay y Uruguay.* Buenos Aires: Editorial Nueva Generación, 2007.

---. *Arte y oficio del director teatral en América Latina: México y Perú.* Buenos Aires: Editorial Atuel, 2004.

---. *Teatralidad y experiencia política en América Latina.* Irvine, California: Gestos, 2000.

Gerez Ambertín, Marta. *Entre deudas y culpas: Sacrificios. Crítica de la razón sacrificial.* Buenos Aires: Letra Viva, 2008.

Grotowski, Jerzy. *Towards a Poor Theatre.* New York: Simon and Schuster, 1968.

Hyppolite, Jean. "Comentario hablado sobre la *Verneinung* de Freud". Lacan, Jacques. *Escritos.* Buenos Aires: Editorial Siglo XXI, 2002. Tomo II: 837-846.

Jones, Ernest. *The Life and Work of Sigmund Freud.* New York: Anchor Books, 1963.

Knébel, María Ósipovna. *El último Stanislavsky.* Madrid: Editorial Fundamentos 1996.

Lacan, Jacques. *Seminario 18. De un discurso que no fuera del semblante.* Buenos Aires: Paidós, 2009.

---. *Escritos I y II.* Buenos Aires: Siglo XXI Argentina, 2008.

---. *Seminario 23. El sinthome.* Buenos Aires: Paidós, 2006.

---. *Seminario 10. La angustia.* Buenos Aires: Paidós. 2006.

---. *Ècrits. The First Complete Edition in English.* Trad. Bruce Fink. New York & London: W.W. Norton & Company, 2005.

---. *Seminario 4. La relación de objeto.* Buenos Aires: Paidós, 1996.

---. *Seminario 3. Las psicosis.* Buenos Aires: Paidós, 1995.

---. *Seminario 7. La ética del psicoanálisis.* Buenos Aires: Paidós, 1988.

---. *Seminario 11: Los cuatro conceptos fundamentales del psicoanálisis.* Buenos Aires: Paidós, 1987.

---. *Seminario 20. Aun.* Barcelona: Paidós, 1981.

---. *Seminario 1. Los escritos técnicos de Freud*. Buenos Aires: Paidós, 1981.

---. *Seminario 6. El deseo* (mimeografiado), sin fecha. Escuela Freudiana de Buenos Aires.

Laplanche, Jean y Jean-Bertrand Pontalis. *Diccionario de Psicoanálisis*. Buenos Aires: Paidós, 2006.

Mannoni, Octave. *La otra escena. Claves de lo imaginario*. Buenos Aires: Amorrortu, 1979.

Miller, Jacques-Alain. "Dos dimensiones clínicas: Síntoma y fantasma" (1983). En *Conferencias porteñas*. Tomo 1. Buenos Aires: Paidós, 2009. 65-124

---. "Clínica y superyó" (1981-1984). En *Conferencias porteñas*. Tomo 1. Buenos Aires: Paidós, 2009. 125-170

---. *El partenaire-síntoma*. Buenos Aires: Paidós, 2008.

---. *La angustia lacaniana*. Buenos Aires: Paidós, 2007.

Milling, Jane and Graham Ley. *Modern Theories of Performance. From Stanislavski to Boal*. New York: Palgrave, 2001.

Nemirovich-Danchenko, V. *My life in the Russian Theatre*. London: Bles, 1937.

Pavis, Patrice. "¿De dónde viene la puesta en escena? Origen y teoría". Pellettieri, Osvaldo, ed. *En torno a la convención y la novedad*. Buenos Aires: Galerna y Fundación Roberto Arlt, 2009. 15-31.

---. *Dictionary of the Theatre. Terms, Concepts, and Analysis*. Toronto and Buffalo: University of Toronto Press, 1998.

Pitches, Jonathan. *Science and the Stanislavsky Tradition of Acting*. London-New York: Routledge, 2006.

Roach, Joseph R. *The Player's Passion. Studies in the Science of Acting*. Newwark: U of Delawere P, London y Toronto: Associated UP, 1985.

Roldán, Carolina. "El actor y el espectador. De Freud a Lacan". *Revista Affectio Societatis* 7. 13 (Diciembre 2010). http://aprendeenlinea.udea.edu.co/revistas/index.php/affectiosocietatis/article/viewFile/7670/7094

Sharpe, Ella Freeman. *Dream Analysis*. New York: Brunner/Mazel Publishers, 1978.

Spackman, Helen. "Minding the Matter of Representation: Staging the Body (Politic)". Campbell, Patrick, ed. *The Body in Performance*. London/New York: Routledge Falmer, 2000. 5-22

Stanislavski, Konstantin. *An Actor's Work. A Student's Diary*. Trad. y ed. Jean Benedetti London & New York: Routledge, 2008.

Stanislavski, Constantin. *Mi vida en el arte*. Buenos Aires: Rafael Cedeño Editor, 2007.

---. *Preparación del actor*. Buenos Aires: Editorial Quetzal, 2007.

---. *El trabajo del actor sobre sí mismo*. Buenos Aires: Editorial Quetzal, 1997.

---. *Building a Character*. Trans. by Elizabeth Reynolds Hapgood. New York: A Theatre Arts Book, 1994.

---. *Ética y disciplina. Método de las acciones físicas*. México: Escenología, 1994.

---. *Creating a Role*. Trans. by Elizabeth Reynolds Hapgood. New York: A Theatre Arts Book, 1989.

Strasberg, Lee. *Un sueño de pasión. La elaboración del Método*. Buenos Aires: Emece, 2008.

Strasberg, Lee y Robert H. Hethmon. *Strasberg at The Actors Studio. Tape-recorded sessions*. New York: Theater Communications Group, 1965.

Toporkov, V. O. *Stanislavski in Rehearsal. The Final Years*. New York: Theatre Arts Books, 1979.

Villagrán Moreno, J.M. "El pensamiento estético en la obra de Freud". *Revista de la Asociación Española de Neuropsiquiatría* XII.41 (1992): 137-142.

Weissman, Phillip. "The Childhood and Legacy of Stanislavski". *The Psychoanalytic Study of the Child* 12 (1957): 399-417

Worrall, Nick. *The Moscow Art Theatre*. London & New York: Routledge, 1996.

Žižek, Slavoj. *Violence*. New York: Picador, 2008.

Otras publicaciones de Argus-*a*:

Gustavo Geirola
Grotowski soy yo.
Una lectura para la praxis teatral en tiempos de catástrofe

Lyu Xiaoxiao
La fraseología de la alimentación y la gastronomía en español
Léxico y contenido metafórico

Alicia Montes y María Cristina Ares, comps.
Cuerpo y violencia. De la inermidad a la heterotopía

Gustavo Geirola, comp.
Elocuencia del cuerpo.
Ensayos en homenaje a Isabel Sarli

Lola Proaño Gómez
Poética, Política y Ruptura.
La Revolución Argentina (1966-73): experimento frustrado
De imposición liberal y "normalización" de la economía

Marcelo Donato
El telón de Picasso

Víctor Díaz Esteves y Rodolfo Hlousek Astudillo
Semblanzas y discursos de agrupaciones culturales
con bases territoriales en La Araucanía

Sandra Gasparini
Las horas nocturnas.
Diez lecturas sobre terror, fantástico y ciencia

Mario A. Rojas, editor
Joaquín Murrieta de Brígido Caro.
Un drama inédito del legendario bandido

Alicia Poderti
Casiopea. Vivir en las redes. Ingeniería lingüística y ciber-espacio

Gustavo Geirola
Sueño Improvisación. Teatro.
Ensayos sobre la praxis teatral

Jorge Rosas Godoy y Edith Cerda Osses
Condición posthistórica o Manifestación poliexpresiva.
Una perturbación sensible

Alicia Montes y María Cristina Ares
Política y estética de los cuerpos.
Distribución de lo sensible en la literatura y las artes visuales

Karina Mauro (Compiladora)
Artes y producción de conocimiento.
Experiencias de integración de las artes en la universidad

Jorge Poveda
La parergonalidad en el teatro.
Deconstrucción del arte de la escena
como coeficiente de sus múltiples encuadramientos

Gustavo Geirola
El espacio regional del mundo de Hugo Foguet

Domingo Adame y Nicolás Núñez
Transteatro: Entre, a través y más allá del Teatro

Yaima Redonet Sánchez
Un día en el solar, expresión de la cubanidad de Alberto Alonso

Gustavo Geirola
Dramaturgia de frontera/Dramaturgias del crimen.
A propósito de los teatristas del norte de México

Virgen Gutiérrez
Mujeres de entre mares. Entrevistas

Ileana Baeza Lope
Sara García: ícono cinematográfico nacional mexicano, abuela y lesbiana

Gustavo Geirola
Teatralidad y experiencia política en América Latina (1957-1977)

Domingo Adame
Más allá de la gesticulación.
Ensayos sobre teatro y cultura en México

Alicia Montes y María Cristina Ares (compiladoras)
Cuerpos presentes. Figuraciones de la muerte, la enfermedad,
la anomalía y el sacrificio.

Lola Proaño Gómez y Lorena Verzero /
Compiladoras y editoras
Perspectivas políticas de la escena latinoamericana.
Diálogos en tiempo presente

Gustavo Geirola
Praxis teatral. Saberes y enseñanza.
Reflexiones a partir del teatro argentino reciente

Alicia Montes
De los cuerpos travestis a los cuerpos zombis.
La carne como figura de la historia

Lola Proaño - Gustavo Geirola
¡Todo a Pulmón! Entrevistas a diez teatristas argentinos

Germán Pitta Bonilla
La nación y sus narrativas corporales.
Fluctuaciones del cuerpo femenino
en la novela sentimental uruguaya del siglo XIX
(1880-1907)

Robert Simon
To A Nação, with Love: The Politics of Language through Angolan Poetry

Jorge Rosas Godoy
Poliexpresión o la des-integración de las formas en/desde
La nueva novela de Juan Luis Martínez

María Elena Elmiger
DUELO: Íntimo. Privado. Público

María Fernández-Lamarque
Espacios posmodernos en la literature latinoamericana contemporánea:
Distopías y heterotopías

Gabriela Abad
Escena y escenarios en la transferencia

Carlos María Alsina
De Stanislavski a Brecht: las acciones físicas.
Teoría y práctica de procedimientos actorales de construcción teatral

Áqis Núcleo de Pesquisas Sobre Processos de Criação Artística
Florianópolis
Falas sobre o coletivo. Entrevistas sobre teatro de grupo

Áqis Núcleo de Pesquisas Sobre Processos de Criação Artística
Florianópolis
Teatro e experiências do real (Quatro Estudos)

Gustavo Geirola
El oriente deseado. Aproximación lacaniana a Rubén Darío.

Gustavo Geirola
Arte y oficio del director teatral en América Latina. Tomo I México - Perú

Gustavo Geirola
Arte y oficio del director teatral en América Latina.
Tomo II. Argentina – Chile – Paragua – Uruguay

Gustavo Geirola
Arte y oficio del director teatral en América Latina.
Tomo III Colombia y Venezuela

Gustavo Geirola
Arte y oficio del director teatral en América Latina.
Tomo IV Bolivia - Brasil - Ecuador

Gustavo Geirola
Arte y oficio del director teatral en América Latina.
Tomo V. Centroamérica – Estados Unidos

Gustavo Geirola
Arte y oficio del director teatral en América Latina.
Tomo VI Cuba- Puerto Rico - República Dominicana

Gustavo Geirola
Ensayo teatral, actuación y puesta en escena.
Notas introductorias sobre psicoanálisis
y praxis teatral en Stanislavski

Argus-*a*
Artes y Humanidades / Arts and Humanities
Los Ángeles – Buenos Aires
2021